U0926354

爱·幸福与成功密码

刘登峰 著

人类因爱而幸福
世界因爱而美好

山东人民出版社·济南
国家一级出版社 全国百佳图书出版单位

图书在版编目（CIP）数据

爱，幸福与成功密码/刘登峰著. -- 济南：山东人民出版社，2020.9（2021.6重印）
ISBN 978-7-209-12636-6

Ⅰ.①爱… Ⅱ.①刘… Ⅲ.①爱的教育—通俗读物
Ⅳ.①G40-02

中国版本图书馆CIP数据核字(2020)第039907号

爱，幸福与成功密码
AI，XINGFU YU CHENGGONG MIMA

刘登峰 著

主管单位 山东出版传媒股份有限公司
出版发行 山东人民出版社
出 版 人 胡长青
社　　址 济南市英雄山路165号
邮　　编 250002
电　　话 总编室（0531）82098914
　　　　 市场部（0531）82098027
网　　址 http：//www.sd-book.com.cn
印　　装 山东华立印务有限公司
经　　销 新华书店

规　　格 16开（169mm×239mm）
印　　张 17.5
字　　数 260千字
版　　次 2020年9月第1版
印　　次 2021年6月第2次
ISBN 978-7-209-12636-6
定　　价 69.00元

订书电话 刘先生：15866771751
　　　　 朱女士：17083240716

人民对美好生活的向往，就是我们的奋斗目标。

幸福是奋斗出来的。

——习近平

爱人者人恒爱之。

——孟子

历史把那些为了最广大的目标而工作，因而使自己变得高尚的人看成是伟大的人，经验则把使最大多数人幸福的人称赞为最幸福的人。

——马克思

有一种无穷无尽的能量源，迄今为止科学家都没有对它找到一个合理的解释，这是一种生命力，包含并统领所有其他的一切，这种生命力叫“爱”。如果我们想要自己的物种得以存活，如果我们发现生命的意义，如果我们想拯救这个世界和每一个居住在这个世界上的生灵，爱是唯一的答案。

——爱因斯坦

真正的幸福是在拥有爱、践行爱、传播爱的过程中以及对因此带来的客观改变感到满足并快乐的状态和体验。

新时代的爱是以公平正义为基础，以人民为立场，以不断实践为关键的对人或对事物的真挚情感。

人人都有爱。只有放大爱心，摒弃自我，践行爱，弘扬爱，才会真正体验因爱带来的幸福和快乐。

人类因爱而幸福，世界因爱而美好。

大道至简，这个道就是一个“爱”字。如果一个人生命里简单到只剩下爱，得到的将全部是爱。爱会让你身心健康，爱会让你家庭美满，爱会让你子女成才，爱会让你人际关系和谐，爱会让你成功，爱会让你幸福一生。

——作者

序

追求幸福是人类的本能，也是人类历史前进的动力。

古往今来，有多少人在探索人类幸福世界美好的奥秘；多少圣贤殚精竭虑诲人一生；多少伟人披荆斩棘引领前行；多少志士为求幸福献出生命。

但仍有许多人不幸福，世界仍然不太平。战争和侵略随时剥夺无数无辜人的生命，掠夺和欺诈让世界缺乏温暖，贫困和疾病让多少人痛苦，犯罪、遗弃、虐待、离婚使多少家庭陷于不幸。

作者基于一种对国家和社会的责任感，长期学习、思考、探索，结合自己五十多年的实践感悟，总结了人类社会五千多年的文明经验，总结了历代圣贤、伟人、英雄、道德模范、先进榜样等幸福的原因，尤其是深入学习并理解习近平新时代中国特色社会主义思想丰富而深刻的内涵，发现了使人真正幸福、世界真正美好的密码——爱，一种以公平正义为基础，以人民为立场，以实践为关键的对人类、对国家、对社会、对家庭、对大自然的大爱。这种爱让人身心健康、家庭幸福、人际关系和谐、人生成功，这种爱使国家强盛富足、世界和平美好，从而使人类真正长久幸福。

爱使人真正幸福，爱使世界更加美好。

仔细推敲，这的确是人类幸福美好的终极真理。

虽然，我们对爱并不陌生，虽然我们都认为自己有爱，自己是爱家人的，但这种爱如果侵害了他人、社会、人民以及国家等的合法权益，则变为私，就会受到道德的谴责或法律的制裁，就不会幸福。因为我们大多数人认为的爱没有以公平正义为基础，没有人民的立场，而是以自我为中心，以小家甚至少部分人为立场，是自私而非真爱。

自私是不幸的主要根源，爱则是使人幸福的源泉。只有放大爱心，把自己的爱与国家的强盛、人民的幸福连接在一起，同人类的命运联系在一起，以公平正义为基础，以人民为立场，做到爱家庭、爱集体、爱国家、爱人类、爱大自然，才会在践行爱奉献爱的过程中真正快乐和幸福。

习近平总书记率领中国共产党人以人民为中心，不畏艰险，披荆斩棘，以公平正义为基石，为了全中国人民的幸福，发起并推动精准扶贫，让全国人民共享改革成果和福祉；为了让世界真正美好，创造性地提出“人类命运共同体”理念，并践行“一带一路”，让世界人民分享中国发展机会，互利共赢；为了人类子孙后代的发展，习近平总书记提出“绿水青山就是金山银山”，告诉人们要像爱护自己的眼睛一样爱护自然。这就是习近平总书记的大爱，是他对中国人民、对人类以及对子孙后代博大的爱。

还有像作者提到的毛泽东主席、周恩来总理、白求恩大夫、雷锋、焦裕禄、郭明义等，他们都是拥有大爱的人。

正是因为他们的大爱让他们努力奋斗，并为此感到幸福；同时他们的大爱受到国家、社会以及人们的尊重，会更加幸福。

虽然人人希望世界充满爱，但又有不少人抱怨现实缺乏温情，却没有从自身查找原因，没有领悟孟子“爱人者人恒爱之”的哲理，也没有认识到黄金规则“希望他人对自己怎样，自己首先应当对他人怎样”的内涵。

作者以其亲身经历和人生阅历告诉我们，若想自己被爱，若想世界充满爱，首先自己拥有爱、践行爱、弘扬爱，只有这样，自己才会幸福，世界才如己所愿。

作者是一个拥有爱的人，他践行爱的过程和践行爱的结果，让他摒弃了小我，除却了名利，处处践行爱，弘扬爱，幸福着他人的同时也幸福着自己：对家庭的爱使父母健康长寿，夫妻幸福美满，孩子成长优秀；对同事的爱使他包容、理解、以德报怨，始终以爱的方式解决一切问题，不断用爱心来影响大家，他带过的团体每一个都成为有爱心、讲政治、扬正气的和谐、温暖、向上的集体；对祖国的爱为他树立了远大目标，增添了无穷动力，让他一直在奋斗。所有这些都让作者感到自己真正幸福。

作者不仅自己因爱感到真正幸福，更重要的是，他希望把这份幸福带给所有人，让世上每个人都因爱而真正幸福，让世界因爱而美好。作者在完成好工作的同时，利用业余时间，早上五点起床，晚上深夜而眠，经常在办公室挑灯写作，经过六年的坚持，十易其稿，终于向世人奉献出这部饱含作者对祖国对人类深情和心血的幸福宝典。

这是一部作者感悟到爱使人真正幸福的哲理性著作，也是一部用爱指导人们身心健康、夫妻关系、子女教育、人际关系、人生成功以及世界美好的人生及家庭教材。

观念一变天地宽。我完全可以相信，如果我们每个人都能够像作者感悟的那样拥有爱、践行爱、弘扬爱，我们每个人都将成为真正幸福的人，我们的世界也将成为人间天堂。

复旦大学
沈国芳

2020年9月6日

前　言

可以说人类几千年的文明史就是追求幸福的历史。作为个体也不例外，习近平总书记在中国共产党十九大报告中指出："中国特色社会主义进入新时代，我国社会主要矛盾已经转化为人民日益增长的美好生活需要和不平衡不充分的发展之间的矛盾。"报告充分证明了这一点。

但是怎样才能幸福，怎样才能真正地幸福？至今没有人给出确切的答案。

我也和所有人一样一直在思考着同样的问题，人怎样才能真正幸福，世界怎样才能更加美好？

人类进入文明时代六千多年，从某种意义上说，通过一代又一代人的努力，物质条件有了空前发展，文化水平、思想修养都有了很大提高，健康状况也有了极大改善，人们的幸福感不断增加。

然而不幸也从未远离人类：

世界上从未停止的战争，让多少人付出了无辜的生命，让多少人背井离乡，妻离子散；

欺诈和掠夺让多少人辛苦创造的财富顷刻全无；

疾病和贫困又让多少人痛苦不堪备受折磨；

离婚和犯罪等现象造成多少家庭悲剧；

…………

习近平总书记的十九大报告，像阳光一样拨开我心中的迷雾，结合自己几十年人生的实践，让我终于找到了答案。

其实，人生真正幸福的根源就在你我的身边，就在你我的生活里，驻足于你我的脑海，植根于你我的心田。只是我们有些人熟视无睹，身在福中不知福，忽视了她的存在。

这个答案就是：只有爱才能让人类真正幸福，只有爱才能让世界更加美好。

这种爱就是以公平正义为基础，以人民的立场，以不断实践为前提的对家庭、对社会、对国家、对人类以及对大自然的真挚情感。

党的十九大报告从标题到五年来取得的巨大成就，从中国共产党的使命再到新时代中国特色社会主义思想和基本方略，无不贯穿着对人民、对祖国和对人类的大爱。全篇 3 万余字，仅人民一词就出现了 203 次，占全部字数的 6.25%，足以看到以习近平总书记为核心的中国共产党对人民的大爱情怀。

正是这种大爱，让中国人民更加富裕幸福、社会更加繁荣进步、国家更加富强安定。

五十多年的人生历程也告诉我，只有爱才能让人真正幸福：对长辈的爱让老人长寿快乐，对另一半的爱让夫妻和谐美满，对孩子的爱让孩子健康成长，对社会的爱让自己拥有良好的人际关系，对国家的爱使自己一生平安，人生成功。

爱其实在我们每个人的心里，只有一个人放大爱心，摒弃小我，除却自私，才能真正感到幸福，世界才能真正美好。

然而，并非所有人都会真正幸福。之所以不幸福，就是因为缺乏爱心，过于自私。

于是我把我大半生对人生的感悟写出来，指导人们的学习、工作和生活，让所有的人都幸福，让世界更美好。

父母的优秀品质在我幼小的心灵播下爱的种子

我出生在鲁西南一个贫困的农村家庭，父母都是勤劳、朴实、善良的农民。

幼时的我是听着母亲的纺车声和二十四孝的故事长大的，父母亲还教我如何做人，如何尊重他人、关爱他人，长大后做个对社会有用的人。

父母的优良品质也在潜移默化地影响着我。

当时是生产队，粮食产量很低，除去公粮，老百姓分不上多少粮食。父亲为了多挣工分补贴家用，每次外出挖河清淤都少不了他。尽管这样，家里还是很穷，但父亲要求我们极严，不让拿生产队的一草一木，他自己也是这样严格要求自己。

非但如此，父亲还是一个有爱心的人。

有一次赶集的时候，父亲看到路上有30多元钱，在二十世纪七十年代那可是一大笔数目，就站在那里没动，等到中午才有人回来找。父亲问明情况，把钱还给他。父亲回家后说："人在社会上不能有贪心，钱是人家的，就应当还给人家，说不定那就是人家的救命钱。曾经有一个人为了给老伴看病，卖了6元绿豆钱，让小偷偷了，结果那个老汉就上吊了。"

还有一次，在我1987年大学毕业去单位报到时，学校提前支付了两个月工资270元，其中有两张新版100元的人民币，我去沈阳报到前从家路过。中午吃饭时，我给了父亲100元钱，一是孝敬父母，二是让父亲高兴。父亲接过钱，没有显出高兴的样子，而是撂下饭碗拿着钱走出家门。父亲回来后，母亲问道："干啥去了？"父亲说："吉坤家的二小手被轧草机轧掉了，住院需要钱。"父亲想到的从来都是困难人群。

父亲为省钱买了理发剪，自己为我们弟兄几个理发。乡亲们知道后带孩子找父亲理发，父亲从未拒绝过，就算正在吃饭也要给别人理完，直到70多岁，从未接受过他人一分钱。

父亲在村里是有文化的人，因为成分不好（家里曾是富农成分），在农村务农。村里的红白喜事写对联和记账都是父亲的差事，他对此乐此不疲。

母亲心灵手巧，会裁缝和剪纸，我们兄弟和姐姐小时候的衣服都是母亲用自己织的粗布亲手缝制，乡亲们的衣服也请我母亲裁剪。谁家结婚剪纸、做被褥也少不了母亲的身影，就是现在88岁也常去给人帮忙，从未取过别人分文报酬。

父母对待乡亲们朴素的爱心使我耳濡目染，在我幼小的心灵打下深深的烙印，埋下爱的种子。

党的教育培植了我的爱心

八岁，我步入学校。学校的集体主义、爱国主义教育培植了我的爱心。

董存瑞舍身炸碉堡、黄继光英勇堵枪眼的故事激励着我，让我更爱自己的国家，我告诉自己，长大后要用生命保卫自己的国家。

数学家陈景润在艰苦条件下用顽强的毅力攻克哥德巴赫猜想世界难题的故事，鼓舞我努力学习，为国争光。

郎平带领中国女排奋勇拼搏，实现五连冠的故事鞭策着我努力前进，为国家的繁荣富强做出更大贡献。

欧阳海忘死拦惊马、罗盛教勇救落水儿童的故事，教育我要爱人民，人民利益高于一切，甚至生命。

正是在学校里学到的这些生动、鲜活的故事，在我的心灵里滋长出爱祖国爱人民的幼苗，让我努力学习，长大后积极工作。

奉献爱让我幸福快乐

爱家人是我最大的幸福

自幼我就非常爱我的家人，爱他们让我幸福一生。

在我小时候，奶奶是由伯父家和我家轮流赡养，时间是一个月。两家离得较远，一个在村东头，一个在村西头，搬家的时侯被褥全都带着。我主动承担起这项工作，用木制三轮车接送奶奶。我非常爱我的奶奶，周六周天，经常给奶奶在太阳下梳理银白的头发，奶奶微笑着，她的幸福也浇灌着我的幼小心田。有时伯父给奶奶两三颗糖块，奶奶都留给我。

父母非常孝敬我的爷爷奶奶，爷爷于1960年去世，只剩下奶奶一个老人。当时生活困难，奶奶的伙食总是要比我们好，奶奶不吃饭我们都不能先吃。父母对奶奶的孝顺再加上母亲给我讲的二十四孝的故事，让我学会爱父母，孝顺父母。

在我小时候，每到春天，父亲都到很远的地方挖河清淤，一两个月才能回来。我们当地有农历二月二龙抬头的说法。这一天家家都要庆祝，祈求上苍在一年里风调雨顺。乡亲们虽然贫穷，但从不马虎，前两天泡好黄豆，在二月初一晚上用油炒酥了，叫作“料豆”，第二天一早父母们用草木灰在院子里画一个大圈，叫作粮仓，里面放上“料豆”，让龙吃了好升天，给大家带来福气。除此之外，母亲给我们兄弟和姐姐每人分一瓶子“料豆”。而我自己则从来没有舍得吃过那一瓶，我把它放在废弃的风箱里，等待父亲回来后连奶奶给的糖块一同拿给他。看到父亲高兴地吃着，我的心里像蜜一样甜。

我的高中是在离家几十里路的县城上的，我们是自带粮食，交给教务处。每个季度学校吃一次节余，每人能分到十几个油炸面丸子，那时能吃到油水已经算很不错了，油炸食品更是非常稀罕。我尝上两个，其余都带回家给父母。

还有一次是在我上初中时，邻村的苹果园已收获完毕，放学后我们几个小同学去捡摘落下的苹果，还真“找”了不少。其中有两棵树上的黄香蕉苹果还剩不少，我们几个同学每人摘了两书包，用背心兜回家。我把这些苹果放在箱子里，过一段时间给奶奶和母亲拿出一个，自己竟一个也没有舍得吃，但我心里却充满幸福快乐。

大学毕业后，我每个月都留出一部分钱孝敬父母。我原来就想，我长大后要给父母够用的钱，让他们享受上班人员发工资一样的待遇。就是现在，我有时经济上还会一时紧张，但也要给父母够用的钱，不让他们困难。现在我每天还会给父母打个电话，让他们时刻感到儿子在惦记他们。

如今我的父母都年近九十，身体健康，生活能够自理。

我常和父母讲，财富我不如别人，但父母身体健康是我最大的财富。

我和我的爱人是大学毕业后认识的，她在我们县城的一所初级中学担任数学教师。爱人对待工作非常敬业、认真，她所带课的班级每年在全县都是前一两名。成绩的取得与她付出的汗水是分不开的。当时家里条件差，只有一间房子，冬天刺骨的寒风把房子都吹透了，点一个小的蜂窝煤炉子也起不了多大作用。每年冬天，爱人的手脚都会被冻坏，但她仍坚持备课、批改作业。作为丈夫，我看在眼里，疼在心里。为了多尽一点责任，我每年的公休假都尽可能放在冬天休。平时照顾不了家，也感到非常愧疚，我就把工资尽可能多的寄给爱人，让她在生活上少些困难。但她总是十分节俭，把钱都补贴了家用。妹妹、两个外甥都是跟着她上的学。1996 年我调回济南后，为了多照顾爱人，我总是礼拜五下班后乘坐长途公共汽车回家，把一个礼拜的衣服洗了，为他们改善伙食，买好一个礼拜的菜。

2002 年爱人随军调动到济南一个最好的学校。学校成绩好自然是学校领导管理严格，老师辛勤付出的结果。爱人每天早上七点出门，晚上七点回到家，晚饭后还要备课，批改作业、改小测验，每天都到晚上十一点才睡觉。我除了做好一日三餐，晚上还要帮助她批改小测试的填空及选择对错题。

自从和爱人在一起生活后，我尽可能多做一些事情，有时晚上偶尔外出，也要下班后回家先做好饭。这客观上是因为爱人忙，主观上还是我对爱人那份歉疚和深深的爱。

对待孩子，我们从未溺爱，零食、肯德基等食品几乎与她无缘，也从未给过她零花钱、压岁钱，就连小时穿的衣服也有些是拣其他孩子剩下的。但是我们在教育孩子有爱心的基础上，注重培养孩子良好的学习习惯以及各种能力。只要有时间，我们就陪孩子一起学习，电视一般只在吃饭时才打开看一会儿。孩子升入初中后，其他孩子几乎都是车接车送，但我们却让她自己乘坐公交车，初中和高中都没有给她配手机，上大学后才给她买了一部八百元的国产手机。本科阶段，她以中南财大级部第一名的成绩被保送到复旦大学研究生院金融工程专业，毕业前又被国内一家较大银行总行录取，工作后每年给我们 5 万元零用钱。姥姥生病住院，孩子回来探望，还给姥姥两万元钱。

可以说，对家庭的爱让我获得了幸福：我有健康快乐长寿的父母，有一个充满爱心的爱人，有一个优秀的女儿。

用爱心激励自己，就会事业有成

父母的影响和党的教育培植了我的爱心，激励着我，使我自强不息，努力学习，勤奋工作，取得较好的成绩。

自步入学校的那天起，我一直比较努力、认真，成绩较好。我尊重老师、

团结同学，到上大学前，每年都是三好学生和优秀学生干部。1980年考入县一中，三年来学习成绩一直是全校第一，1983年以全县第二的成绩考上了中国人民解放军电子工程学院，成为村里几十年来唯一的一名大学生。大学四年是紧张的，我像海绵一样在知识的海洋里汲取着营养，以优异的成绩毕业，毕业课题为中科院某研究所解决了多年未解决的测量仪器接口联网问题。

大学毕业我自愿去了边疆。在中苏边境原始森林的山顶上，条件十分艰苦，吃水都要从山下拉。冬天大雪一米多厚，有时水车坏了，战友们就化雪水吃。

有一年春节，连里锅炉坏了，大雪封山，水车无法下山拉水，战友们化了半个多月的雪水。天冷，大家就穿皮衣、戴皮帽，裹着被子睡觉。沈阳军区空军曹双明司令员知道情况后非常着急，十分惦念指战员们，乘直升机来看望大家，几次都因大雪无法降落。直到半月后雪停，曹司令员终于来到山上，大家感动得热泪盈眶。

在这样艰苦的条件下，电视都看不上，战士们有的不甘寂寞孤独，打麻将、打群架、盗窃等现象时有发生。

我分析了原因，主动找指导员和连长请缨，为战士们补习文化课，组织文体活动。

经过一年的努力，连队的风气好转了许多。第二年我被任命为副指导员，协助指导员抓好思想政治工作，还负责后勤管理。

之前由于管理混乱，有些司机、志愿兵与山下老百姓乱拉关系，油料超支现象严重。我负责后勤后，油料实行专人管理，实行按行车里程加油略有节余的原则，一年下来，汽油由原来的每年超支五吨到节余五吨，柴油也节余了三吨多。

三年后我到营部任参谋，几年后调回济南任讲师，后任教研室主任，2004年正团转业到济南市劳动局机关事业单位保险办公室工作。无论是什么样的岗位，我都认真、敬业，努力做好每一项工作。我的付出也得到了相应的回报，我和其他两名同学第一批调了正团，是105名同学里面进步最快的。

转业到地方以后，为了把部队的优良传统带到地方，和地方同志们一道打造一个积极向上的集体，我每天早上第一个到单位打扫卫生，六年没有休过一天公休假，家里所有的事情都在工作时间之外完成。一开始我被安排在财务处工作，由于我勤学好问，两个月学会了所有的业务知识，能够独立完成业务。半年后到稽核处工作，和同志们一道学习稽核业务知识，很快成为业务骨干。2009 年竞争上岗，被任命为稽核处处长。上任后，我和全处同志们一起，从方便参保对象、提高稽核效率和提升工作质量入手，创新工作方法，对长期欠费的单位多种方式催缴，起到良好的效果，圆满完成了全市的稽核任务。

社保机构整合以后，我任济南市社会保险事业局网络管理处处长，负责全市的信息化系统和业务档案工作。在高度信息化的今天，稍有松懈就会造成事故影响业务的正常开展。我和全处同志们一道，凭着对党、对国家、对工作高度负责的精神，经常晚上、周末加班处理问题，没有一次影响到业务的正常开展，几年来圆满完成了信息化保障工作。

业务档案我也同样重视。由于是门外汉，我带领处里的同志们向市档案局的同志们学习请教，重新制定档案标准，严格要求。每年的档案验收我们都是省级优秀、省特级，现在是省级科学化管理示范单位。省档案局领导对我们档案的评价是“震憾”两个字。

2019 年，单位信息化建设任务异常繁重，既有原莱芜市业务经办信息系统的接管、与济南业务经办信息系统的融合，济南社保业务信息系统与济南医保业务信息系统的拆分，又有济南社保业务信息系统向省级社保业务信息系统的集中，所有这些都要在半年多的时间里完成。我带领全处的同志们高标准、严要求，广泛发动，深入调研，科学制定实施方案，合理分工、倒排工期。我本人更是严格要求，放弃了所有的周末以及节假日的休息时间，经常工作到深夜甚至通宵，半年多没有看望并不遥远的父母。就这样凭着一腔对祖国对人民的热爱，圆满完成了各项任务。

由于工作认真，成绩突出，2019 年底我被评为一级调研员。

37 年的工作经历告诉我，只要心中有爱，就会有激情，就会认真、努力干好工作，就会有成绩，自已也会成长。

心中有爱，就会遵纪守法，一生平安

有爱心，就会爱自己的国家，爱中国共产党；就会严格要求自己，遵纪守法，一生平安。

从我很小的时候，父亲就经常教育我："吃亏是福。"长大后我深知人的欲望是无止境的，就像潘多拉盒子里的魔鬼，一旦放出来，就会无限膨胀，永远不能满足。

走上工作岗位以后，我严格要求自己，按照"三大纪律八项注意"的要求，不拿群众一针一线，不沾国家一分钱便宜，做到一身正气，两袖清风。

为我们单位信息化建设服务的是一家大型上市公司。我担任网络管理处处长以后，刚开始以及过年过节都要给我送卡，或请吃饭，都被我拒绝了，我对他们讲："不拿群众一针一线是我的底线，你们只要为我们服好务就是对我的尊重。"有一次业务处室提了23个业务需求，这家公司要价320万元，我一看太高了，于是找了其他两家公司对业务需求进行评估，一家是30万，另一家是50万。我就让为我们服务的公司拿出依据，面对过分虚高的依据我进行了大幅删减，结果支出的经费一年下来只有80万元，之后每年也都是60万—80万元之间，八年下来我为国家节约了上千余万元资金。

还有的公司为了招揽业务，甚至在宣传材料里面夹带购物卡，我都让他们拿回去，并对他们进行教育。

就是朋友，我也拒绝接受任何礼品。有一次，一个家庭困难的朋友带几斤小米，说自家产的，我曾把我的商铺免费供他使用，也被我拒绝了。还有一个朋友带了几斤无花果我也让他带回去。

我想，人的欲望是无限的，党和国家给我们工资，而人民群众要靠自己的双手来创造财富，我们应当为他们服好务，而不能接受他们的东西，否则欲望就会越来越大，最终毁掉的是自己，也是对党和国家不负责任。

只有我们每个人为国家、为人民守好责，把好关，才能把国家的事情办好，国家才能真正兴旺发达，富裕强盛，人民才能幸福安康。

用爱回馈社会，社会就会温暖如春，自己也会幸福快乐

在我七八岁时，每次看到五保户大娘背着柴火，我都会主动接过来帮她送回家；在学校里，我经常帮助成绩差的学生，为生病的同学送病号饭、洗衣服等，因此我曾被评为学雷锋标兵；转业地方以后，每次看到需要帮助的残疾人或家庭困难需要救助的人，我都会给他们几元、数十元乃至几百元不等的钱，虽然解决不了根本问题，但可以给他们带来温暖和战胜困难的勇气。

有一次我在大厅值班，两位老人哭着说他们单位十几年欠的保险没给交，来了多次都解决不了，我就亲自带他们到数据整理小组了解情况，得知情况属实后我和同事小尚一起与其单位沟通多次，终于让两位老人没有遗憾地办理了退休手续。

还有一次，来了一位胶东口音的被雨淋湿了的残疾人，说是找民政局。我了解到他是青岛崂山区来上访的，妻子和他离婚，一个儿子下落不明，也不赡养他，自己没有劳动能力，想申请低保当地就是不给批，已上访了三年。由于不符合相关政策，我便给他做思想工作，并给了他1000元钱，留下我的电话，告诉他有什么困难我们一起面对。之后每年都会给他转1000元补贴生活。他每次接到钱，总是说一些感谢的话，我说不要感谢我，要感谢党，我是共产党员。

为了帮助更多的人，我用自学的医学保健知识指导人们的生活；用自学的心理学知识义务为多个有心理障碍的人进行心理辅导，解决了他们的心理障碍；我还利用各种机会对年轻人宣传爱心，让其抛弃小我，做到爱祖国爱人民；我精心挑选了几十套优秀传统文化课本，送给有孩子的年轻父母，希望他们和孩子共同成长，拥有爱心，为民族复兴做出贡献；为影响到更多的人，五年来，我利用休息时间写了这本书，用自己的感悟论述了只有爱才能让人真正幸福和成功，用爱指导人们身心健康，指导家庭关系、社会关系、个人与国家的关系，在奉献爱心的同时，幸福自己。

用爱心引领好队伍，共同创造美好的未来

作为一个支部书记及处长，我不仅要做好自己，更要带好队伍。除了自己坚持学习，我还带领全处同志加强学习，尤其注重政治思想理论学习，不断培植大家的爱心：通过学习领袖们、先进人物、革命先烈的事迹，通过清明节等开展缅怀革命烈士弘扬爱国主义精神的活动，培养大家的爱心；通过纪念

“五三惨案”等活动提醒大家铭记历史，不忘国耻，悼念先烈，不忘初心。另外，我还带领大家去养老院、福利院等地方奉献爱心增强责任意识，同时向这里的工作人员学习，学习他们的爱心。

通过学习，处里全体人员的精神面貌昂扬向上，宗旨意识进一步加强，大家除做好本职工作以外，互相帮助，乐善好施，用自己的行动温暖着他人，感动着社会。副处长主动联系医院为需要做白内障手术的老人申请了慈善救助，为住不起院的困难同学发起捐款等；副调研员主动为有胃病的老人买药，且不要报酬，当发现人们需要帮助时，总会伸出援助之手为人解除困难；其他同志，自发捐款2000余元，到敬老院慰问老人、去福利院看望残障儿童、去困难群众家走访慰问……可以说，我们处室是一个和谐的集体、温暖的集体、有爱心的集体。每一个人不仅用爱心温暖着自己的处室，也使社会感到温暖。

我调到其他处后，仍一如既往地培养大家的爱心，让每一个人感恩国家、感恩共产党，严格自律，奉献社会。我现在所在的处室在2020年新冠肺炎疫情期间，大家主动向武汉捐款6000余元，同时，对单位组织的每次捐款都积极参与。

五十多年的人生历程告诉我，只有爱才会使人真正幸福。在快乐他人的同时，自己也得到了快乐：每当听到一声由衷的感谢，每当看到一张张因被爱而幸福的面庞，每当想到自己从事的光荣而神圣的事业，也会被幸福包围。

虽然我只做了很少的事情，但足以让我幸福一生。

本书共分为七篇，第一篇以自己对人生的感悟和思考，从理论的角度论述了什么是幸福，什么是真正的幸福；怎样才能幸福，怎样才能真正幸福。用排除法论述了只有爱才能让人真正幸福，并论述了怎样才能有爱。

第二篇到第六篇，分别论述用大爱指导人们的身心健康、子女与长辈的关系、夫妻关系、子女教育、人生成长等方面，可以说是使人生幸福、家庭幸福且符合中国实际的指导用书。

在该部著作中，最为侧重的还是第三篇家庭关系和第四篇子女教育，特别是子女教育。因为子女是家庭幸福的根本，子女的成功也是家庭的成功，还能为社会、为国家做出更大的贡献。因此，笔者用了6万余字近1/3的篇幅来论述孩子的教育问题，尤其是结合美国著名心理学家埃里克森的人格成长阶段理论，在对儿童成长关键期的教育和引导的论述上倾注了大量的心血，阐述用爱心培养孩子的教育理念，为孩子形成正确的世界观、人生观和价值观打下良好的坚实的基础。

在孩子的教育上，我自己的心得体会和见解就是：

父母先行学习，成为合格的父母；

父母做好自己，为孩子做出榜样；

父母陪伴孩子，与孩子共同成长。

该观点对于孩子及父母的成长都会起到良好的教育作用，同时对社会及国家进步都会起到积极的推动作用。

此外，还用了5万字的较长篇幅论述了如何处理好夫妻关系，因为夫妻关系在家庭关系中起着举足轻重的作用。和谐美满的夫妻关系是家庭幸福的主要支撑，也是子女教育的重要内容。通过对夫妻爱的教育，让夫妻一生有爱伴随，为家庭幸福奠定基石。

除此之外，第二篇论述了如何用爱指导身心健康。从合理的饮食、科学的运动、积极的心态和充足的睡眠四个方面对养生和健康做了系统的论述，为养生提供了科学的方法。文中着重论述了心理健康对人的身体健康起的重要作用，许多疾病都是因心理不健康造成的。一个人如果有爱心，他（她）的心理就会健康，就会以积极的心态对待一切，就不会过分考虑个人的得失，身心就会健康。

第五篇，用爱心指导人际关系，指出了人际关系的重要性，结合心理学知识，指导人们如何处理好人际关系。同时指出，爱心是营造良好人际关系的基础，没有爱心的人是不会与他人建立良好的人际关系的。

第六篇，用爱心指导人生成长。作者用自己一生的感悟来告诉人们，有爱就会有目标，有爱就会有动力，有爱就会有成功。

第七篇，用爱心指导人类实践。作为自然人，有爱就会真正幸福，国家之间同样如此，有爱才有和平，有爱才会发展，有爱世界才会美好。

我的人生感悟是：大道至简，这个道就是一个“爱”字。

如果一个人生命里简单到只剩下爱，他得到的将全部是爱。爱会带给你健康，爱会带给你家庭美满，爱会带给你和谐的人际关系，爱会让你人生成功，爱会让你幸福一生。做到一个“爱”字，人就会真正幸福，世界就会更加美好。

这就是幸福定律：人类因爱而幸福，世界因爱而美好。

作者

目　录

第一篇

真正幸福的奥秘

什么是幸福

幸福是让自己满足并快乐的一种感觉。

每个人都渴望幸福，每个人都在追求幸福。

但幸福是什么？什么是真正的幸福？怎样才能幸福？怎样才能获得真正的幸福？对此仁者见仁，智者见智。

幸福是一个古老的话题。

据说在公元 4 世纪的奥古斯丁时代，欧洲已有至少 300 种关于幸福的定义。

幸福又是一道谜题。

就幸福的概念而言，学术界至今也没有一个统一的定义，没有一种概念为公众所承认。

幸福还是一个哲学、伦理学、经济学、社会学等学科的中心问题。

有人说：“人文知识的基本问题不是真理问题，而是幸福问题。”人类的发展史就是一部对幸福的追求史，就是一部通过对幸福的追求而不断探究人的存在意义、承载方式、存在内容的反思史。

当代的研究者已将幸福概念的哲学起源追溯到古希腊时代。阿里斯底波提出的“快乐主义幸福观”，倡导将快乐最大化作为人们生活的目标和幸福的源泉；亚里士多德提出的“完善论的幸福观”，把一个人生活中“善”的程度作为评价幸福的关键因素；密尔提出的“功利主义幸福观”则主张“最大幸福原则”，即大多数人的幸福才是幸福，而不仅仅是个人的幸福；还有其他各种各样的幸福观。

中国对幸福一词的研究比较晚，但中华福文化源远流长。中华福文化中的福，过去是指福气、福运，虽然与幸福不同，但幸福之义的成分比较多，也可以说是原始意义上的幸福观。大致分为四种不同的流派：一是道家倡导的顺应自然、各安天命、做好自己的幸福观；二是儒家倡导的精神感受重于物质感受、利他高于利己的幸福观；三是佛家倡导的拒绝物欲、与人为善的幸福观；还有一种就是杨朱等人主张的顺性纵欲、享乐主义的幸福观。这四种观点，在中国几千年的历史中对不同的人起着不同的影响，特别是道家和儒家两种幸福观，一刚一柔，刚柔并济，对社会的教化起着举足轻重的作用，穷则独善其身，达则兼济天下，让世世代代的中华儿女感受着不同的幸福。

现在人对福字的理解很大程度上就是幸福。

我国现在对幸福的界定，1989 年出版的《辞海》是这样说的：“在为理想奋斗的过程中以及实现了理想时感到满足的状态和体验。”在《汉语大词典》中，幸福有三个方面的含义：“一、谓祈望得福；二、使人心情舒畅的境遇和生活；三、生活、境遇等称心如意。”

可以说，对幸福而言，不同的时代不同的人群有着不同的理解，但有一个共同点，就是幸福是让自己满足并快乐的一种感觉，对此人们已达成共识。

2 什么使人幸福

财富和名誉都有可能使人幸福，但并不是幸福的根源。

幸福是让自己满足并快乐的一种感觉，但人们对幸福客体的认知也就是使人产生幸福感觉的根本原因却众说纷纭。

有人认为财富使人幸福，以至于追求财富的人不计其数，自古就有“人为财死”的说法；有人则认为名誉使人幸福，就有了沽名钓誉的名词；还有人认为地位使人幸福，又有了舍财求位的故事。

那么，什么才会使人真正幸福呢？换句话说，使人真正幸福的原因是什么？

是财富吗？

一般来说，财富是使人们幸福的一个重要因素，物质生活的富足可以满足人们对衣食住行更高水平的需求，从而使生活更幸福。

财富充足，还可以救助困难群体，支援国家建设，奉献爱心，体现价值，使人生更有意义。

但物质财富绝不是使人幸福的决定因素。

史蒂夫·乔布斯是美国苹果公司的创始人，曾是世界首富，于2011年当地时间10月5日去世，年仅56岁。

他在人生最后的五年，患上了胰腺肿瘤，备受折磨。

乔布斯在临终时忏悔说："全世界的人都想像我一样拥有这么多钱，可是我现在躺在病床上才明白，我一生做了很多无用功，我挣的那些钱根本花不了，如果拿出一些时间多去参加慈善活动，那该活得多有意义啊。"

由此可见，真正让自己活得有意义又让自己幸福的不是拥有多少钱，而是为社会做了什么，做了多少对社会有益的事情。

上面的例子也说明，拥有物质财富并不一定让人幸福。

相反，有的人虽然一贫如洗，仍然会感到很幸福。

新加坡的许哲女士，凭借自己的力量引领了社会上的爱心人士助养了600多位贫困疾病老人，自己却空徒四壁，每日只吃一餐，还是半生不熟的青菜，把更多的财物留给其他的老人。尽管清苦，但她乐此不疲，非常幸福。她说："如果我有，他们没有，我心里不好受。相反，他们有，我没有，我反倒快乐。"就这样，许哲女士一直为这些老人奔忙，直到2013年去世，终年103岁。她被新加坡人视为国宝，她是幸福的。

还有济南的退休护士韩秀英，和老伴每月4000多元的退休金，没有其他收入，可以说并不富裕。但她自己家每月只留下100元作为生活费，其他都用来帮助部队中困难家庭的战士，还给济南市仲宫镇的孩子们进行传统文化教育。她常讲："一个人对社会的贡献不仅看他付出了多少，而是看他剩了多少。"她就是这样苛刻地要求着自己，几乎把全部奉献给了社会。韩秀英也因此受到社会的尊重，人们亲切地称她为韩姑姑，还被评选为全国道德模范。

还有许许多多的人虽然并不富有，但他们首先想到的是他人，一切也是为了他人，深受人们的尊重，他们自己也感到非常幸福。

因此，物质财富不一定使人幸福，没有财富同样也可以幸福。

是名誉和地位吗?

靠自己的聪明才智，辛勤付出，守法经营，得到的名誉和地位自然会受到社会的认可和尊重，自己也会感到幸福。

同时，依靠名誉和地位影响更多的人遵纪守法、奋勇拼搏，为了人民的幸福和民族的复兴贡献力量，自己会更加幸福。

但名誉和地位同样不是幸福的决定因素。

有的人通过自己的努力，有了比较高的社会地位，受到社会的尊敬。然而由于过分追求名誉和地位，置国家法律于不顾，违法乱纪，成为历史的罪人，他们肯定不幸福!

由此看来，名誉和地位也不一定能给人带来幸福。

相反，有的人虽然没有名誉和地位，却受到人们的尊重，自己也感受到幸福。

清朝末年，辽宁有一位叫王凤仪的人，小时候是孤儿，为地主放牛，长大后做长工。他无论做什么，都一心一意，尽心尽力。他喂的牛又肥又壮，他把田里草锄得又干净又彻底，粮食产量也比其他的长工多出不少。但由于家贫，二十几岁也没有成个家。地主感念他的忠诚与勤劳，给了他些钱，让他盖个房子成个家。

王凤仪没有把这些钱用在盖房子成家上，而是置办成田地，经过几年的努力，也成了远近闻名的地主。

他富了不忘感恩，成立了妇女学校，免费对家庭妇女进行教育。他认为，一个好女人可以幸福三代人，对上可照顾好父母和公婆，对中对下可以相夫教子。通过努力，他共计开办了140多所学校，遍布东北三省。他的义举受到政府和当地老百姓的称赞，被人们称作王大善人。

他的一生，虽然没有地位和名誉，却做出了常人不能做的大事，受到人们的尊重，他是幸福的。

新中国成立后，全国人民学习的榜样雷锋，小时家境贫寒，父母早早去世，7岁就成了孤儿，幸被本家的六叔奶奶收养，同时政府帮助他上学，使他长大成人，高中毕业后成为当地的一名公务员。

雷锋以对党和社会感恩的情怀，积极工作，热心助人，多次被评为积极分子。

成为一名解放军战士后，雷锋更加严格要求自己，时时处处为人民群众着想，像他自己说的那样："人的生命是有限的，但为人民服务是无限的，我要把有限的生命投入到无限的为人民服务之中去。"

雷锋用他的行动践行着他的诺言，"雷锋出差一千里，好事做了一火车"便是最好的例证。

事情是这样的：一次雷锋从抚顺出差到沈阳安东，一上火车就帮助列车员擦地板、擦玻璃、收拾桌子，帮助妇女抱孩子，帮助老人找座位，帮助旅客放行李；做完这些后，他又拿出报纸给不认字的旅客读报，宣传党的方针政策；下车后为丢失火车票的大嫂买火车票，并把她送上车；帮助去抚顺的老大娘背行李……

雷锋出差做的好事，只是他的一个缩影，在平时的工作、劳动、生活中，他也处处为他人着想，心中永远装着人民，为人民服务的宗旨意识已经渗入他的骨髓。

雷锋在一次洗车指挥倒车时，由于路滑，车辆撞倒的电线杆砸向了来不及躲避的他，当时就晕了过去，最终医治无效，献出了年仅 22 岁的生命。当得知雷锋牺牲的消息后，十几万群众自发参加了他的追悼会，来告别这位人民心中最可爱的人，毛泽东主席亲笔题写了"向雷锋同志学习"，雷锋永远活在人民的心中。

雷锋的生命虽然短暂，也没有名誉和地位，但他用自己的行动诠释了全心全意为人民服务的宗旨，受到全国人民的爱戴，他是幸福的。

因此，名誉和地位不一定使人幸福，没有名誉和地位同样也可以幸福。

为什么财富、名誉和地位都不一定能让人幸福呢？

这是因为，人们追求的财富、名誉和地位大多是利己的行为，也可以说是自私的行为。

所谓自私，按照《辞海》的解释就是："一、只为自己打算，只图个人的利益。二、谓归个人私有。三、偏私。"

可以看出，自私是以自我为中心，只想到自己，只图个人利益。

而人生最大的不幸是源于过度自私，自私是不幸的主要根源。

这是因为：

第一，自私使人的贪欲无限膨胀。

人们常说知足常乐。但在自私面前，人的欲望是无止境的，永远不会得到满足，也不会快乐，更不会幸福。

自私的人在追求财富、名誉以及地位的过程中，在私欲的驱使下，会想方设法、绞尽脑汁战胜竞争对手，甚至会采取极端的手段来达到自己的目的。在这个过程中，自私的人会遇到方方面面的阻力，会焦虑纠结，因此不会幸福。

当一个目的达到后或许会有短暂的幸福，然后又在自私欲望的驱使下树立更大的目标，以至于自私的人一生都贪得无厌，永远得不到满足，不会快乐，更谈不上幸福。

当目的没有达到，自私的人便会心生不满，怨天尤人，仍然不会幸福。

因此，自私的人不会幸福。

第二，自私导致人际关系不良。

自私是一种封闭内敛的心态。自私的人缺乏对其他人或者其他事物的真挚情感，故而不会为他人着想，更不会关心和帮助他人，以至于和他人在感情上产生隔膜，久而久之，疏远了和他人的关系，变得更为封闭，导致人际关系不良。

另一方面，自私的人缺乏感恩之心，对于他人的关心和帮助，引发不了自己的情感共鸣，总认为是应该的，甚至不满足，贪得无厌。因此，他人对如此冷漠的人也会渐行渐远。这是导致人际关系不良的另一个原因。

人是社会人，没有良好的人际关系，便会孤独和痛苦，不会快乐，更不会幸福。

第三，自私使人产生心理障碍。

自私的人总是以自我为中心，自以为是，认为自己是完美的化身。这种人既不能辩证地看待他人，也不能正确地评价自己。当自己的目标不能实现或者遇到困难时，不是去内省，查找自身存在的不足，找出问题和原因，继续努力，不断完善自我，而是怨天尤人，牢骚满腹，把责任推在他人身上。长时间的思想斗争让自己焦虑不安，纠结困扰，甚至产生心理障碍，影响到自己的身心健康，同时也影响到家庭其他成员的幸福。

第四，自私诱发各种犯罪。

应当说，除了一部分过失犯罪之外，绝大多数的犯罪是因为自私导致的。自私的人在追求个人目标的过程中，往往会为了达到目的不择手段，采取损害他人或者集体乃至国家利益的方式，严重时会触犯法律，导致犯罪。有的人为了所谓“名誉”投机钻营，有的人为了财富偷税造假等，一旦事发被关进牢狱，造成终生痛苦。

有人会说，有些犯罪不是为了利益，也不是为了名誉和地位，比如有人斗嘴吵架，把人给杀了。其实这也是自私所致，为了自己的面子、虚荣心，为了争所谓“一口气”，仍然是以自我为中心的自私表现。还有的人不是为了利益，也不是为了名誉和地位，而是为了满足自己享受的欲望，违背他人的意志，做出违法的事情，这更是自私的表现。

因此，无论是为了利益、为了名誉、为了地位，还是为了面子、为了争一口气等的犯罪，根本原因在于他们总是以自己为中心，是自私心理在作怪。

一旦犯罪，身陷囹圄，不仅自己不会有幸福，也是家人的不幸。

有些人说，自己是为了家庭、亲戚、朋友甚至是单位的利益而犯错的，是因为爱而非自私，其实这本身还是因为自私，是为了一小部分人的利益，而损害人民或国家利益，仍是自私。

所以说，有些人不幸福，就是因为过于自私。

自私的人总是把自己的或者少部分人的利益放在第一位，永无休止地追逐个人欲望，在这个过程中，心态永远不会平和，导致人际关系不良，甚至触犯法律，怎么可能会有幸福呢？

3 爱——真正幸福的奥秘

只有爱才能使人放下自我，感受真正的幸福。

什么才能使人真正幸福呢？

共产主义的创始人马克思说：“历史把那些为了最广大的目标而工作，因而使自己变得高尚的人看成是伟大的人，经验则把使大多数人幸福的人称赞为最幸福的人。”

左拉说：“为人类的幸福而劳动，幸福是在全体人所实现的最大幸福之中。”

果戈理说：“如果有一天，我能够为我们的公共利益有所贡献，我就会认为自己是世界上最幸福的人。”

法国著名作家卢梭说：“我也知道，也感觉得出，行善（爱）是人类之心所能领略到的最真实的幸福。”

钱三强说：“科学不是为了个人荣誉，不是为了私利，而是为人类谋幸福。”

诺贝尔奖的获得者屠呦呦、高产水稻发明人袁隆平等，都是年逾八旬的老者，至今仍工作在科研一线，他们在为全人类的幸福勤奋努力，不断进取，贡献着自己的聪明才智，他们是幸福的。

由此可以看出，不论是伟人、哲学家、作家、科学家、医学家还是发明家等，他们都把为大多数人谋幸福当成自己的幸福，为大多数人的幸福而不懈奋斗！正因如此，才成就了他们不朽的成就，为大多数人所尊重和敬仰，从而也成就了自己的幸福。

正像中国SOHO公司创始人潘石屹所说：“一个人要幸福，就要消除自我，千万不要以自我为中心，以自我为中心的人，是永远幸福不了的，不管他们拥有多少钱，不管他们拥有多大权力，也不论他们长得有多么漂亮，都不会幸福。”

可以说，要想自己幸福，就要使他人幸福，为大多数人谋幸福。

这种为大多数人谋幸福背后的根源是什么？是爱，是大爱，对人民的爱，对祖国的爱，对人类的爱。

有爱才有奉献，有爱才有奋斗。

人类因爱而幸福，世界因爱而美好。

圣贤之所以幸福，就是因为他们的大爱。

纵观古今圣贤，就是因为他们的大爱，才把自己的精力贡献给了为大多数人的幸福而奋斗的爱心事业中，也正是因为他们的爱，才使得他们不知疲倦地无私奉献和奋斗，在奉献和奋斗的过程中享受着幸福；同时，因奉献和奋斗受到人们的尊敬和爱戴，他们会倍加感到幸福。

几千年来，古今的圣贤们都在思考着如何让人们更幸福让世界更美好，但归纳起来，核心就是一个“爱”字。一方面他们本身是有大爱的人，他们从事的事业是大爱的事业，另一方面他们都提倡只有爱才能让人更幸福，让世界更美好。他们在用自己的爱心践行爱，传播爱，弘扬爱。

老子是道家思想的创始人，《道德经》是道家思想的集中体现，其核心是人应当向大自然学习，无为而治。“人法地，地法天，天法道，道法自然。”

这里的道，是世界万物生成的自然规律，天地在形成之前道已存在。这就要求人要像大自然的万物一样，尊重自然规律，各安其位，遵守秩序，做好自己。而人类的无为而治也要有一定的秩序，就是法纪，是以爱心为出发点和落脚点的法纪，即良法。也就是说，每个人在社会之中，都应当在法纪的框架内，做好自己的本分，这样社会才会安定，人民才会幸福，世界才会美好。

因此，老子的出发点和落脚点也都是一个“爱”字。

因为老子置身于西周末期，亲历并目睹了战争给国家带来的创伤以及给人民带来的苦难，为了社会有一个和谐稳定的秩序，为了人们免受战争之苦，老子经过长期的探索与思考，形成了自己的哲学思想。这也是老子大爱思想的体现。

《道德经》本身也用爱来规范人们的行为，其间有许多语句闪烁着爱的光芒，并用爱的思想指引人们的行动，成为后世人们的心理及行为准则。

《道德经》第七章曰：“天长地久。天地之所以能长且久者，以其不自生，故能长生。是以圣人，后其身而身先，外其身而身存，以其无私，故能成其私。”

其意是天地之所以能长久，正是因为它不为自己而生，所以能长生；圣人也是一样，因为总是处处谦让别人，才得到别人拥戴和依赖，最终成就的还是自己。难道这不是因为爱心而成就了圣人的理想吗？让自己的思想美德永远流传，纵然是身体离开了世间，但其精神永存人们心中。鼓励人们向圣人学习，拥有爱心，戒除私念，这样就能获得永生。

《道德经》第八章：“上善若水。水善利万物而不争，处众人之所恶，故几于道。”

意思是真正的善良，就像水一样，滋养万物而不求回报，甘心被众人所唾弃，所以水最接近大道。这不也是大爱的精神吗？告诫人们要用爱来对待万物，纵使不被理解也无怨无悔，坚持爱心，一往无前。

因此，《道德经》也是关于爱的哲学。

儒家学说的代表人物孔子和孟子，都提倡“仁”的思想，儒家伦理道德思想的核心就是“仁爱”“仁政”“爱人”。

统治者要施行仁政，爱民如子，打造和平天下；子民要爱统治者，服从统治，为统治者分忧；人与人之间要互爱，和谐相处。

孔子要求人与人之间要充满爱心，尊崇礼仪，“己所不欲，勿施于人”，爱别人就像爱自己一样。

孟子则提出：“老吾老，以及人之老；幼吾幼，以及人之幼。”意思是要像爱自己的老人一样爱其他老人，像爱自己的孩子一样爱他人的孩子。还有孟子教导人们：“爱人者人恒爱之，敬人者人恒敬之。”也都是告诫人们要有爱心。

所有这些都是“爱”的思想的集中体现。在宣传爱弘扬爱的过程中，孔子和孟子本人也得到了幸福。

马克思从唯物主义的观点出发，实事求是地辩证地为人类的发展指明了方向，指出人类社会的终极目标是：没有阶级，没有压迫，人人平等，各尽所能，按需分配的共产主义社会。这也是基于公平和正义的大爱理论。

而且，马克思主义的大爱与以往任何圣贤先哲的大爱理论相比有着鲜明的特点，更加伟大。

以往圣贤先哲所提倡的大爱是博爱，针对的是每一个人，包括统治者和平民、剥削者和被剥削者、好人与坏人等。马克思主义的大爱有着鲜明的立场性，即人民立场，是为了在封建社会和资本主义社会中受压迫、受剥削的劳苦大众翻身得解放。

以往圣人先哲所提倡的大爱只是以教育为主，马克思主义的大爱则有着极强的实践性，马克思按照马克思理论组织并指导了共产主义运动，使共产主义之花在世界各地竞相开放。

以往圣人先哲所提倡的大爱缺乏实践的指导，马克思主义则为大爱提供了方法论的指导，更具有可操作性。

其实，所有圣贤的教育，其核心就是爱的教育。其宗旨是为了让人们更好地学习爱、拥有爱、践行爱，去爱国家、爱人类和爱大自然。

圣贤们之所以通过各种方式弘扬爱，是因为他们的大爱让其幸福，他们要把自己的幸福传播给别人；同时他们的大爱让他们心里装着整个世界，装着每个人，他们希望人人拥有爱，人人奉献爱，希望世界充满爱；他们也感受到许多人之所以不幸福，有的人之所以犯罪，世界之所以不太平、战争不断，就是由于自私、缺乏爱心。他们在寻求让人民幸福、让世界美好的良方，而这剂良方就是爱心。

圣贤们正是在弘扬爱、传播爱的过程中以及看到世界因自己的奉献而变得更加美好，自己也感受到幸福。

伟人之所以幸福，同样因为他们的大爱。

伟人们在以他们的大爱，引领着人民，引领着国家，引领着时代向着更加美好的明天前行，让人民更加幸福，自己也同样体会到幸福。

马克思、恩格斯、列宁、毛泽东等，他们以自己的大爱，引领了一个时代，以追求公平正义、铲除不平等制度、消灭剥削和压迫为己任，让世界共产主义运动如火如荼，在不同的国家推翻了压在人民头上的大山，消灭了剥削和压迫，让人民当家作主，实现了真正的公平正义。

习近平总书记更是以他的大爱，带领中国人民踏上了努力前行的新征程，真抓实干，不屈不挠，在世界经济持续低迷的背景下，坚持中国特色社会主义，创造性地提出了习近平新时代中国特色社会主义思想，发展了马克思列宁主义、毛泽东思想、邓小平理论、“三个代表”重要思想、科学发展观，引领中国经济实现了多年的高速增长，同时，让人民共享改革发展成果，比如退休人员的养老金实现了十六连增，给人民带来了实实在在的实惠。

非但如此，习近平总书记时刻不忘贫困人群，发起精准扶贫，2020 年实现全部脱贫，让贫困人群感受到党的温暖；提出了“绿水青山就是金山银山”的理念，下大气力治理污染，让人民看到蓝天，呼吸到清新的空气，喝上纯净的水；为了防止因病致贫、因病返贫，总书记提出了健康中国的理念，投入了大量的人力、物力和财力，为百姓建设了运动场所和配置了健身器械，加大了医疗保障力度，不断提高医保报销比例，同时实行医药分开，从多种渠道降低人民就医成本，各地市制定并出台了大病保险制度，大病报销比例逐渐增加，基本上解决了大病患者家庭看病贵的问题。

习近平总书记不仅要让中国人民富起来强起来，实现中华民族的伟大复兴，他还把爱的胸怀放大到全人类、全世界，让世界与中国共同发展，让世界人民和中国人民共享经济发展带来的实惠和便利。习近平总书记领导中国以来，中国经济实力跃上新台阶，对世界经济贡献率超过30%。他提出了“构建人类命运共同体”的理念，提出了“一带一路”的倡议，来实践人类命运共同体的理念。如今，“一带一路”已成为沿线各国实现共同发展的巨大合作平台，取得的辉煌成就为相关各国带来了实实在在的利益和实惠，受到沿途各国政府和人民的欢迎；为进一步推进人类命运共同体的理念，习近平总书记发起了中国共产党与世界政党高层的对话会。在2017年12月1日对话会的开幕式上，习近平总书记作了题为《携手建设更加美好的世界》的主旨演讲。在讲话中，习总书记进一步阐述了人类命运共同体的内涵，他指出：“人类命运共同体，顾名思义，就是每个民族、每个国家的前途命运都紧紧联系在一起，应该风雨同舟，荣辱与共，努力把我们生于斯、长于斯的这个星球建成一个和睦的大家庭，把世界各国人民对美好生活的向往变成现实。”

这就是习近平总书记博大的情怀，这就是习近平总书记的大爱。

面对建设一个什么样的世界，如何建设这个世界这样一个重大的课题，习近平总书记以大国领袖的责任担当，以他的大爱情怀，为世界的前途指明了方向，描绘了蓝图：努力建设一个远离恐惧、普遍安全的世界；建设一个远离贫困、共同繁荣的世界；建设一个远离封闭、开放包容的世界；建设一个山清水秀、清洁美丽的世界。

所有这些，都需要爱，需要人与人之间的爱，需要民族之间的爱，需要集体之间的爱，需要政党之间的爱，需要国与国之间的爱，需要人类对自然的爱，还需要人类对子孙后代的爱。

世界充满爱，这个世界就会变成没有贫困、没有污染、没有纠纷、没有战争的和谐的可持续发展的世界。

世界充满爱，这个世界就会变成互相帮助、互相关怀、互相包容、幸福温暖的美好世界。

正是因为习近平总书记对国家、对人民、对人类、对世界以及对子孙后代的大爱，才使得他不知疲倦地夜以继日地忘我工作。

因此，伟人们因其大爱而幸福。

普通人或者群体之所以幸福，还是因为他们的爱。

在现实生活中，在我们的周围，我们也可以感受得到，凡是有爱存在的地方，就会有阳光，那里的人们就会幸福。

有爱的家庭是幸福的：父慈子孝，夫妻和睦，相互帮助，彼此关心，有福同享，有难同当。每个成员的内心都以他人的存在而感到温暖，每个成员都因关怀他人而快乐无比，每个成员因感受到爱绽放着幸福的笑容。

有爱的集体是幸福的：上级关心下级，把下级当家人对待，关心他们的身心健康，关心他们的成长进步，关心他们的素质提升，为他们的成长创造条件；下级尊重上级，服从领导，听从指挥，排除一切困难，把工作做到最好，把单位当成自己的家，为了单位的建设献计献策；单位同事之间，相互尊重，相互关心，相互帮助，相互激励，相互取长补短。在这样充满爱的群体里，每一个人都是幸福的。

有爱的朋友是幸福的：遇到困难相互帮助，相互关心，共同渡过难关；高兴的事情共同分享，一起快乐；生活上相互关心，工作上相互激励，有问题时相互提醒，共同成长。

在我走过的大半生人生里程中，由于自幼受父母朴实善良品质的影响，受传统文化的熏陶，受伟人光辉思想的感召，受党的多年教育，我学会了爱，拥有了爱，也在不断传播着爱，同时感受着因爱带来的幸福。

从童年时帮助五保户大娘背柴火、挑水，到学生时期帮助学习差的同学补习功课，再到现在的帮助困难群众，去敬老院慰问老人，去福利院看望残障儿童，为下岗职工免费提供商铺，为有心理障碍的人义务咨询，利用自学的医学知识为人们免费进行健康指导，我都在用发自内心的爱来呵护他们。在帮助他们的过程中，我感到自己是一个有爱心的人，一个对社会有用的人，一个传播正能量的人，一个称职的共产党员，我也因此感到快乐和幸福。

在这个过程中，我也深深感受到，只有爱才能让人真正幸福。

正是人们的爱让家庭和谐、社会温暖、国家强盛、世界美好，幸福着人们。

自己也因践行爱的过程以及因践行爱而使客观改变感到幸福。而且爱心越大，幸福指数越高，一个人能够完全摒弃小我，没有任何私人杂念，他（她）将会是真正幸福的人。

故，真正的幸福是在拥有爱、践行爱、传播爱的过程中以及对因此带来的客观改变感到满足并快乐的状态和体验。

我一直在想，人与动物的区别有许多，但我认为除了人能制造工具之外，人与动物最主要的区别是人的情感性，尤其是人类所特有的对人或事物的真挚情感——爱。

因为有爱，人才不会像动物那样弱肉强食；因为有爱，人与人之间才会相互尊重，相互帮助，不再孤独，感受温暖；因为有爱，世界才不再仇恨，享受和平。

爱，一直以来，幸福着人类，美好着世界。

为了爱，无数人挥汗如雨，奋勇前行；为了爱，无数人披荆斩棘，奉献生命。

就是因为爱使人类真正幸福，爱让世界更加美好。

为什么只有爱才能使人真正幸福呢？

第一，爱因真挚情感而幸福。

爱是对人或者事物的真挚情感。这种情感是由内心深处发散的、指向他人或事物的利他的正性能量，与自私情感的收敛性、自我中心、利己的负性能量恰恰相反。

爱的情感可以使人放下自我，总是为他人或事物的利益着想，因此，不再过多纠结于外界对自己的评价或反应，心态一直是积极向上的，感觉一直是快乐幸福的。

只有对世界具有真挚的情感，才会真心喜欢这个世界，爱这个世界，爱这个世界上的所有，包括父母、家庭、集体、社会、祖国、大自然和动物。

心理学中有一个“首因效应”，即一个人第一次对某人或者某一事物印象的好坏，决定着他（她）之后对待该人或者该事物的态度。“首因效应”会使人先入为主，对人或事物产生好的印象或不好的印象。好的印象会让人很快喜欢上或者爱上该人或者该事物，对其倾注更多的关心爱护；不好的印象，会使人从内心拒绝同该人或者该事物打交道，避而远之，很难再与之建立深厚的情感。

以爱的心理对待人或者事物，“首因效应”就是好的，就很容易爱上自己所接触的人或者事物，就会幸福。反之，就会产生相反的心理，就不会幸福。

第二，爱因自己被爱而幸福。

人人都希望被爱，人人都希望世界充满爱。

但是怎样才能被爱？怎样才能让世界充满爱？一直让许多人困惑。

其实并不复杂，圣贤和学者都给出了答案。两千多年前中国的孟子说过：“爱人者，人恒爱之。”美国著名心理学家阿尔伯特·艾利斯提出的黄金规则也说：“像你希望别人如何对待你那样对待他人。”

意思都是说，要想他人爱自己，要想世界充满爱，首先要爱他人，奉献爱心。

世上没有免费的午餐，只有付出了才能有回报。只有爱人，自己才会被爱，这是感应的结果。

一个有爱心的人，当他付出了爱，自己也会被爱，就会幸福。

相反，一个缺乏爱又自私自利的人不可能得到他人的爱，也不会幸福。

第三，爱因无私奉献而幸福。

爱表现在行为上则是奉献，是付出，是完全利他的助人的情感和行为。因此，有爱心的人在奋斗的过程中，从不会考虑个人的名利、地位、得失，只把他人或者事物的利益放在首位，有时牺牲个人的利益乃至家人的利益甚至自己的生命也在所不惜。

马克思和恩格斯，把消灭剥削与压迫、解放全人类、最终实现各尽所能按需分配的共产主义作为自己的理想，并为之奋斗终身。

毛泽东主席，带领全家人起来参加革命，有六位亲人牺牲在革命的征途中，甚至连自己的儿子也奉献出了年轻的生命。

周恩来总理也是如此。我经常看反映周恩来总理生活的电视剧《海棠依旧》，每次我都被感动得流下眼泪。周恩来总理对国家的大爱，对全国人民的深厚的情谊，每时每刻都在感染着我，即使在他病情非常严重的时候，为了处理好中美建交事宜，都每天工作到很晚，一再推迟住院。膀胱癌折磨着他，小便疼痛难忍，他就一整天不喝水，直到《中美联合公报》发表以后，才住进了医院。

还有许许多多的老一辈无产阶级革命家以及无数的革命烈士，也把拯救中国劳苦大众于水火、实现民族独立视为己任，奉献了自己的终生，甚至牺牲了自己的亲人。

是他们带领中国各族人民，不屈不挠，赶走了日本侵略者，打败了国民党，推翻了几千年来压在中国人民头上的三座大山，建立了人民当家作主的社会主义新中国。

而在他们奋斗的过程中，从未考虑个人的利益，从未患得患失。因为他们的大爱让他们心里装着自己的国家，装着全国人民，装着整个人类。为了国家实现独立、富强、民主，为了全国人民的幸福，为了世界有更美好的未来，他们把一切置之度外，只会因自己的奋斗感到幸福。

尽管某些人觉得他们傻，觉得不值得为此做出这么大的牺牲，但在我们享受美好生活的时候，在感到国家的富强给我们带来的荣耀和自豪的时候，我们不应当感恩并缅怀那些为了今天的幸福生活抛头颅洒热血的革命先烈吗？不应该放弃自己的私欲为了国家的强盛为了人民的幸福而努力工作吗？我们还有什么理由患得患失、计较个人利益呢？只有放下自我，无私奉献，才会真正幸福。

第四，爱因纯粹高尚而幸福。

有爱的人是高尚的，高尚的人是幸福的。

圣贤和伟人们，之所以世世代代受到人们的尊重和敬仰，就是因为他们的大爱，就是因为他们的纯粹和高尚。

几千年来，圣贤和伟人们都在思考着如何让人们更幸福，如何让世界更美好，并用自己的言行推动这个世界向前发展。归纳起来，核心就是一个“爱”字。因为他们爱这个世界，希望人类更幸福，世界更美好，所以他们在弘扬爱，与只考虑自己利益的人相比，他们是纯粹的，是高尚的，是有价值的，因此他们是幸福的。

圣贤和伟人们是幸福的，有爱的普通人也是幸福的。毛泽东主席在《纪念白求恩》一文中曾经说过：“一个人的能力有大小，但只要有这点精神，就是一个高尚的人，一个纯粹的人，一个脱离了低级趣味的人。”

雷锋、孔繁森、郭明义等人，他们心中时刻装着人民，把为人民谋幸福当成自己矢志不渝的责任，把让国家更富强当成自己永远的追求，把让世界更美好当成自己前进的动力，心存爱，践行爱，传播爱，弘扬爱，他们同样是高尚的，同样是有价值的，同样受到人们的尊重，同样是幸福的。

我认识的一个养老院的院长，名叫刘磊，她开办的养老院收费最低，但服务质量非常好。为了让老人们不感到寂寞和孤独，她每天必须抽出一定的时间带领员工陪老人说说话，拉拉家常，有一个老人脸上长了疮，她每天跪着给老人脸上轻轻涂药，还经常接济困难老人。在奉献社会的同时，自己也感到幸福，用她自己的话说：“想到这些，自己偷着乐。”非但如此，她还受到了社会的尊重，多次被评为济南市市中区的优秀党代表。

江苏南通的年逾九旬的最美磨刀老人吴锦泉，省吃俭用，把辛苦磨刀的微薄收入捐献给红十字会，如今，他的捐献已近五万元。南通市红十字会为其建立了“磨刀老人”微公益基金，在他的带动下，该基金运营三年来，已募集社会各界爱心善款200多万元，广泛用于红十字会博爱送万家、关爱最美环卫人、红十字爱心年夜饭等多个红十字人道博爱救援项目，还将用于健康扶贫项目，资助那些家庭贫困的重症患者家庭。在2016年，吴锦泉老人高票当选为感动中国年度人物，他的爱心义举感动着社会，同时，得到了社会的尊重，他是幸福的。

有爱的人之所以因其纯粹而幸福，就是因为摒弃了小我，一切为了他人，没有了焦虑和纠结，只有快乐，故而幸福。

此外，爱还是一剂灵丹妙药，爱会使人身心健康、家庭和谐、子女成长、人际关系良好、人生更加成功、世界更加美好，所有这些，都会成为一个人幸福的砝码，让其一生真正幸福。

4 什么是爱

人生是花，爱便是花的蜜。

爱，一直是人类永恒赞美的主题；爱，也一直是人类永远的追求。

任何人都希望世界充满爱，任何人都想被爱。

但什么是爱，却很少有人说清楚。

有人说，爱是冬日的一缕阳光，使寒冷的人感到人间的温暖；爱是沙漠的一泓清水，使绝望的人有了再生的希望；爱是夜空的一首歌谣，使孤苦的人获得心灵的慰藉。

有一篇文章对于爱是这样描述的：爱，人的天性；爱，社会的力量；爱，生命的源泉。没有爱，人如走兽；没有爱，社会一团黑暗；没有爱，人间一片荒凉。

爱是人世间最美好的字眼，爱是人世间最美好的情感，爱是一切美好的源泉，爱是人类最崇高的追求。

人类之所以有希望，世界之所以美好，正是因为有爱。

从“愛”的字形可以看出，“愛”是由“爫”“冖（mì）”“心”和“友”四个部分组成。“爫”是“爪”的变体，有扶助弱者的意思；“冖（mì）”意思是“覆盖”，有雌鸟保护和亲近小鸟的意思；“心”是用心，发自内心，而不求回报；“友”有对朋友关切的意思。

发自内心地对弱者的扶助，对家人的保护和亲近，对朋友的关切，都属于爱的范畴。

《新华字典》是这样定义的：爱是对人或事物的真挚的情感。

不难看出，爱是一种情感，是发自内心最深处的对人或事物的真挚情感。这种情感是利他的，没有任何的私利性，这种利他性还可以给人以无穷力量，甚至超越生命。

爱分为多种，但最基本的分类是按照是否为基因遗传分为先天之爱和后天之爱。先天之爱是通过基因传递固化下来且遗传下去的情感，比如父爱、母爱等；后天之爱则是通过后天的教育、学习、社会影响等获得的情感，比如对家庭的爱、对集体的爱、对人民的爱、对祖国以及人类的爱等。每一种爱都会幸福着自己。

先天之爱变化的成分不大，对于后天之爱，不同的时期有着不同的内涵。原始社会人们为抵御严寒、饥饿、天灾、外敌入侵等，团结互助，平均分配食物，是物资极度匮乏条件下的共产主义；共产主义社会物质极大丰富，人们思想觉悟极大提高，各尽所能按需分配，是人人有爱的社会；在其他的社会里，还存在着阶级、压迫、贫富差距，即使在社会主义社会里，人的思想境界也不相同，还存在损害国家、社会和他人利益的人，需要以公平正义为基础、以人民为中心去践行爱。

因此，在新的历史时期，爱绝不是对任何人或者任何事都存有情感，而是具有新的属性。

爱具有公平正义性

大自然赋予每个人生命，对每个生命都是公平的，都给予相同的厚爱，只

有公平的爱才是正义的，而不是厚此薄彼，差距过大。

爱具有人民性

大自然创造了生命，同样大自然为每个生命体所共有，不应当少数人或者少数集团拥有多数的资源，过多资源的占有是对大多数人或者团体的剥削与压迫。同样，爱不是对于反对人民、国家和人类的反动势力的情感，这样的情感只能是伪爱，而是基于公平正义的原则，是以人民为立场的对人民群众的真挚情感。

爱具有实践性

爱是人类最为高尚和纯洁的情感，这种情感只有通过践行才能取得最佳的效益。知行合一是对爱最好的诠释，懂得爱，践行爱，弘扬爱，才是真正有爱的人。

因此，在现阶段，真正的爱是以公平正义为基础，以人民为立场，以不断实践为关键的对人或者事物的真挚情感。

5 怎样才会有爱

肩上有责任，胸怀有慈悲，心中有感恩；

一个善行养成行善的习惯，行善的习惯养成大爱的思想。

爱是人类最美好的情感，爱是人类最优秀的品质。爱需要一代又一代人共同的努力，爱需要每个人自幼培养责任心、感恩心和慈悲心。

爱以责任心为前提

每个人都是带着使命来到这个世界上的，在享有权利的同时，也拥有自己的责任。

比如，在享受被抚养权利的同时，长大后应当尽到对父母的赡养义务（责任）；在享受婚姻家庭权利的同时，应当尽到对爱人的扶养义务（责任）以及对子女的抚养义务（责任）；在享受国家给予的所有权利的同时，应当尽到一个公民的义务（责任），遵纪守法，爱国奉献，自强不息，为国家的繁荣富强、人民的幸福安康做出自己应有的贡献。

赡养父母、扶养爱人、抚养子女、爱国奉献都是作为一个人义不容辞的责任。只有尽到责任，敢于担当，才会拥有被尊敬的资格。

一个人除了要担当起家庭责任之外，爱国奉献也是一种非常重要的责任。现在有不少人只强调家庭责任，认为爱国奉献是他人的事，于己无关，也有的人只强调国家应当对自己怎样，稍有不满就牢骚满腹，这是非常错误的。

古人常讲，“国家兴亡，匹夫有责”。如今，这句话应当被改写为“国家兴亡，我的责任”。

把国家兴旺的责任限定到自己，从我做起，做好自己。

国家与家庭以及个人的关系，就像皮与毛的关系，皮之不存，毛将焉附？国家强盛，小家才安全，个人才幸福，在国际上才有地位，走出国门才能扬眉吐气。

只有我们每个公民以国家强盛为己任，把个人荣辱得失与国家的命运联系在一起，担当起自己的社会责任，爱我们的国家就像爱我们的父母一样，为国家的富强和文明奉献自己的爱心，不断弘扬正能量，带动更多的人为国家为社会积极工作，我们的国家才会更加强盛，我们的小家才会更加安宁，我们每个人才会更加幸福。

一个人的幸福是以责任心作为前提的，一个人有责任心、有担当，才可能有爱心，才会受到社会和他人的尊重，才会幸福。一个没有责任心的人，不会有担当，更不会有爱心，故不会得到社会认可，也不会有幸福可言。

爱以感恩心为基础

不懂得感恩的人总是以自我为中心，认为任何人对自己的付出都理所应当，自己就应该享受国家、社会、家庭等对自己的付出。这种人对社会的索取贪得无厌，永远不会感到满足，因此，他们也永远不会感到幸福。

要获得幸福，必须要有爱心，而感恩心是爱心的基础。

事实上，我们每个人自从来到这个世界上，便被爱包围着，只是我们有些人熟视无睹，身在爱中不知爱。

不是吗？

自从我们来到这个世界上，父母便给了我们无微不至的关怀、疼爱，给了我们健康的身体，使我们长大成人。因此我们首先应当感恩父母，要倍加孝敬父母，时刻关心父母的冷暖，把父母的幸福当成自己的幸福。

长大后，是党和国家给了我们受教育的权利，并给我们创造条件，使我们学到了知识，有了独立生活的本领。因此我们要感恩中国共产党和国家对我们的培养，遵纪守法，不做对国家有害的事情，弘扬正能量，做好本职工作，让国家更富强。

还有社会上的每一个人：老师用辛勤的汗水传授给我们知识，农民在烈日下给我们生产出了粮食、蔬菜和水果，工人们也为我们生产出衣服等生活用品，可以说我们的衣食住行每一样东西都是他人为我们生产的；还有解放军、公安、消防等官兵们，他们从不同的岗位用自己的生命来捍卫着我们的生命及财产安全。

因此，我们要感恩每一个人，尊重每一个人，把自己的本职工作做得更好，精益求精，提供更好的产品和服务，报效党和国家，服务更多的人。

爱以慈悲心为关键

愿给所有的人安乐叫作慈，愿为所有的人消除痛苦叫作悲。所谓慈悲，就是给人快乐，将人从苦难中拔救出来，泛指慈爱与怜悯。

慈悲心是爱心的关键，没有慈悲心同样没有爱心。

中国是一个有爱的国度，其原因就是中国人普遍具有的与生俱来的慈悲心。在当今社会，慈悲心就是扶弱济贫、尊老爱幼和见义勇为。

扶弱济贫、尊老爱幼和见义勇为也是中华民族的传统美德，远至中国几千年历史中每一次大的民族危机，到现代的十四年抗日战争、1998 年中国特大洪涝灾害、2003 年抗击非典型肺炎、2008 年汶川地震、2010 年玉树地震以及 2020 年新冠肺炎等，都是全国人民团结一心，众志成城，共渡难关。

正是中华民族的慈悲心让中华文明生生不息，让中国屹立在世界的东方。

改革开放四十多年来，中国取得巨大成就，经济基础日渐雄厚，国力更加强大，尤其是在习近平总书记领导下，中国的国际地位进一步提高，实现了从富起来到强起来的历史跨越，2020 年全国实现真正意义的小康，不让一个人掉队。

尽管如此，还会有一部分人会因为自然灾害和家庭变故等带来的困难需要帮助。我们要以慈悲的情怀，伸出援助之手，帮助这些人渡过难关，使他们感受到社会的温暖，增加战胜困难的决心，同时，我们也会因自己的爱心感到快乐幸福。

所以，一个人要想有爱，就应当时刻培养自己的责任心、感恩心和慈悲心，从家庭开始，从幼时开始，从小事做起，不断培养自己的爱心。比如在路上碰到残疾人，上前帮扶一下；当身边的同学朋友有困难时，伸出援助之手；在学校学好本领，在社会做好本职工作等等。

除培养责任心、感恩心和慈悲心之外，培养爱心还需要做好以下几点：

一、辩证看事，正性待人

爱是一种感觉，是一种心态，只有以爱的情怀辩证看待人或事物，才能有健康的心态，才会幸福。

任何人和事物都不是十全十美，都是矛盾的统一体，都有两面性，既有好的一面，也有不好的一面，这也正是马克思主义哲学一分为二的观点和矛盾的观点。

只要我们用爱的心态去对待人或者事物，一切以爱心作为出发点，用辩证的观点和矛盾的观点去看待一切，总能发现好的一面。就算是一般人认为非常不好一无是处的人或者事物，我们以爱的心态来对待，也会发现其好的一面，至少也会给我们做个反面教材，我们从其身上看到了我们不应该去做的事情，不应该成为的人；对于不好的事物，我们应当去避开它，比如我们在走路的时候，前方突然出现一个泥潭，这对我们来说是不好的，我们就应该绕开这个泥潭，从而避免犯错误。当然，我们还应当用自己的爱心，把道路铺平，使其变为坦途，既方便了自己，又方便了他人。对不好的人也是如此，接近他，影响他，加以教育和引导，使其得以改变，从而成为具有正能量、积极向上、对社会和国家有用的人；对于正在犯罪或者已经犯罪的人，我们要和他进行斗争或者举报，用大爱保护国家和人民的利益。这样，对我们来说就是在用自己的爱心为社会的进步和美好贡献力量，我们就称得上一个高尚的人，一个纯粹的人。因此从某种意义上来说，是这些不好的人或者事物给我们提供了机会，让我们用爱心来影响他们，改造他们。在这个过程中，我们也实现了自己的价值，会为自己感到自豪和幸福。

二、多点站位，理解包容

有人说，爱是理解的别名，只有理解，才能包容；只有包容，才会有爱。理解是包容的前提和基础，包容是爱心的必要条件。

所谓理解，就是站在他人的立场上，换个角度也许就会觉得对方是对的，才会包容对方，甚至喜欢上对方。

如果总是以自我为中心，站在自己的立场上，从自身利益出发，总是认为别人对自己不够好，将会很难理解他人，这样就不会包容对方，也就不可能感到幸福。

因此，理解包容的基础是多点站位，换一个角度甚至几个角度看待同一个事物或同一个人，找到自己心理平衡的角度和基点，实现对事对人的理解，从而做到包容。

三、淡泊名利，放眼长远

可以说，名利是人类自私的根源，尤其是利，主要是指财富。中国人历来注重亲情，看重财富，总想为子孙后代留下一些财富，即使在解决了温饱的今天，不少人仍把追求财富当成自己的动力，把让子孙后代衣食无忧当成自己的责任。当然，靠勤劳、智慧、守法经营创造财富无可厚非，然而，在追求财富的路上，有多少人付出了惨重的代价？有的人过分透支自己的健康，前半生拼命挣钱，后半生拿钱买命；有的人偷税漏税，行贿受贿，到头来锒铛入狱；又有多少人为了财富，兄弟相残，亲人反目。这些人就算拥有了财富，会幸福吗？不会。

其实，对于财富，我们应当辩证地看待。试想，中国古代帝王，曾经拥有整个国家，到如今，有哪个帝王存活于世间？非但如此，他们的坟墓若不是因为陪葬了过多的珍宝，说不定还能落个全尸。中国很早就有“自古雄才多磨难，从来纨绔少伟男”“富不过三代”等说法，过多的财富可能会使后代消磨意志，没有上进心，而且不是通过自己正当劳动获得的财富，孩子不会珍惜，也不会有幸福感。从这个角度讲，过多的财富反而是害了孩子，倒不如培养孩子高尚的德行，培养孩子独立生存的能力，所谓“授人以鱼，不如授人以渔”，使孩子成为一个既能够自食其力又对社会有用的人。

我总在想，大自然创造了生命，对每一个生命体都是公平的，因此，每个生命体都是平等的，应当同等享有大自然的馈赠，在财富方面也应当是平等的。中国古代圣贤理想中的大同世界，马克思描绘的各尽所能、按需分配的共产主义蓝图，以及习近平总书记的人类命运共同体的思想无不体现对生命的尊重，这是对人类大爱的诠释。还有，货币最本质的功能是作为媒介方便交换，财富的功用应当是使人类更和谐更幸福，而不是两极分化。财富是国家的，是社会的，每个人只是暂时管理，对于有道德有能力的人，应该最大化地发挥财富的价值，让财富为人类服务，为国家服务，为社会服务，为更需要财富的弱势群体服务，而不是将财富看作自己的私有财产，过分攫取，使其丧失应有的功能，这是对财富的不尊重。

伟人圣贤之所以受人们尊敬、爱戴，不是因为他们有多少财富，有多高的地位，而是因为他们为了大多数人的幸福而奋斗，因为他们对人类、对国家、对社会的大爱，因为他们无私的奉献。他们淡泊名利，正是因为他们把他人的生命及利益看得很重，正是因为他们心中装着更多的人。这就是他们的大爱，也正是因为他们的大爱，成就了他们人生的非凡意义。

四、不断学习，谦卑做人

向大自然学习，向父母学习，向老师学习，向他人学习，向伟人学习，向书本学习，向中国传统经典文化学习。尤其是中国的传统经典文化，是几千年来中华民族精神的积淀，是世界文化的瑰宝，其核心精髓就是爱；还有马克思主义理论、社会主义核心价值观、习近平新时代中国特色社会主义思想等，更是对世界优秀文化的继承和发扬，是大爱的体现，更应当认真学习，不断挖掘其深邃的思想内涵，来指导我们的行动，培植我们大爱的思想。

只有学习，才能不断提升自己，才能不断完善自己，才能使自己的德行愈加高尚，做到心中有爱。

五、放大格局，胸怀天下

像对待亲人那样对待他人，胸怀天下。把天下的老人当成自己的老人，把天下的同龄人当成自己的兄弟姐妹，把天下的孩子当成自己的孩子，在他们困难的时候伸出援助之手，像《四德歌》的歌词那样：“人人有爱心，相见满面春，走出小家进大家，都是一家人。”做一个有责任心、有感恩心、有慈悲心的四德公民，放大爱心，以公平正义为基础，以人民为立场，孝敬父母，关心他人，热爱祖国，用自己的力量让人类更幸福，让世界更美好。

六、积极行动，积善成爱

《论语》中有一句话，叫作“讷于言而敏于行”，周恩来总理也常说，“坐着谈何如起来行”，都是在告诫人们一生要少言语多做事，时刻用爱的心态做人做事，对人对物。

在家孝父母，爱家人，出门做善事，禁坏事。从小处着手，“勿以恶小而为之，勿以善小而不为”。对需要帮扶的弱势群体尽自己的能力，有钱的人从经济上给予帮助，没钱的人用金钱之外的能力帮助他人。

积善成德，同样，积德成爱。

养成善行义举的习惯，每天要求自己完成一件奉献爱心的事情，哪怕是为残疾人捐献一元钱，为贫困山区的孩子捐献一件衣服、一本书，把马路上的垃圾随手捡进垃圾桶，扶老人过马路……

让爱的行为养成爱的习惯，让爱的习惯形成爱的思想，做一个真正有爱心的人，在让别人幸福的同时，自己也体现了价值，得到了幸福。

中国有一句古话，叫作“种豆得豆，种瓜得瓜”。播撒的是爱，收获的仍将是爱。大道至简，这个道就是一个“爱”字。如果一个人生命里简单到只剩下爱，得到的将全部是爱。爱会让你身心健康，爱会让你家庭美满，爱会让你子女成才，爱会让你人际关系和谐，爱会让你成功，爱会让你幸福一生。

第二篇

爱会给你健康

健康最重要

拥有健康胜过万贯家财。

健康对每个人都很重要，每个人都想拥有健康。

关于健康，有一则寓言故事和一个说法发人深省。

寓言故事说的是一名妇女在回家时，发现三位蓄着花白胡子的老者坐在自家门口。她不认识他们，便对他们说："我不知道你们是什么人，但各位也许饿了，请进来吃些东西吧。"三位老者问道："男主人在家吗?"她回答："不在，他出去了。"老者们答道："那我们就不进去了。"傍晚时分，丈夫回来了，也发现了门口的老者。妻子向她讲述了发生的事情。丈夫说："快请他们到屋里坐。"妻子请三位老者进屋。但他们说："我们不一起进屋。"其中一位老者指着身旁的两位解释："这位的名字是财富，那位叫成功，我的名字是健康。"接着，他又说："现在你

们进屋去讨论一下，看你们愿意我们其中的哪一个进去。”于是，丈夫和妻子进屋商量。丈夫说：“我们让财富进来吧，这样我们就可以黄金满屋了！”妻子却不同意：“亲爱的，我们还是请成功进来更好！”他们的女儿在一旁倾听，说道：“请健康进来不好吗？这样我们一家人身体健康了，就可以幸福地享受生活，享受人生了！”丈夫对妻子说：“听我们女儿的吧。去请健康进屋做客。”妻子出去问三位老者：“请问哪位是健康？请进来做客。”健康起身向她家走去，另外两人也站起身来，紧随其后。妻子吃惊地问财富和成功：“我只邀请了健康，为何两位也随同而来？”两位老者道：“健康走到什么地方，我们就会陪伴他到什么地方，因为我们根本离不开他。如果你没有邀请他进来，我们两个无论是谁进来，很快就会失去活力和生命。所以，我们在哪里都会和他在一起的。”显而易见，健康是财富和成功的基础，没有健康，财富和成功就无从谈起。

另一则是有人演绎的一个“健康理论”：意思是健康是1，其他所有的东西，譬如事业、财富、爱情、婚姻等都是0，有了前面的1，后面的0才有价值。如果前面的1没有了，后面的东西再多也是0。结论告诉我们的是：健康是一切的基础，虽然不能说有了健康就有了一切，但是如果没有健康，就会失去一切。

现实生活中又何尝不是这样？史蒂芬·乔布斯曾是世界上拥有财富最多的人之一，然而他的临终遗言却发人深省，他是多么不想离开这个世界，他又多么懊悔他生前的生活。

还有许许多多的人为了名利失去了健康，甚至年纪轻轻结束了生命，这样的例子在我们周围随处可见。

这些事例无时无刻不在提醒着我们，拥有健康是多么重要。

2 什么是健康

身心健康互为一体，心灵健康是身体健康的钥匙。

什么是健康呢，对此有不少人不甚清楚。

世界卫生组织对健康是这样定义的：所谓健康，就是一个人在身体上、精神上、社会适应上完全处于良好的状态。也就是说，它不仅涉及人的躯体，还涉及人的心理、社会道德等方面，是由生理健康、心理健康、道德健康三个方面构成的健康的整体概念。

生理健康是指人的身体能够抵抗一般性感冒和传染病，体重适宜，体型匀称，眼睛明亮，头发有光泽，肌肉皮肤有弹性，睡眠良好等。

心理健康是指人的精神、情绪和意识方面的良好状态，包括智力发育正常，情绪稳定乐观，意志坚强，行为规范协调，精力充沛，应变能力强，适应环境，能从容不迫地应付日常生活和工作压力，经常保持充沛的精力，乐于承担责任，人际关系协调，心理

年龄同生理年龄相一致，能面向未来。

道德健康主要指能够按照社会道德行为规范准则约束自己，并支配自己的思想和行为，有辨别真与伪、善与恶、美与丑、荣与辱的是非观念和能力。

生理健康是人们正常生活和工作的基本保障，生理不健康就谈不上整体健康，更谈不上长寿。心理健康同生理健康同样重要。据医学家测定，良好的心态，能促进人体分泌出更多有益的激素，增强机体抗病能力，促进人体长寿。不正常的心态则容易使人心情忧郁，影响生理健康，甚至导致疾病，这在心理学上叫作心理问题的躯体化。

把道德纳入健康范畴是有科学依据的。巴西著名医学家马丁斯研究发现，品行端正、心态淡泊、为人正直、心地善良的人，心理状态平衡，有助于身体健康。相反，那些贪污受贿的人易患癌症、脑出血、心脏病和神经过敏症。这是因为这些胡作非为的人，违背社会道德准则，为社会所不能接纳，一是担心人们的指责，二是害怕触犯法律受到制裁，从而导致他们产生紧张、恐惧、担心等不良情绪，危害到他们的健康。这类人的神经中枢、内分泌系统功能很容易失调，其免疫系统的防御能力也会减弱，最终会在各种恶劣心态的重压和各种身心疾病的折磨下，或者早衰，或者早亡。道德健康是心理健康的延伸和拓展，是心理健康的更高层次，是心理健康的必要补充和更高保证。

因此，生理健康、心理健康和道德健康是一个人健康的整体，三者相辅相成，互相促进，是有机的统一。生理健康是心理健康和道德健康的载体和基础，缺乏了生理健康，会影响到心理健康和道德健康，而心理健康和道德健康又会影响到生理健康。一个人心理健康和道德健康会对生理健康有正向促进作用。反之，一个人心理、道德不健康会对生理健康有破坏作用。

3 怎样才能拥有健康

财富和名誉不会带给人健康，只有在爱心前提下合理地生活才能让人真正健康。

一个人怎样才能拥有健康呢？WHO 给出了明确的答案，也就是一个人当同时具备生理健康、心理健康、道德健康时，才算真正健康。

怎样才能拥有心理健康和道德健康？是拥有财富以及名誉地位吗？财富以及名誉地位是以自我为中心的，是通过自我奋斗来实现的，而人的欲望很难得到满足，在奋斗的过程中，人会遇到各种阻力和困难，自然会对自己的身心产生负面影响，从而影响自己的健康。

只有爱才会让人真正拥有心理健康和道德健康。

因为爱是一种为了他人利益的利他的开放心理，在爱心驱动下所实施的行为不会给自己的心理带来任何负担和焦虑，有的只是愉悦、快乐和幸福。

爱给人带来的心理健康和道德健康，还会有助人的生理健康。此外，因为有爱，同样会让人更加关注自己的健康，只有自己健康了，才能更好地承担起家庭的责任、社会的责任、国家的责任，才能为国家和社会做出更大的贡献，才能使自己的生命有意义。

因此，要不断地学习，陶冶自己的情操，让自己拥有爱，践行爱，弘扬爱，这样就会拥有心理健康和道德健康。

怎样才能拥有生理健康?

根据国际卫生组织对健康的指导原则，结合我国几千年来中医养生理论还有自己的健康实践经验和医学研究证明，拥有健康需要做到以下几个方面：

一、　合理的饮食

健康是吃出来的。

人是大自然的产物，所以，人离不开自然的濡养。而大自然的各种元素浓缩在不同的食物里，不同的食物又将不同的营养成分传递给人体，为人体提供各种营养。因此，全面合理的饮食是生理健康的基础。

也有一句话，叫作“病从口入”，饮食不合理则会影响身体健康。

合理饮食应把握好下面几个原则：

一日三餐有规律，饮食生活要合理。

五谷杂粮有营养，蔬菜瓜果要配齐。

鱼肉蛋奶作补充，垃圾食品要禁止。

蔬菜要吃应季的，水果需要因人异。

肉食多用水产品，充足白开要牢记。

春夏秋冬应不同，身体健康心欢喜。

一是三餐有规律，是指按人体的生理需求，一般情况下，在每天相同的时间安排进餐，不要太早或太晚，两餐间隔也不要太长或太短，要有规律性，进餐时间如下为宜：

早餐：6：30—8：30。清晨，太阳慢慢地升起，身体也渐渐地苏醒。到了早上 7 点左右，胃肠已经完全苏醒，消化系统开始运转，前一天晚间的食物也消化完毕，这个时间吃早餐能高效地消化、吸收食物营养，为一天的学习工作准备必要的能量。

早餐是一天中最重要的一餐，对身体的健康起着举足轻重的作用。医学证明，经常不吃早餐或者不按时吃早餐的人患胆囊炎或胆囊息肉的概率比正常进食的人高很多。

午餐：11：30—13：00。中午12点左右，经过一上午的辛勤劳动，是人体最需要能量的时候。对于大多数工作或者学习的人来讲，中午进餐的时间虽然比较短，但仍需要细嚼慢咽，切忌边工作边吃饭，也不要为抢时间狼吞虎咽，影响午餐质量，同时增加肠胃负担，为身体埋下疾病的隐患。

晚餐最好安排在18：00—20：00之间。如果吃得太晚，不久进入睡眠状态是不利于身体健康的。饱腹或者满腹睡眠，不仅睡眠质量不佳，还会增加胃肠负担，也容易诱发肥胖，导致多种慢性病。晚餐吃得过早，睡眠前间隔时间过长，还没有入睡胃肠就排空了，也不利于身体健康。

正常人一般的时间间隔两餐之间一般为5个小时，这是符合人体的生理功能的，因为一般人的胃部排空时间为5个小时左右。对于婴幼儿和老年人，由于其进食量和生理功能的差异，两餐之间的间隔应安排在4个小时左右，所谓少食多餐，还应注意进食一些较易消化的食物，对老年人还应当尽可能多地安排含纤维多的食物以及含钙较丰富的食物，如地瓜、菜类、牛奶、酸奶等。

根据营养学标准，每天人体正常需要40多种营养成分，而这些营养成分是由多种食物提供的。每种食物含有不同种类和数量的营养物质，进食的食物单调或者种类少，就会营养不全，长此以往就会影响到身体健康。因此，要想有一个健康的体魄，必须增加食物的种类。

此外还要符合人体一日之内的活动规律以及大自然的运动规律。

我们的祖先早就总结出一套一日三餐的饮食原则，就是：早餐吃好，午餐吃饱，晚餐吃少。

早餐吃好

早餐是一天中的第一餐，早餐吃好，吃得丰盛非常必要。营养专家认为，每天吃一顿好的早餐，可以使人健康长寿。早餐应多吃富含蛋白质、碳水化合物的食物，当然也要适当摄入脂肪。

虽说早餐要吃得丰盛，但是还是要避免一些高热量和高油脂的食物。因为经过一晚上的消化吸收，胃处于排空状态，吸收能力比较弱，要求食物尽可能地好消化吸收，最好来一碗杂粮粥，还要有1—2个煮鸡蛋，适当的菜类以及肉类等。中国营养学会建议，早餐一餐的摄入热量应占一天总热量的25%—30%。

午餐要吃饱

午时人们经过一个上午的辛苦，胃肠处于高度饥饿状态，需要及时补充食物。午餐到晚餐的时间比较长，故中午需要吃饱。

中午的食物搭配还遵循三个原则：

一是粗细搭配。适当吃些小米、全麦、燕麦等，有助于预防便秘。

二是干稀搭配。除了干粮外，最好喝些滋润的粥汤类。

三是颜色搭配。最好能够五种颜色，比如白色的米面，红色的西红柿、肉类，绿色的燕麦，黄色的大豆、胡萝卜，黑色的黑米、黑豆、黑芝麻等。

晚餐吃少

晚餐后没有什么工作，还要睡眠，故要吃得少，还要吃得清淡，不能肥甘味厚。适当吃些肌纤维短、好消化的瘦肉、蛋类，少吃肥肉；晚餐还应保证食物多样性，多吃蔬菜和粗粮，有助于摄入更多膳食纤维，增加胃肠动力。控制食量也很重要，饭后半小时的适当锻炼，可以避免脂肪堆积。

除正常的一日三餐之外，为保证身体营养的全面和平衡，可以在两餐之间安排适当的进食。

上午10：30左右，人体新陈代谢速度变快，大部分人往往感觉有些饿了，这个时间需要吃点东西补充能量，尤其是学生、脑力劳动一族，加餐有助于集中精力，保持良好的学习工作状态。加餐最好方式灵活，可以吃一个黄瓜或者西红柿，最好是吃一小把坚果，比如核桃、松子等，一方面增加人体因工作疲劳消耗的热量，另一方面增加大脑所需要的营养元素。不过，加餐后，午餐就要根据胃口酌情减量。

下午15：30左右，体内葡萄糖含量已经降低。吃点下午茶，可以避免思维变缓，防止出现烦躁、焦虑等不良情绪。下午茶也要像正餐一样搭配，最好挑选2—3种具有互补作用，可以保证营养均衡的食物。比如一种谷类食物（饼干、面包干），配备一种奶制品，或一个时令水果，饮料以开水和清茶为宜。

晚间21：00左右，尤其是对于糖尿病患者和晚上还要进行脑力工作的人，可以适当吃些夜宵，但必须谨慎选择食物和控制食量，否则弊大于利。吃夜宵的时间应该安排在睡前两个小时，以21：00左右较为适宜，夜宵的量应不超过正餐的一半。食物的选择上，以低脂肪、易消化的食物为宜，面包、清淡的粥类等比较好，但是一定要避免高蛋白、高脂肪、高胆固醇和油腻的食物，以免增加肝脏、肾脏以及脾胃的负担，影响身体健康。

除此之外，还应每天坚持喝上6—8杯白开水，以补充身体所需要的水分，帮助食物的吸收和排解。夏季可以适量喝点绿茶，冬季可以适当喝点红茶。

这些都是合理饮食的基本原则，尽可能地遵守，但也不要千篇一律。比如病人在进食方面，要按照病人的具体情况区别对待。糖尿病病人少吃含糖高的食物，肾脏病人少吃高蛋白、多脂肪及含糖高的食物等。

我国的“五谷杂粮”比较好地满足了人体每日营养所需要的多种主要元素以及多种微量元素，且中国人以粮食谷物为主体的饮食习惯已经沿袭了数千年，早在两千年前的《黄帝内经》一书中，就提出了“五谷为养、五果为助、五畜为益、五菜为充”的饮食理念，对中国人的健康长寿起到了很好的指导作用。因此，无论主食还是粥类，应尽可能多吃一些五谷杂粮。

现在意义上的五谷，不仅是指稻谷、麦子、高粱、大豆、玉米，还有像小米、玉米、荞麦、黑豆、蚕豆、红小豆、绿豆等杂粮，这些食物营养丰富，且每一种又各不相同，对人体健康起着不同的裨益作用。据医学分析，五谷杂粮比起精制面粉和稻米，营养价值更胜一筹，不少含有保健益智的营养成分，甚至还有辅助防癌功能。

据统计，常吃五谷杂粮，不仅可以较好满足人体的每日营养需求，还可延年益寿，长寿老人中50%以上的人常吃杂粮和素食。现代医学专家和营养专家长期研究发现，玉米中的脂肪、磷元素、维生素B2的含量居谷类食物之首，其中脂肪含量为面粉、大米的一倍多，胡萝卜素的含量更是面粉、大米所不能比。玉米中含有亚油酸和维生素 E，能使人体胆固醇降低，从而减少动脉硬化的发生；玉米中含有钙质较多，科学研究表明，缺钙是引起高血压的原因之一；玉米中含有丰富的曲谷胱甘肽，是一种抗癌因子；此外，玉米中丰富的纤维素，能促进肠蠕动，缩短食物通过消化道的时间，减少有毒物质的吸收和致癌物质对结肠的刺激，因而可减少结肠癌的发生。我一个同学的奶奶，活到 96 岁。当时农村生活困难，老人每顿只喝两碗玉米面粥，足见玉米对人体的益处。

近些年来，随着对防癌食物的深入研究，抗癌专家发现五谷杂粮中一般都含有某种辅助抗癌的物质成分，如大豆独含的晶状物质黄酮，是恶性肿瘤的克星。美国癌症研究人员在动物实验中证实，黄酮可抑制结肠癌、肺癌、食道癌等癌细胞增殖。五谷杂粮中大多含有维生素 E，这种维生素能使癌细胞受到损害，从而保护肌体，延缓衰老进程。

此外，五谷杂粮还含有丰富的蛋白质、碳水化合物、矿物质等，还含有某些微量元素，例如铁、镁、锌、硒等，其含量要比细粮多一些，这几种微量元素对人体健康有益，粗杂粮中含有的微量元素钾、钙、维生素 E、叶酸、生物类黄酮等也比细粮丰富。此外，杂粮参加碳水化合物代谢，还能增加食欲，促进消化，维护神经系统正常功能。

总结起来，杂粮有三大优势。优势 1：杂粮含有较高的维生素 B1，其重要作用就是能作为辅酶参加碳水化合物的代谢。优势 2：杂粮中含有较多的膳食纤维。膳食纤维被称为人体的“第七营养素”（前六种营养素是蛋白质、脂肪、碳水化合物、维生素、矿物质和水）。它的主要作用有降糖、降脂、减肥、通便、解毒防癌和增强抗病能力。在这一点上，番薯表现得尤为突出。在被调查的百岁乡村老人中，绝大部分以其为主食。优势 3：中和人体酸碱度。杂粮食物偏碱性，可中和人体酸性环境，缓解疲劳，增加体能。

各种杂粮含有不同营养成分，对人体健康起着不同的作用。我国自古就有“药食同源”之说，即食疗，每一种食物都含有不同的药效，对人体预防疾病和身心的调理起着不同的作用。因此，人们除工作、运动、休息之外，一定要对饮食格外关注。

除五谷杂粮之外，蔬菜和水果也是不可缺少的营养物质。蔬菜和水果中含大量的维生素和矿物质，具有很高的营养价值，多吃蔬菜和水果能够提高身体的免疫能力。

俗话说“三天不吃素，两眼冒金星”，素就是蔬菜和水果。

蔬菜和水果除了能够提高身体免疫能力外，还有延年益寿的作用，长寿人群比较多的地区的饮食结构，大都是吃蔬菜和水果比较多的地区。

蔬菜和水果中的膳食纤维还能够增加胃肠蠕动，减少胃肠疾病。因此，除粮食之外，每日的饮食中还应当有适量的蔬菜和水果，而且颜色、品种等要尽可能全，因为每个品种都有自己特定的营养物质，每种颜色也都有特定的功效。

绿色食物富含维生素和纤维素，纤维素能调理肠胃酸碱度，有护肝、抗衰老的作用，如韭菜、芹菜、菠菜、绿豆等。

黄色食物富含矿物质和维生素，优质的微量元素能促进代谢、降血压。黄色食物中富含的核黄素，素有健脾功效，如黄豆、玉米、生姜和香蕉等。

橙色食物富含胡萝卜素，能补充人体的维生素 A，提高免疫能力，如枸杞、南瓜和胡萝卜等。

白色食物富含钙和蛋白质，能够提供人体所需要的能量，并有润肺的功效，如大米、豆腐、银耳、梨等。

红色食物富含铁元素，具有补血、保护心脏等功效，如红豆、动物肝脏、红枣、西瓜等。

紫色食物富含花青素，能够保护眼睛，还具有抗衰老、促进睡眠等功效。紫色食物有紫米、紫菜、葡萄等。

中医认为黑色食物具有补肾的功能，经常食用可以强健肾脏，如黑豆、黑米、黑芝麻、黑木耳、紫菜等，核桃、海带也是补肾润肺的食物。

可以看出，不同颜色的食物对应不同的成分和功效，每天应尽可能吃五种颜色以上的水果和蔬菜，以达到营养平衡，促进身体健康的效果。

鱼肉蛋奶可以适当补充。

蛋类富含人体最易消化的蛋白质，正常人应当每天一到两个鸡蛋，以清水煮鸡蛋吸收率最高。

奶是含钙最丰富的食物，每人每天可以喝半斤到一斤奶，对少儿能起到促进发育骨骼的作用，对青年、老年能起到补钙的作用，有益健康。

至于肉类，则少食为宜，尽管肉类富含脂肪、矿物质、蛋白质等，但多食会导致胃及肾脏负担过重，容易生病。

即使吃肉类，也是少吃红肉（猪肉、牛肉、羊肉等），适当吃些禽类，像鸡、鸭等。尤其是鸡肉所含的营养物质最全，还具有温补作用，是长寿的主要食材，对老年人和身体虚弱的人有着很好的补益作用。对长寿老人的调查发现，他们都对鸡肉有特殊的偏好，每周吃一到两只家养的土鸡，广西两位110岁以上的老人都有这个习惯。

冬季则可适当吃些羊肉，因羊肉有暖胃健肾之功效。

鱼类可适当多吃些，尤其是海鱼，具备补充大脑营养、软化血管等功效，但中老年人尤其是晚上，应少吃海鲜，因海鲜中含有的嘌呤会加重肾脏排解的负担。

垃圾食品更不要吃。

垃圾食品是指仅仅提供一些热量，别无其他营养元素的食物，或者是提供超过人体需要，变成多余成分的食品。主要包括：油炸类食品、腌制类食品、加工类肉食品（肉干、肉松、香肠、火腿等）、饼干类食品、汽水可乐类饮料、方便类食品（主要指方便面和膨化食品）、罐头类食品（包括鱼肉类和水果类）、话梅蜜饯果脯类食品、冷冻甜品类食品（冰激凌、冰棒、雪糕等）、烧烤类食品。

有的垃圾食品像油炸类食品是导致心血管疾病的元凶。有的垃圾食品则含有致癌物质，像油炸类食品、腌制食品、烧烤类以及肉类半成品等。要管住嘴，从源头上杜绝垃圾食品。

还有反季节蔬菜，由于是蔬菜大棚的产物，农药残留多以及含化学物质多，是高致癌因素。最好吃应季蔬菜以及块茎类蔬菜，像洋葱、萝卜、地瓜之类，块茎类蔬菜不用打农药，接地气，吸收的矿物质以及微量元素比较全面，对身体健康会起到更大的作用。

合理饮食是针对一般人群，对于特殊人群则要具体问题具体分析。比如胃肠功能差的人不宜多吃五谷杂粮，因为五谷杂粮的食物纤维会增加胃肠的负担；糖尿病人不能食用含糖量高的食物和水果，也不宜多吃含油脂较多的食物和汤类。

少儿、青年、中年、老年的饮食也各有不同。

少儿和青年，处于长身体时期，营养应当全面、充足，但也不能太过，否则吸收不了会产生肥胖或其他疾病，中老年人营养要跟上，但由于代谢能力变差，过分营养，尤其是晚餐食用过多含蛋白质、糖类、脂肪的营养食物，会增加肾脏和肝脏代谢负担，有损健康。

合理饮食还要结合季节。据中医研究，人的五脏随着季节变化代谢能力各有不同，也要配合不同的饮食结构养生，春养肝、夏养心、秋养肺、冬养肾，四季养脾胃。

春季万物复苏，人从寒冷冬季苏醒过来，血液循环加快，对食物需求增加，肝脏负担加重，因此，有必要养肝。

夏季万物生长，人体血液循环也随之加剧，心脏负担随之加重，因此，养心成为必然。

秋季万物成熟，人体新陈代谢由旺盛转为衰退，加上秋天气候干燥，养肺成为这一时期的主要任务。

冬季万物枯萎，人体的新陈代谢也日益缓慢下来，进入休养的时期，通过滋补肾脏来涵养人的精气神。

脾胃是后天之本，一年四季都需要对脾胃进行养护，起到健全体魄、延年益寿的作用。

故针对不同的季节适当多食一些与之对应滋养相应脏器的食物尤为重要。

养生是一门复杂的学问，要因人而异，因龄而宜，因季而宜，因时而异，具体问题具体分析，既不要求全责备，也不要因噎废食，在尊重普遍养生原则的前提下，根据自已的情况适当调整，定会有一个健康的体魄。

二、 科学的运动

法国思想家伏尔泰有一句名言："生命在于运动。"

医学也表明运动能减少人体60%的疾病，至少运动是减少三高及促进血液循环的有效途径，是健康的重要保证。

我的邻居是一对年龄较长的夫妻，大叔今年79岁，阿姨78岁。两人每天早晨6点钟准时出门运动一个小时，七点钟吃早餐，上午运动一上午，晚上还去跳社区舞。长年累月，一年四季，不论严寒酷暑，从不停歇，身体特别好，体型也标准。老人告诉我说："一年到头他们都不吃一片药，也从不上医院。"还有我在公园里看到的一位82岁的老人，每天早上坚持去公园快走十几里路，问他养生秘诀，告诉我说，除注意清淡饮食外，运动是一个很重要的方面。他每天早醒后先喝一杯开水，然后用手梳头200次，再到公园里快走。这样坚持了有十几年，身体非常健康，各种指标也很正常。

因此，运动对健康大有裨益。习近平总书记提出了"健康中国"的理念，把社会工作者延伸到社区，对集体以及邻里出现的问题和纠纷，及时帮助解决。同时政府增加投入，增加运动场所和设施，供人民群众休闲锻炼，收到良好的效果，人均寿命大幅度提高。

运动一般情况下会使人健康，但运动要科学，不科学的运动同样能损害健康。

比如病人或者身体不好的人，运动有可能会加重病情或者使身体状况更差。因为在身体状况不佳的情况下，身体的能量不足以维持身体的正常需要，运动反而增加能量的消耗，进一步降低身体的抵抗力，使身体状况变得更坏。在身体状况不佳的情况下，人体需要的不是运动，而是增加营养或者调整身体状况。但也有些病人需要增加运动量。比如糖尿病、肥胖症以及脂肪肝等患者，都需要适当增加运动量来降低病症指标。

正常人的过度运动也会给身体带来危害。因为身体的健康是需要一定的能量来维持的，运动过度会使人过分透支能量，当身体能量不足以维持人体正常需要时，就会影响身体的健康。

因此，健康需要科学的运动，也即是说，科学地运动有助于身体的健康，否则，会损害身体健康。

所谓科学运动就是在科学理论的指导下，根据自身的年龄结构、健康状况，在不同的季节和特定的环境下进行的能够提高自身生理机能和素质、增进身心健康的活动。

科学的运动有助于提高机体的功能，提高机体的免疫力，增强机体抵御恶劣气候的能力，防止某些疾病。

我们的祖先，创造了灿烂的中华文明，对养生也有独到的见解。健康以预防为最高境界，预防以科学锻炼为重要方法。比如《黄帝内经》中关于养生的思想就是天人合一，运动要符合季节变化、环境变化、年龄变化、身体状况等。结合自己的经验和其他的运动理论，科学运动应做好以下几个方面：

运动要适应季节的变化

我国中医理论源远流长，博大精深，对养生有着独到的见解。根据一年四季的节气变化以及地气对人体不同的影响，总结出不同的运动规律。

春季运动

春天万物复苏，风和日丽。经过冬藏，人体的阳气也开始向外生发。此时人们应当走出屋门舒展一下筋骨，像《黄帝内经》里讲的那样："广步于庭，被发缓形。"意思是，春天到来的时候，在长满花草的庭院里散散步，看看盎然的绿意，呼吸新鲜的空气，倾听树上的鸟鸣，欣赏开放的花朵，冥思大自然的奥妙。居住在城里的人们则可带上老人领着孩子到郊外踏青旅游，陶醉在天人合一的氛围里，体会古人的养生精髓。

春季运动也应当像大自然的节奏一样，舒缓，慢节奏，而不应当过于激烈。因此，散步是春天最适宜的运动。随着天气由寒变暖，由暖变热，运动的强度也可逐渐增加，循序渐进，使身体调整进入良好状态。

夏季运动

按照我国传统中医理论，夏季是培养阳气的季节。但是炎热天气又导致身体容易出汗，过度出汗会损伤人体津液，既损阴又损阳。因此，夏季运动更要讲求科学，既要达到健身的目的，又要不使身体损伤津液。

选择合适的运动项目

夏季天气炎热，容易出汗，不宜做过分剧烈的运动项目，而应当选择较为舒缓、悠闲、出汗少的运动。比如散步、慢跑、太极拳、健身操等。

选择合适的运动时间

夏季中午比较炎热，不运动也会出汗，因此要避开炎热的时间段，选择清晨和傍晚天气比较凉爽的时间。清晨也不宜过早，过早空气中的二氧化碳含量较多，放在六点以后九点之前更为合适；晚上将运动的时间放在太阳落山气温下降之后的六点到八点半之间较为合适，因为过晚由于没有光合作用，空气中二氧化碳的浓度又会增加，不再适合运动。此外，睡前一个小时不宜运动，在睡眠前让身体平静下来，防止过度兴奋影响睡眠质量。

选择合适的运动场地

在场地的选择上，尽可能选择树荫较多的地方，如湖边、公园等凉爽和空气较清新的地方，避免缺氧给身体带来危害，同时也可以防止紫外线对皮肤的灼伤；避开人多车多的地方，这些地方空气不好，非但起不到运动健身的效果，反而对身体健康造成危害。

运动中和运动后，要适当饮水，防止过度出汗后身体缺水。最好是温开水为宜，禁止喝凉水等冷饮。因为运动使汗毛孔张开，喝凉水、吃冷的东西，当时会带来凉爽舒服的感觉，但会使毛孔收缩，汗液排泄不畅，身体散热功能受阻，导致中暑。绿豆水是夏天比较理想的饮品。喝绿豆水容易解暑，但绿豆水不宜煮得时间太长，开锅后 15 分钟即可。

运动出汗后也不能立即洗冷水澡。洗冷水澡时，因水温过低，同样会封闭人体毛孔，不能使汗液排出，从而导致中暑。同时，人体会感到寒冷，产生心跳加快、血压升高、肌肉收缩、神经紧张等多种不适反应，非但不能消除疲劳，还有可能引起感冒等身体的阻抗症状，影响身体健康。

运动后也不宜立即卧床休息，而是要做一些舒缓的运动，使血压、心跳等慢慢降下来，恢复正常，避免出现头晕、恶心、出汗等自主神经反射症状。

同样，运动后也不宜马上用餐，应该休息半小时左右，待胃肠血液供应正常后再用餐，防止出现消化不良。

秋季运动

中医认为，秋季天气凉爽干燥，是一个身体阳气处于收敛内养的季节，运动也应顺应这一规律。

秋季运动要注意保暖。原则上少出汗，减少体液损耗，活动量要减少，不应每天大汗淋漓，发汗容易受风着凉，还容易消耗人体津液，使人更加秋燥。秋季锻炼应适时添减衣物，户外运动应穿稍厚些衣物，随着运动量的增加，身体血液循环加快、热量增加以后再慢慢减少衣物。而当出汗停止运动后，应当增加衣服，使身体避免受凉，减少感冒风险，同时对心脏及血压都是一种保护。

秋季运动还要把握好度。秋天的运动量不宜过大，以不感到疲劳为宜，减少不良的运动方式，防止对颈腰及腿关节的损伤。像爬山、乒乓球、羽毛球、太极拳这类长期弯腰屈膝的运动，最容易损伤腰椎、颈椎及膝关节，因此运动尽可能选择平坦的道路，如散步这种方式。时间固定在每天一个小时到一个半小时。一些广场舞、健美操等，只要不是大幅度弯曲腰膝的动作，也是很好的锻炼方式。

秋季锻炼亦应及时补水。秋天天气干燥起来，人体体内的水分由于环境的影响和温度降低，再加上运动后身体水分的流失，很容易发生缺水的情况。因此在秋季无论运动前、运动中还是运动后，都应增加水分，尤其在运动后，一定多喝开水，多吃水果，为身体补充水分。

冬季运动

《黄帝内经》上说："冬三月，此谓闭藏。水冰地坼，无扰乎阳。"意思是说，冬季是一年中气候最寒冷的季节。天寒地冻，草木凋零，动物进入冬眠状态，养精蓄锐，为来年春天生机勃发做好准备。我们人体之气也应当与自然相呼应，阳气伏藏于内，等待来年春天向外生发。所以冬季养生的原则就是要保护阳气，少运动为佳。但少运动并非不运动，而是要量力而行，要有个度。

冬季运动不宜过汗，过汗则会损伤阳气。如果运动量大了，出汗了，汗后要避免受风着凉。这就要求冬季活动量不宜太大，以不出汗、感觉不到累为宜，活动量太大会耗气太过，导致疲劳和乏力，非但不能锻炼身体，反而会伤害身体。

此外，冬季运动要避免在大风、大寒、大雪、雾霾中进行，如雾霾天对气管、肺的伤害非常大，给人体健康带来危害。

对于小孩、老人以及体质弱的人群来说，冬季还应注意外出保暖，远离密集人群，尽量少去公共场所，远离传染病，尤其是医院、门诊等病人聚集的地方。这些地方细菌污染严重，孩子、老人以及体质弱的人易被感染。有慢性气管炎、鼻炎、咽炎的人，由于户外冷空气对于呼吸道刺激较为严重，外出时要戴上口罩，减少冷空气对呼吸系统的刺激，这样对保护呼吸道黏膜等很有好处，还能减少感冒的发生。

有颈椎病、腰椎病、膝关节炎等各种关节疾病、骨质性疾病的人群，要做好外出时戴帽子、围围巾、扎护腰等方面的保暖工作，防止颈椎、腰椎以及膝关节病的复发。

运动除了在宏观上与季节相对应，在微观上也应讲究科学。

运动时间要讲求科学

据科学测定，下午 3：00—晚 8：00 之间，是适宜人体运动的最佳时间。此时阳光充足、风力较小、温度适宜，人体运动能力处于高峰状态。

有些人习惯早上运动，其实，早上不是运动的最佳时间。因为早上空气中 CO_2 浓度较大，人体刚从睡眠中醒来，血液的黏稠度较高，尤其是高血压和心血管疾病的人不适宜早上运动。即使早上运动，也要在太阳升起 1 小时之后选择远离树木繁茂、地势开阔的平坦之地。

有些人习惯晚上运动，最好在饭后一个小时之后，否则运动容易引起胃下垂等疾病。也不要运动太晚，应在睡前一个小时停止运动，适当休息，让血压、心脏等平静下来再入睡。如果运动后即刻入睡，大脑正处于兴奋状态，心脏也处于剧烈运动状态，心率前后反差太大，容易导致心脏疾病，损害身体的健康。

运动要循序渐进

运动锻炼非一日之功，通过锻炼达到健身祛病的效果，也绝非短期内就能奏效，而是要有计划、有步骤地进行科学运动，循序渐进、日积月累，才能取得较好的锻炼效果。

开始锻炼时可以选择一些强度小的运动项目，比如慢走、散步、慢跑、做健身操等。随着体质的增强，如果运动感到发热、出汗，或者在运动后感到轻松、舒畅，食欲增强，睡眠质量提高，且精力充沛，没有心悸、气短、疲倦感，或者虽有轻微疲倦的感觉，经过适当的休息后能较快恢复正常等，说明这样的运动量比较适中，运动产生的效果比较好，就继续坚持下去。

随着身体状态的改善，运动量可以由小到大，由弱变强，由运动量小的项目转换到运动量大的项目，但是跨度不要太大，一切要以运动后身体感到适宜为度。

如果运动后吃饭不香，睡眠质量降低，感到疲倦，运动休息后仍感到非常疲惫，且有心悸、气短、精力不集中、不想运动等现象，说明运动量就过大了，应及时缩短运动时间或改变为强度相对较小的运动方式。

有时个人感觉不太敏感，还可靠各种客观指标来确定运动是否过量。最常见也是最方便实用的方法是测量脉搏的变化作为衡量运动量是否过量的指标。通常中老年人运动后脉搏增加 60%—65% 为适中，即运动之后立即测量脉搏频率达到 110—120 次/分左右为适中。若运动中脉搏超出这个范围或脉搏减缓，或者脉搏变化不规律时，说明运动不适中，应停止运动，到医院做检查，或短时间内停止运动。如果短时间内脉搏恢复正常，或者停止运动一段时间或减少运动量后恢复正常，则可认为是运动量过大导致，应停止一段时间或者减轻运动量。

呼吸和体重也可作为判别运动量的一个标准。通常情况下，运动中呼吸次数增加是正常的，一般每分钟呼吸次数不超过 24 次。但运动过程中呼吸次数增加太多以至于呼吸困难时说明运动量太大，应当减少运动量。

体重也是衡量运动是否过量的一个标准。一个人在开始运动的 3—4 周后，体重会逐渐下降，原因是随着新陈代谢的增强，身体的脂肪会减少，3—4 周后则会稳定下来。如发现体重继续下降，可能是运动量过大或其他原因，应当引起注意，减少运动，并且及时到医院做检查，查明原因，防止身体出现异常。

运动项目要因人而异

每个人应当选择自己喜欢的适合自己的运动项目。只有喜欢，才能坚持，只有坚持，才能达到健身的目的。还要根据自己的年龄、身体状况、工作特点、居住环境等选择适合自己的运动项目。

中老年人如果平时运动较少或者基本不运动，那么，在运动之前最好对身体做一次全面仔细的检查，看看自己的身体状况是否适合运动，适合多大强度的运动，适合何种运动项目。

对于中老年人来说，应尽可能选择使各关节、各肌肉群都能得到锻炼的项目，如打太极、练剑、做健身操、快步走、慢跑、游泳等。选择这些项目之后，运动量也不宜过大，要根据自己的身体状况、工作性质等做出合理安排。

对于那些运动强度过大，对关节、腰椎、颈椎有损害的项目，如爬山等，最好不去选择或少去参加。

自己选择的项目最好要在医生的指导下进行，去选择一项主要运动项目，同时再选择2—3个辅助运动项目。

离退休后的老年人由于年龄偏大，不宜进行高强度的运动，太极拳、气功、慢跑、门球、体操等运动，可适当参加。有条件的城市老年人可参加老年大学的绘画、书法、音乐等各种课程，陶冶情操，修身养性，延年益寿。也可做一些更有意义的活动，搞好传帮带，发挥自己的余热。同时也要在活动中建立自己的友谊群体，减少退休离休生活带给自己的孤独寂寞，找到自己的快乐。

对于脑力工作者，多做一些有氧运动，使大脑获得更充沛的氧气和养分，精力更加充沛，更加灵活。这些运动项目中，弹跳运动如跳绳、踢毽子更能促进大脑血液循环，更有助于大脑健康。

对于经常看书、写作等用眼睛较多的人，还要尽可能地多做一些改善视力的运动。改善视力最好的运动是打乒乓球。打乒乓球可以带动眼睫状肌随着乒乓球上下左右全方位不停运动，使眼睫状肌得到放松和收缩，加快眼球组织血液循环，消除眼睛疲劳，进而起到改善视力的作用。

颈椎、腰椎不好的人，放风筝、打羽毛球、游泳等是比较适合的项目。这些运动对颈椎、腰椎都有一个拉伸作用，长期坚持会减轻病痛。还可做保健操，保健操对于颈椎、腰椎都有较好的保健作用，坚持一定会有效。腰椎、颈椎病人可以常做拉筋操，每天坚持踮脚，用手背按摩后腰，或按不同方向旋转腰部。这样做可以起到健肾的作用，因为肾主毛发、主骨骼，健肾可以使骨骼强壮，减轻腰椎、颈椎疾病。

抗衰老的最佳运动是跑步。研究表明，一种叫氧自由基的有害物质在人体内的积累会加快人的衰老。持之以恒地跑步，可以调动体内抗氧化酶的代谢，减少人体内氧自由基的积累，同时也能降低三高，促进新陈代谢，从而起到抗衰老的作用。

运动要持之以恒

运动是一项长期性的工作，短期内很难收到效果，必须长期坚持，持之以恒，才能收到健身的效果。在运动量适中的情况下，最好每天坚持锻炼，如若身体不允许，每周也应当运动不少于 3 次，且每次不应少于 1 个小时。同时运动还是培养自己恒心和毅力的一项活动。俗话说：功到自然成。只要坚持，不忘初心，身体就会健康。同时还要合理安排运动的时间，养成按时锻炼的良好习惯，习惯成自然，一旦养成习惯，就像生物钟一样，自己会按时运动，不运动都不舒服。

运动场地要适宜

运动要充分考虑场地，这一点也非常重要。好的场地能增强运动的效果，使身体早日健康或者越来越健康，不好的场地会损伤身体的健康。

选择运动场地有以下几个原则：

远离交通马路

交通马路车辆多，运动穿越马路容易产生不安全因素，此外，交通车辆的尾气也会对人体造成危害。

远离污染

污染源释放的污染气体会对人体带来危害，人体吸入过多的有害气体会对人体的气管以及肺部造成危害，尤其是化学气体、化工颗粒，多是强致癌物质，因此一定要远离带有污染源的区域。

选择平坦宽广的地段

运动要选择平坦的地段。坑洼地段容易崴脚或摔倒，给身体带来伤害。平坦宽广的地段视野也好，能看到各种情况，防止意外发生。

选择植被多的地方

植被茂盛的地方氧气含量较多，有利于促进血液循环新陈代谢。冬天则选择松柏树木较多的地方，这些树叶还会进行光合作用，释放更多氧气。此外，树木较多的地方负氧离子也较多，负氧离子具有杀灭细菌的作用，对人体健康大有裨益。据调查，负氧离子多的地区，得病的人就会少，平均寿命也比较长，是适宜养生的地区。但是一天之内太早（太阳出来后 1 个小时前）或太晚（太阳落山 1 小时后）不要在植被较多的地方运动，因为此时空气中 CO_2 的浓度较高，不利于身体健康。

选择干净的水边

干净的水边也是比较适宜运动锻炼的地方。尤其是夏天，水边比较凉爽，微风吹拂，使人心旷神怡。此外，水也是一道风景，“智者乐水，仁者乐山”。而且水是人体生命的组成部分，人体细胞的 60% 由水组成，人对于水有一种自然亲切之感，水对于调节人的心情也有帮助。

总之，运动要以有氧运动为主，运动要快乐，要适度，一切以健康为目的。运动还要注意安全，除了运动前充分的准备活动外，有的项目还需有必要的保护装备，比如打网球、乒乓球应该选用护肘和护腕，打羽毛球、篮球要佩戴护膝，打排球、篮球时应用胶布粘在指尖和关节上以保护指关节和指甲，游泳时戴防水耳塞及防水眼镜，登山时要用登山杖等。此外，在运动中一旦发生了运动损伤，一定要注意，较重的要去看医生，较轻的也要充分休息，注意观察，如果时间超过一个礼拜仍不见好转，要去医院看医生，千万不要不当回事。比如有的轻微骨折，当时拍片看不出来，待一个礼拜后骨裂会加重。很多运动性损伤如果处理不当很难治愈，给身体造成永久性的损伤。

三、 积极的心态

合理的饮食和科学的运动是人们生理健康的前提和基础，那么心理健康和道德健康则主要来自积极的心态。

我们每个人都有一种看不见的法宝——积极心态，而它的另一面则是消极的心态。

心态是一种生活态度，是决定人们思维模式和行为方式的一种心理状态或态度，是人的心理对各种信息刺激所做出的反应，是由认识、情感、行为意向等因素构成的主观价值取向。

积极心态主要是指积极的心理状态或态度，是个体对待自身、他人或事物的积极、正向、稳定的心理倾向，是一种良性的、建设性的心理准备状态。

消极心态主要是指消极的心理状态或态度，是个体对待自身、他人或事物的消极、负向、不稳定心理倾向，是一种不良的、持续的心理准备状态。

积极心态的人常能心存美好梦想，情绪良好，即使身陷困境，也能以愉快和创造的心态走出来，迎接光明。相反，消极心态的人将看不到美好的未来，失去生活的目标，情绪低落，得过且过，身在福中不知福，不知感恩，不思进取，到头来虚度一生，悲哀离世。

积极心态与消极心态是相对而言的。假如一个人在生活中遇到挫折和困难，难免都有消极心态，有的人受积极心态的影响，总是从积极的一面、光明的一面去想，对未来和前途充满信心，就会总结教训，吸取经验，很快摆脱困难和挫折，锲而不舍，直到胜利；而消极心态的人受消极心态的影响，在困难和挫折面前持消极态度，失去奋进勇气，从此一蹶不振，蹉跎一生。足见积极的心态对人的一生是多么重要。

有一本书叫作《态度决定一切》，态度也就是心态的具体表现，有什么样的心态，就会有什么样的对待人或者事物的态度。积极的心态会让人情绪良好，积极行动，养成积极的习惯。消极的心态会让人消极行动，甚至不行动，养成消极的习惯，情绪低落，消磨时光，一生将一事无成，也说明了同样的道理。

心态对于心理健康和道德健康也非常重要。

积极的心态是心理健康的基础，只有积极心态的人才会有健康的心理。积

极的心态同样也是道德健康的必要条件，只有道德健康才会有积极的心态，一个道德不健康的人是不会有积极的心态的。一个消极心态的人总会自以为是、不思进取、畏首畏尾、意志消沉，是不会有心理健康的，更不会有道德健康。

如何才能有积极的心态?

拥有爱心

只有爱才可以让人们拥有积极的心态。因为爱是用真挚情感来拥抱这个世界，拥抱这个世界上的人和事物。这份真挚的感情能够让人看到这个世界上的一草一木都是阳光的、可爱的。对世界的爱可以激发对世界的责任感，那就是让世界更美好，这种责任感可以激发人们积极的心态。

辩证看待问题

爱心是拥有积极心态的前提和基础，但现实社会是复杂多样的，人的心态也容易受到客观事物的影响，有时会有消极的心态，从而给人带来沮丧、失望、伤感等消极情绪，消磨人的意志，此时更需要辩证地看待问题。

任何事物都是两面性，要看到事物好的一面、阳光的一面、正性的一面，不要紧盯住负性的一面、消极的一面、阴暗的一面，要迅速使自己从消极的心态中走出来，积极行动起来，向着自己的目标前进。

强化自信

积极的心态还要求相信自己。在爱心的基础上，相信自己的选择，相信自己从事的是光明的事业，是助人的事业，是高尚的事业。

在相信自己选择的基础上，相信自己的能力，就算暂时遇到坎坷挫折，也不要怀疑自己，不要因此而气馁，一蹶不振。要时刻记住在成功的旅途中布满着荆棘，没有人能随随便便成功，不经历风雨，哪会见到彩虹。实在走不动，可以停下来充电，加强学习，提升自己的内在修养和各方面素质水平，像习近平总书记讲得那样，不忘初心，继续前进。

要不断强化自信。中国也有一句古话，叫作“彼人也，予人也，彼能是，尔我乃不能是”。这是激励人们为达到目标不断前进的一句话。意思是，别人是人，我也是人，别人能做到的，我为什么做不到呢？要在选择好自己的人生目标的同时，还要为自己寻找一个偶像，让自己的偶像时刻激励着自己，在遇到挫折时，想一想自己的偶像，从而为自己增添前进的动力和克服困难的勇气，积极行动。通过努力，你也一定可以成为像你的偶像一样成功的人物。

克服自卑

现实生活中，有些人自卑，对自己缺乏自信，从而影响到自己的能力发挥和事业的成长。

其实，每个人都有自己的长处和优势，每个人又都不是天才，也都有自己的弱项和短处。

对于自卑的人，首先要接受自己，有自知之明，即对自己的能力、性格、情绪和优缺点等做出恰当的、合理的评价。对于自己的强项，要利用好、发展好，在工作和生活中发挥出最大的效能；对于自己的弱项和短板，也要正确看待，而不是一味自卑，觉得自己这些方面不如别人，不敢参与竞争，也不敢有更大的担当，不敢尝试挑战自己，总是不断地回避，把自己封闭起来，以致什么都不能做。

其实，每个人都应当发挥自己的优势，对于自己的弱项和短板，要通过不断的学习，向他人学习，向书本学习，向实践学习，来完善自己，使自己各方面都变得更加优秀。

但人的精力是有限的，对于自己通过努力确实无法弥补的缺陷，也应坦然面对。

此外，还可以适当降低自己的目标，也可以驾轻就熟，在自己的优势方面多下功夫，力争在某一方面或某些方面能够做到领先，为社会的发展做出更大贡献。

正确面对挫折

每个人在成长的过程中，无论在工作中，抑或是在生活中，总会遇到困难。有的人靠自己的努力克服了困难，能力提升，事业有成，得到社会的认可；有的人遇到困难，付出了所有的努力，问题仍得不到解决，对他（她）来说就是遇到了挫折。

对于挫折，每个人都会有挫败感，都会产生沮丧、意志减退等消极情绪，但之后的结果会大不相同，拥有积极心态的人会很快从挫折中走出来，平复挫折给心情带来消极影响，把挫折当成砥砺自己成长的垫脚石，而非绊脚石，把失败看作成功之母，当成宝贵财富，找出原因，从中吸取经验教训，以昂扬向上的乐观精神投入工作中去。积极心态的人会在一生中克服一个个困难，取得更大的成绩，达到人生的巅峰。消极心态的人很难从挫折中走来，甚至走不出来，长期处于挫折带来的消极情绪之中，会怀疑自己的能力，产生自卑或者怨天尤人等情绪，不去从自己身上寻找原因，而是把失败的原因归于他人或者客观，不去想方设法克服困难，而是在消沉中丧失战胜困难的勇气，以致得过且过，终此一生，无所作为。

人生并非事事满意，处处顺心。其实困难和挫折无处不在，无时不有，是人生的主旋律。要把困难和挫折当成人生的宝贵财富，一是困难和挫折使人珍惜顺境和成就，二是克服困难和挫折能使人增长才干、增强自信、增加意志和勇气，取得更大成功，更好服务社会。

每个人在遇到挫折时，都应及时走出失败的阴霾，拥有自信，看到光明，积极心态，奋勇前行，创造更加辉煌的人生。

乐观开朗

钟南山讲得好：“人要以积极乐观的心态对待事物，保持心态的健康。”又说人生要有三乐：“知足常乐、助人为乐、自得其乐”。永远让自己开心度过每一天，开心对待每一件事。

不难看出，乐观的心态需要我们每个人不断加强修养，不断提升素质，培养自己的爱心，从容面对。

有人说过，生活是什么？是一面镜子，对着它皱眉，它回我们以皱眉；对着它微笑，它回我们以微笑。只有我们用积极乐观的心态对待生活，生活才会回馈给我们快乐心情。

此外，“知足常乐”不是安于现状，停滞不前，而是珍惜拥有的，用爱心对待，同时更要积极进取，尽自己努力为社会做出巨大贡献；“助人为乐”就是放大自己的格局，为更多人做更多事情，在温暖别人的过程中，自己也得到快乐；“自得其乐”就是要培养乐观心态，无论遇到任何困难都要乐观对待。

我有一位同学说过：“就算死也要以笑面对。”这是一种不怕困难，藐视困难，敢于直视困难的乐观主义精神。

注重学习

多看一些名人传记。名人们都是胸怀远大理想和抱负、事业有成的人，他们的故事本身就是良好的励志教材，他们的思维方式、做事风格、优秀品质也是值得我们学习和借鉴的。

多看一些世界名著和国内名著。这些书都是反映人间真善美的优秀读物，聚焦了人类精神的光芒，是人类走向光明的灯塔。这些作品可以陶冶情操、树立爱心、放大胸襟、增强动力、消除消极情绪。

向身边的人学习，向先进人物学习，向领袖学习，学习他们的长处，补齐自己的短板。

通过做好以上几个方面，培养自己积极的心态，使自己在不断进取的同时，拥有心理健康和道德健康。

四、 充足的睡眠

充足的睡眠是人类健康的重要保障。

我们的祖先遵守自然规律，总结出养生的基本方法：日出而作，日入而息。几千年来，人们都遵循着这一规律，过着简单、淳朴的生活，一代又一代，繁衍生息。

睡眠占据着人类生命三分之一的时间，睡眠质量的高低会直接影响到人们的学习、工作以及生活。充足的睡眠是人们学习好、工作好和生活好的重要保证，同时也是人类健康长寿的重要保证，还是婴幼儿以及青少年生长发育的重要保证。而低质量的睡眠则会影响人的正常学习、工作和生活，影响人的身心健康，给人带来各种疾病，甚至缩短人的寿命，还会影响婴幼儿以及青少年正常的生长发育。

科学研究，充足的睡眠具有如下功能：

促进婴幼儿脑功能的发育和发展

科学家们实验证明，在生命的早期，睡眠对大脑的发育起到非常重要的作用。美国旧金山加利福尼亚大学的研究人员发现，在幼猫视觉发育的关键期，睡眠明显加强了大脑连接的发展变化。他们在幼猫经历环境变化（一组眼睛被遮挡住6个小时后）检查了睡眠对大脑的影响，结果非常惊人，睡眠6小时后，幼猫的大脑比没有睡眠的幼猫的大脑增加了11倍。日本的一项研究表明，对孩子来说，睡眠越充足，其大脑中与记忆和情感有关的海马区的体积越大，大脑发育得越好。海马区是学习和记忆的关键区域。5—18岁未成年人，每天睡眠达10个小时以上的孩子的海马区体积要比只睡6个小时的孩子的大10%左右。另有研究表明，抑郁症和阿尔茨海默病等疾病患者，海马区的体积往往会变小。因此尤其要让青少年时期的孩子改变不良生活习惯，养成良好的睡眠习惯，获得充足睡眠，促进脑功能的发育和发展，同时，还有可能降低罹患相关病症的风险。

促进未成年人身体的生长发育

对未成年人来说，正处于身体生长发育的时期，营养、运动、睡眠都必不可少。充足的睡眠能促进骨骼增长和身体发育。一般情况下，睡眠多的孩子身高普遍要高一些。因为人休息以后，大都处于仰卧的姿势，身体处于舒展状态，没有了压力，为生长发育创造了宽松的条件。一般来说，人体睡眠后的身高要比睡眠前的略高，就是这个道理。另一方面，睡眠后心脏处于半休眠状态，能量消耗少，有更充足的能量用于身体的生长发育。

保护大脑的能量

对少年来说，充足的睡眠能促进大脑的发育和发展，对成年人而言充足的睡眠同样也是保护大脑的一个重要方法。成年人的大脑虽然已经发育完成，但充足的睡眠可以促进脑细胞的新陈代谢和再生，使大脑变得更有活力和创造性。相反，睡眠不足会使人头脑能量消耗过大，变得麻木不清，精力不集中，降低学习和工作的效率。

帮助提高记忆

充足的睡眠能帮助人们对大脑刚接收到的信息进行记忆，尤其是在帮助人们记忆大量相似信息时特别有效。美国哈佛大学研究人员发现，刚睡醒的被测试人员，比不睡觉的被测试人员能更好地回忆起之前看过的单词词组。这说明睡眠可以巩固“陈述性记忆”。还有研究表明，睡眠有助于保护“程序性记忆”，这类记忆告诉人们怎样按程序去从事某项活动。因此，对成年人来说，当大脑感到疲惫以后，不要再坚持学习或者进行其他的脑力劳动，而应当立刻睡觉，给大脑一个休息调整充电的机会，使大脑保持充沛的精力，这对于巩固已获取的知识，也会有帮助。

缓解疲劳，延缓衰老

在正常情况下，人在学习、工作以及劳动之后，会感到疲劳，压力越大，疲劳程度越大，而充足的睡眠会使人很快恢复体力，精力充沛。同时，睡眠充足的人，因为能量得到及时补充，身体消耗相对较少，会增进机体活力，从而达到延缓衰老的效果。

增强身体免疫力，有利于身心健康

睡眠是人体吸收营养、补充能量的过程，同时也是各种脏器排解毒素的过程。充足的睡眠有助于增强身体免疫力，有利于身体健康。

研究表明，每个夜晚都是各种脏器按照一定的顺序排毒的时间。

21：00—23：00：淋巴排毒时间，适宜修养或听音乐放松

23：00—1：00：肝脏排毒时间，需在熟睡中才能更好进行

0：00—4：00：为脊椎造血时间，需在熟睡中进行，应避免熬夜

1：00—3：00：胆的排毒时间，需在熟睡中才能更好进行

3：00—5：00：肺的排毒时间，此时是咳嗽患者病情发作的时期，不宜用止咳药，以便影响堆积物自行排除。

5：00—7：00：大肠排毒时间，此时应早起排便，清理废物。

7：00—9：00：小肠大量吸收营养时间，此时应吃早饭，早饭非常重要，应足够重视。

一定要遵循规律，按时休息，让身体各个脏器得到充分的休息，排除毒素，提高身体免疫力。

此外，充足的睡眠不仅能缓解人体疲劳，还可以缓解心理的疲惫，白天的不愉快或者会烟消云散，有利于心理健康。

但是，随着社会的发展，人们从农业时代进入工业时代，再步入信息化时

代，物质生活的极大丰富，也使得生活节奏越来越快，人们日出而作、日落而息的情景不再重现，随之而来的是为了生活早出晚归、拼命奔波，不少人受到入眠难、睡眠浅、醒得早等现象的长期困扰，影响了身心的健康。睡眠不好已成为影响人们健康的重要因素。

在经济全球化的情势下，睡眠也不单是一个国家的问题，而是世界性的普遍问题，据世界卫生组织（WHO）发布的最新数据显示，全球约有四分之一的人受失眠困扰，每年8亿多人患有失眠障碍，仅中国就有7500万人。

正因如此，睡眠问题也引起了国际卫生组织和神经科学基金会的重视，他们于2001年宣布，把每年的3月21日作为“世界睡眠日”，2003年中国睡眠研究会把“世界睡眠日”正式引入中国。

失眠在我国古籍中称为“不寐”，与成语“夜不能寐”是一个意思，含义与现代科学的“失眠”基本相同。我国的传统中医用“天人合一”的观点来解释睡眠与觉醒的问题，认为睡眠与觉醒是人体与自然界阴阳消长规律协调一致的生理规律，顺之则生，逆之则害。人类必须遵从睡眠到觉醒的自然法则，只有这样，身心才能健康，否则，就是与自然规律相悖，就会受到自然规律的惩罚，身心就会出现疾病。

结合临床症状，失眠主要体现在以下几个方面：

入睡困难

入睡困难的人，身体躺下后长时间不能入睡。国际卫生组织将超过30分钟不能入睡称之为失眠。

眠而不沉

这种人虽然看起来好像进入了睡眠状态，但睡眠不沉，没有进入熟睡状态，稍有声音就会醒来。

时眠时醒

这类人睡眠后不能进入深度睡眠状态，睡一会儿就醒，再睡一会儿再醒，夜间觉醒的次数超过2次，甚至更多。

醒后不眠

醒后不眠的人睡眠时间不长即醒来，再也睡不着。

睡眠多梦

这些人睡眠后一直处于做梦的状态，甚至噩梦不断，经常被惊醒。

睡不解乏

睡眠后不能消除疲劳，不能恢复体力与补充能量，仍然会疲劳，精神不振，嗜睡，疲乏等。

通宵不眠

这是最严重的一种失眠，无论如何都睡不着觉。

失眠感

有一种人有失眠感，感到自己晚上总是睡不着觉，甚至感到彻夜未睡。其实这只是自己的一种主观感觉，实际上有失眠感的人睡眠并没有任何问题。这种人或许因曾有过失眠史而焦虑，或者因为没有完成自己设立的睡眠时间认为自己失眠了，没有睡好。这是一种因思想焦虑而产生的一种错觉，是一种保护性心理反应。

失眠的危害

我国中医理论认为，日出而作、日落而息是符合大自然规律的，白天阳气旺盛，是人们工作、学习的最佳时间；夜晚阳衰阴盛，阳潜入阴，人也需要休息，因而进入睡眠状态。长期熬夜或者睡眠不好可导致阴阳两虚，会损耗阴津，导致上火，长此以往，诱发各种疾病。

影响青少年生长与发育

研究表明，青少年的生长发育与遗传、营养、锻炼等因素有关，还与生长素分泌系统有关系。生长素是下丘脑分泌的一种激素，这种激素能促进骨骼、肌肉、各种脏腑的生长发育。生长素的分泌与睡眠密切相关，即在人睡熟后有一个大的分泌高峰，而在非睡眠状态，生长素分泌减少。因此，青少年要想健康、发育好，必须有充足的睡眠。

影响正常的工作、学习和生活

失眠者睡眠质量下降导致精神萎靡不振、身体疲惫、心情不佳、注意力不能集中等，从而降低学习、工作效率，影响生活质量。

引发焦虑症

大多数失眠者为自己睡眠担忧、焦虑，总是想提高自己的睡眠质量，让自己

快点入睡、睡得更好一些，反而是越想越不能很好入睡，长此以往，引发焦虑症。

降低免疫功能　引发多种疾病

免疫功能只有在睡眠状态下才能提高。睡眠不好，造成免疫功能下降，引发多种疾病：心率增加、神经衰弱、焦虑症、肾脏的疾病等。

增加心脏发病概率

医学研究证明，睡眠不足还会引起血液中胆固醇的浓度增高，增加心脏的发病概率。

引发高血压症

有研究证明，睡眠不好会导致血压的升高，引发高血压症。目前，这种情况出现的原因还不是太清楚。

增加患糖尿病的风险

2012 年美国疾控中心研究发现，睡眠太少会降低胰岛素敏感度，增加糖尿病风险。2013 年美国疾控中心研究又发现，睡眠太多或太少都会增加Ⅱ型糖尿病等慢性疾病发病风险。

中风的风险大大增加

美国亚拉巴马大学研究发现，与每晚睡眠 7—8 小时的人群相比，每晚睡眠不足 6 小时的中老年人患中风的概率增加 4 倍。

肥胖症危险增加

多项研究表明，长期缺觉会改变常规食欲，导致过量饮食，增加患肥胖症的风险。

癌症风险增多

没有规律的睡眠或者睡眠不好会增加患有癌症的风险，这是因为睡眠不好导致人体免疫力低下，抵御疾病的能力下降，导致疾病乘虚而入。癌症也是疾病的一个种类，睡眠不好同样也会增加患病风险。一个澳大利亚研究会也提醒大家，个体的细胞分裂多在睡眠中进行，睡眠不足或睡眠紊乱会影响细胞的正常分裂，由此可能产生免疫细胞的突变，导致癌症的发生。

引起早衰

睡眠本是缓解疲劳和积蓄体能的时间，充足的睡眠有助于机体新陈代谢。

睡眠不好则不能达到此目的，造成功能紊乱，容易引起包括身体各器官以及心理的早衰。

早亡危险增大

《睡眠》杂志刊登的一项涉及1741名男女参试者为期10—14年的研究发现，男性每晚睡眠少于6小时明显会导致死亡率升高。

因为睡眠少会增加心脏的负担，导致体力消耗过大，损伤身体元气，造成身体虚弱，影响人的寿命。

《资治通鉴》记载了这样一段三国故事，诸葛亮派使者去见司马懿，司马懿问诸葛亮的饮食和起居，使者说，丞相晚睡早起，军中处罚二十（杖）以上，亲自过问，每天吃的东西不过数升，夜里睡眠很少。司马懿听了，心中暗算，诸葛亮死期将至，遂坚守不战。从这一点也可以说明睡眠对人的健康的重要性。

此外睡眠不好还会影响皮肤的健康，影响大脑的创造性思维，产生心理障碍等。

总之，睡眠不好对人的危害非常大，从生理到心理，甚至生命都会受到影响。

充足的睡眠是健康的重要保证，但充足的睡眠不是过多的睡眠，任何事情都有一个度，睡眠过度对健康非但起不到好的作用，还会影响人的健康。所以，要理解充足的睡眠就是合理的睡眠、科学的睡眠，而不是过度的睡眠。

睡眠不好的原因

睡眠不好的原因有很多种，也很复杂，但归纳起来，以下几种很重要：

生物学方面的原因

也就是生理方面的因素。有的人身体较好，抵抗外来干扰的能力较强，入眠就快；有的人身体较弱，入眠较慢，稍有干扰或改变就难以适应，长时间不能入眠，或睡眠不踏实，睡眠质量不高。

心理学方面的原因

这方面原因也可称之为精神心理方面的原因。主要表现包括情绪不快、精神过于疲劳、担心惊吓等。

性格方面的原因

有的人个性要强，事事追求完美，对现实的人和事看不习惯，久而久之，产生焦虑心理，影响睡眠。这又叫完美型人格，争强好胜、追求完美是其主要特点。

不合理信念的原因

有的人对世界现实存在不合理信念，比如绝对化的要求，看待种种事情都是绝对化的观念，以偏概全，把少数不合理现象看作全部，影响心理健康，产生心理障碍。这部分人不合理信念的根源就是过分以自我为中心，把自己的意志强加于外界事物，不能辩证地去看待问题，对待事情。

环境因素等方面的原因

比如居住环境改变、工作环境改变，如搬迁、出国、出差等。居住环境的改变使磁场环境改变，有的人对磁场敏感，需要重新适应，故而影响睡眠。

身体和心理疾病的原因

身心的疾病都会对睡眠造成影响。如多种脏器的病变：胃肠病、肝病、心脑血管疾病、内分泌病、呼吸系统疾病、器质性病变、颈腰椎病、股骨头以及骨骼方面的病变；心理方面的病变，如抑郁症、焦虑症等。这是因为病痛的折磨或不适使其产生焦虑、抑郁等情绪，影响睡眠。

工作以及生活习惯等方面的原因

有的人尤其是脑力劳动者，经常工作到很晚，高强度的脑力劳动让神经高度兴奋，在睡觉时无法放松下来，从而影响睡眠。还有的人很晚了还在看书、看电视、玩游戏等，影响了正常睡眠。

身体某些微量元素不正常的原因

人体对某些微量元素摄入过多或过少都会影响到人的睡眠状况，尤其是铜、铁、铝对睡眠的影响最为突出。正常情况下，一个成年人每日摄入铜元素2—3mg 适宜，铁元素 18mg 为宜，但大部分人都达不到这个水平。

药物副作用的原因

某些抗生素、激素、扩张血管药物、抗精神病药物、抗结核药物等都有副作用，对有的人的睡眠会产生影响。

据统计，因心理因素诱发失眠的人数比例占到55%以上，其他45%的人也很大程度上是因为客观诱发因素导致心理的认知失调从而引起失眠。因此，对失眠者，从心理方面进行正确疏导尤为重要。

怎样才能拥有充足睡眠？

拥有爱心

爱心是治疗一切心理疾病的良药。拥有了爱心，人就会淡泊名利，就会尊重、包容、理解他人，就有担当。同时爱心还会为人提供积极健康的心态，不被负面情绪所羁绊，心理总是光明澄澈，心情总是快乐平和，睡眠也会踏实、充实，睡眠质量也会提高。

养成良好的生活习惯

睡前一小时不做高强度的脑力工作和体力活动，不看理论性的书籍，不吃含水分多的食物等，不喝浓茶、咖啡，不吸烟。这些对入眠有一些负面影响，让大脑过度兴奋，影响睡眠。

午休时间不要超过一小时。有的人习惯午休，午休可以解除一上午的学习、工作或者生活的疲劳，使下午精力更加充沛旺盛。午休还可以让心脏适时休息，对心脏健康有重要作用。心脏不好的人中午要学会休息一会儿，心脏健康的人中午适当休息对心脏保健及心脏病的预防也有裨益。但午休时间不宜过长，不要超过一小时，否则睡眠过多晚上大脑易处于兴奋状态，会影响夜间睡眠，长此以往，造成恶性循环。

睡前可以听听舒缓的轻音乐，看看消遣的书籍，用温水泡脚20分钟，但不要出大汗，以微汗为宜，防止汗毛孔张开，凉气侵入体内伤害机体。

适当做做按摩。经常按摩以下几个穴位有助于提高睡眠质量：一是两耳后下方的睡眠穴，二是头顶部的百会穴，三是神阙穴（肚脐），四是关元穴，五是足底的涌泉穴。经常失眠的人在中医看来属于阴阳不平衡的状态，按摩这几个穴位会起到疏通经络、调节阴阳、促进睡眠的作用。总之，睡前一小时，让精神、肌肉充分放松，有助于睡眠。

睡前可少喝点牛奶帮助睡眠，还有可适当饮用点红酒或黑枸杞水，红酒以及黑枸杞中含有一种叫花青素的物质有助于睡眠，还有保健功能，预防各种疾病。

合理饮食

失眠的人要经常食用红枣、薏米、玉米等补气血的东西做的粥或糖水，因为失眠令人气血不足，身体发虚。

晚餐不要吃得太饱，也不能吃大鱼大肉等高蛋白、高脂肪、高热量等难消化难吸收的食物，更不要喝酒（白酒和啤酒），酒精对肝脏和肾脏损伤较大，会增加肝脏、肾脏的排解负担，同时增加内脏消化食物的负担，不利于睡眠，也不利于身体的健康。晚餐应当简单，热量低，易于消化吸收，吃点蔬菜水果等，但也不要空腹睡眠，空腹也不利于人的健康。

适当运动

运动可以使人强身健体，增强抵御疾病的能力。睡眠不好也是一种疾病，有强健的体魄和健康的心态，睡眠质量就好。人们经常参加体育运动，亲近大自然，远离城市的喧嚣，可以强身健体，也可以减轻心理的压力，有助于良好的睡眠。尤其是晚饭后用一个小时左右的时间适当运动，会对睡眠更有帮助。

改变认知习惯

有些人睡眠不好，主要原因是因为认知出了问题，不能辩证地看待周围的人或事物，产生负面情绪，导致焦虑、抑郁等，从而影响睡眠，甚至彻夜不眠。例如，有一位朋友在银行工作，经常看外国网站，对社会不满，这也看不惯，那也看不惯，对领导不满意，对同事也有意见，牢骚满腹，负面情绪非常严重，导致睡眠不好，免疫力下降，得了严重的胆囊炎，还有白癜风，住进了医院。经过一段时间的住院治疗，远离了网站的影响，睡眠及身体状况有所改善。

学会抓主要矛盾

有一部分完美型人格的人，尤其是脑力劳动者，做事情事无巨细，处处要求完美，一天到晚有做不完的事，让自己非常疲惫。长此以往，会神经衰弱，睡眠不好，影响到身心的健康。

有一次和其他单位的一个朋友去外地开会，从谈话中得知他睡眠很不好，有时吃两片安眠药都不管用，彻夜不眠是经常的事。

我是国家二级心理咨询师，于是详细了解了他的工作和生活的情况，并没有什么特殊，也无不良嗜好。他是一名副处长，对工作要求非常完美，事无巨细，领导要的材料都是自己写，会议也是从计划到通知再到安排都是亲力亲为。我问他不能由其他同志做一部分吗，他说不放心。

我分析这是由于他工作压力过大，同时是他的完美型人格导致的神经衰弱造成的。

于是我建议他先休一个礼拜的假，他接纳了我的建议。休假回来后给我打电话说，现在睡眠改进不少。

我又告诉他，工作中要抓主要矛盾，做好分工，培养后备力量，注重调动新人的积极性，自己还要经常到野外运动。

通过这些方法，他现在工作驾轻就熟，也积极参加体育运动，睡眠的困扰也得到了解决。

空气负离子治疗

临床研究发现，空气负离子，又称负氧离子，对失眠有较好的缓解和治疗作用。负离子的主要功能有镇静、镇疼、镇咳、止痒、利尿、增食欲、降血压、促进睡眠等功能。而野外的树林中尤其是山林中含有较多的负氧离子，多进行户外有氧运动对治疗失眠及身体健康有辅助作用。

营造良好的睡眠环境

睡眠环境与睡眠大有关系，舒适的环境有助于促进睡眠，不科学的环境会影响睡眠。大环境难以改变，但可以改变小环境——卧室，要符合以下条件：卧室不宜大。按照我国中医理论，卧室是供人睡眠的地方，8—10 平方米即可，卧室太大，容易散发人体阳气，吸收太多阴气，对人体健康不利。一般卧室 8—10 平方米即可，最好是在阳面，容易聚集阳气，有利于人体健康；卧室要安静，尤其是靠近马路边或室外噪音大的地方，晚上休息时要拉上窗帘，为自己的睡眠尽可能营造一个安静的环境，避免由于噪声干扰睡眠；卧室光线要暗，睡眠时要拉上窗帘，最好不要有光线，也不要装玻璃镜子，以免反射光线影响人的睡眠；床及床上用品要舒适，床垫要软硬适中，青少年骨骼正在发育期，不应用软床垫，老年人大都骨骼疏松，软垫子容易使骨骼变形，要睡硬板床或床垫；床上用品最好要用棉布制品，棉布制品透气性好，既保护皮肤，又利于人体健康。

睡姿正确

睡眠姿势大多数人认为无关紧要，其实不然，睡眠姿势关乎人的健康。人的心脏偏左，因此，健康的人睡眠最好不要用左侧位，仰卧睡眠时，手也不要放置在胸前，防止压迫心脏。但对病人来说，睡眠的具体姿势则要依病人的具体情况而论。心脏疾病人要采取半坐半卧位，这样可以增加肺活量，减少回心血量，改善呼吸。肺部疾病和胸腔疾病患者应采取患侧侧卧位睡眠，这样可以减少因呼吸运动造成的胸痛，同时可使患者的肺活量不受到侧卧位的影响。

及时就医

严重睡眠不好时应及时去看心理医生或到医院治疗，不要延误病情。睡眠不好对人体健康危害非常大，一定要引起充分重视。连续超过一周睡眠不好就要看心理医生或去医院，有病早治，以防酿成大病，及早改善睡眠，有助于身心健康。

最佳睡眠时间

我国中医认为，最佳的睡眠时间为亥时（21—23 点）至寅时（3—5 点），也就是在 21 点睡下，早上 5 点起床。一方面是迎合了五脏排毒的时间，另一方面是由于 0—3 时是人的深度睡眠时间，这也是人体造血的时间，这三个小时睡眠的好坏在整个睡眠过程中起到至关重要的作用，只要这三个小时处于深度睡眠状态，造血效果就好，身体就有营养，第二天工作生活就能精力充沛。一般人从入眠、浅睡到深度睡眠需要 30 分钟到 1 小时，留出富余量在 21—23 点入睡，能够保障深度睡眠。另据中医研究，亥时三焦经旺，三焦通百脉，亥时进入睡眠状态，百脉可休养生息，使人一生健康。调查也发现，在我国长寿的老人之中，大部分都是亥时睡眠，寅时起床，这是他们的共同点。

此外，子时（23 时至次日凌晨 1 点），是胆经最旺的时候，“胆为中精之腑”，如果人经常睡得过晚，很容易伤到胆气，而十一脏腑取决于胆，也就是人的五脏六腑之气都取决于胆，取决于胆气之生发，如果胆气生发规律，身体就不会受到影响。胆又称之为少阳，“少阳不开，天下不明”。如果晚上不及时睡觉或睡眠质量不好，第二天少阳之气没有生起，人就容易困乏，没有精神。

入眠时间的要求对每个人都一样，但每个年龄段的人睡眠时间又有差别，根据每个年龄段的不同可安排相应的睡眠时间。

下面是不同年龄段人的最适宜睡眠的时间。

年龄	每日平均睡眠时间
新生儿	20 小时—22 小时
3 月婴儿	18 小时—20 小时
6 月婴儿	16 小时—18 小时
9 月婴儿	15 小时—16 小时
1 岁	14 小时—15 小时
2 岁	14 小时
3 岁—4 岁	13 小时
5 岁—7 岁	12 小时
8 岁—12 岁	10 小时
13 岁—18 岁	9 小时
19 岁—49 岁	7 小时—8 小时
50 岁—60 岁	8 小时—9 小时
60 岁—70 岁	9 小时
70 岁—90 岁	10 小时

除了按上述要求外，还要有良好的心态，心境要平和，平静如水，不为杂事所牵绊。如果睡觉时还在想着其他事情，大脑仍在工作之中，那样不会进入深度睡眠，睡眠质量就不会好。如果睡眠时生气，对身体更不利，容易气血淤堵，影响身心健康，甚至导致疾病。

不同年龄段人群的睡眠时间不同，还要求不同年龄段人群除了按照广谱的睡眠要求来执行外，还要注意不同年龄段的人的身体特点对睡眠的影响。

1 岁以下婴儿

1 岁以下婴儿需要的睡眠时间最多，大概每天 16 小时以上。睡眠是小月龄婴儿生长发育的重要因素，因此，睡眠时间必须要保证。

婴儿的睡眠不好大多是由于缺钙、消化功能紊乱、白天受惊吓等原因造成的，也有孩子晚上睡不好是因为白天睡觉过多。对此，家长应区别对待。对于缺钙、消化功能紊乱等饮食原因造成的失眠不好的孩子，最好是以母乳喂养为主。母乳的营养最全，应定时定量，养成科学的饮食规律，让孩子有一个健康的身体，才能保证孩子有充足的睡眠。还需尽量保证婴儿夜晚睡眠的完整，不宜夜间频繁喂奶或换尿布，尤其是后半夜，因为小月龄宝宝在后半夜分泌激素最快。对于白天孩子睡眠太多晚上不睡的孩子，尽可能白天减少孩子的睡眠时间，陪孩子玩游戏等，分散孩子注意力，把睡眠引导在晚上。

1—3 岁幼儿

1—3 岁幼儿每天夜里要保证 12 小时睡眠，白天还需要再补充两三个小时的睡眠时间，可以根据他们自己的睡眠节律而定，比如有些宝宝容易因玩得太兴奋而影响睡眠，有时候他们进入了睡眠状态，脑子却还在活动，睡着了，还常磨牙、踢被、尿床等，这都会影响宝宝的大脑和身体发育。因此，建议父母在宝宝睡前 1 小时先给他们洗个温水澡，放松全身；讲个小故事或放一些轻松、舒缓的音乐等，让孩子从兴奋中稳定下来，也有助于孩子尽快入眠。

4—12 岁儿童

4—12 岁的儿童每天睡 12 个小时是必要的，每晚 8 点左右上床，中午尽可能小睡一会儿。年龄再大一些的儿童睡 10 小时甚至 8 小时就足够了。有研究表明，孩子如果睡眠不足，不仅会精神不振、免疫力低下，还会影响生长发育。但睡觉时间也不能过长，睡眠过长可能会导致肥胖甚至大脑发育的迟缓。

儿童基本没有睡眠障碍，只要营造良好的环境即可。睡前尽可能不要吃东西，否则会影响孩子的睡眠质量；卧室不要有过亮的灯或较刺激的音乐，这样同样也会刺激孩子的大脑，使孩子难以入眠。最好与孩子一起定个时间表，督促他们按时睡，使孩子建立科学的生物钟。

13—29 岁青年人

这个年龄段的青少年通常需要每天睡 8 小时，且要遵循早睡早起的原则，保证 0—3 点左右进入深度睡眠。平常应保证最晚 23 点上床、早 6 点起床，周末也尽量不睡懒觉，完成好学业，为走上工作岗位打下基础。睡眠时间过长，还会打乱人体生物钟，导致生活紊乱，精神不振，身体肥胖，记忆力下降等，并且会错过早餐，造成饮食不规律等，影响身体健康。

因此，年轻人需要早睡早起，克服熬夜的习惯。

30—60 岁成年人

成年男子平均需要 6. 49 小时睡眠时间，妇女平均需要 7. 5 小时左右，并应保证晚上 10 点到早晨 5 点的“优质睡眠时间”。因为人在此时易达到深睡眠状态，有助于缓解疲劳。芬兰一项对 2. 1 万名成年人进行了 22 年的跟踪研究发现，睡眠不到 7 小时的男性，比睡 7—8 小时的男性死亡可能性高出 26%，女性高出 21%；睡眠超过 8 小时的男性，比睡 7—8 小时的男性死亡可能性高出 24%，女性高出 17%。

这个年龄段的人若缺乏睡眠，多与脑力减退，或压力导致的暴饮暴食等不良习惯有关。要想睡眠好，除尽可能缓解压力外，还可以在就寝环境上下点功夫，如减小噪声、通风换气、适当遮光等，并选择 10—15 厘米高、软硬适中的枕头。仍然睡不够的人，也可以通过午休 1 小时的方式补觉。

60 岁以上老年人

老人应在每晚 11 点前睡觉，晚上睡觉的时间有 7 小时，甚至 5 小时就够了。阿尔茨海默氏症协会公布的数据显示，每晚睡眠限制在 7 小时以内的老人，大脑衰老推迟两年，而长期睡眠超过 7 小时或睡眠不足都会导致注意力变差，甚至出现老年痴呆，增加早亡风险。

老人最常见的睡眠问题是多梦和失眠。多梦是由于老人脑功能退化；失眠多因体内褪黑素分泌减少所致，褪黑素是体内决定睡眠的重要因素之一。晚间睡眠质量不好的老人，最好养成午休习惯，时间不要超过 1 小时。否则，大脑中枢神经会加深抑制，促使脑中血流量相对减少，体内代谢减慢，易导致醒来后周身不舒服，甚至更困倦。

睡眠对一个人非常重要，充足适度的睡眠有助于人的身心健康，睡眠不足或者不规律的睡眠不仅影响人的身体健康，还会增加人的心理负担，导致心理失衡，长此以往，将形成心理障碍，对人的身体健康起到破坏作用。

一个人在拥有爱心的基础上能够合理地饮食、科学地运动、有积极的心态以及充足的睡眠，就会身心健康。

第三篇

爱让家庭幸福

1

家庭因爱而幸福

幸福的家庭是相似的——因为有爱；

不幸的家庭也是相似的——因为自私

家庭幸福的根本就是因为有爱。

但凡幸福的家庭，必然是有爱的家庭；但凡有爱的家庭，也必定是幸福的家庭。

在这样的家庭里，每个成员怀着真挚的情感对待他人，成员之间传递的是爱心，他们首先想到的不是自己，而是其他成员：

老人关爱晚辈，慈祥和蔼，鼓励引导，使子女感到温暖幸福快乐，德智体全面发展。

子孙孝敬老人，使老人心情愉悦，健康长寿。

夫妻在生活中互爱互谅、相敬如宾、同甘共苦，在事业上相互鼓励、互帮互助、同步发展。

兄弟姐妹之间能够相互关爱、相互帮扶、分享快乐、共渡难关。

有这样一对青年，他们看似不健全，但他们用自己的爱互相勉励，靠着坚强的毅力共同筑起一个幸福的家庭，成就了自己，也为社会做出了大的贡献，赢得社会的尊重和爱戴。

男主人公是哈尔滨市盲人柏大林，女主人公王育荣（16 岁因车祸造成轻度肢残），两人于 1985 年 8 月走进了婚姻的殿堂。

婚后，他们彼此相爱：

在生活上互相尊重、包容、关心、帮助，各尽所能，共同分担家务，把家庭布置得井井有条，干净利落。

在事业上，相互支持。为使柏大林能够专心准备全省高等教育自学考试，王育荣包下了全部的家务，还对柏大林在生活上更加悉心照顾，为他提供一个良好的生活环境、学习环境。

柏大林没有辜负妻子的厚望，以坚韧的毅力克服了重重困难，圆满完成了学业，获得了大专学历，成为全省仅有的两名盲人大学生之一。毕业后，柏大林通过努力又考取了按摩医师职称。他积极参与残联各项活动，当选为中国残联委员、省残联副主席、省盲残主席，荣获“全国自强模范”称号，受到了党和国家领导人的接见。现在的柏大林还是哈尔滨理工大学医院按摩科的主治医师，用自己的技能为更多的人服务。

对于这一切，柏大林感慨地说：“我所取得的成绩，离不开国家的培养，也离不开妻子的鼎力相助。”

他们还孝敬父母、善待同志，与长辈亲友的关系亲密和谐，受到邻里、同事及朋友们的称赞。

他们对孩子严格要求，使孩子做到德、智、体全面发展。

他们尤其注重对孩子的爱心教育，培养孩子的爱心意识、高尚的道德情操。他们精心挑选了内容健康向上、启发智慧、有教育意义的童话图书，闲暇时读给孩子听，并和孩子一起交流。晚饭时一家三口也会边吃饭边听孩子讲述学校发生的故事，父母仔细倾听，并不失时机地对孩子进行启发引导。通过这些活动，在孩子幼小心灵播下爱的种子，播下感恩社会、回馈社会的种子，使孩子成为一个有爱心、有道德的人。

为了使孩子养成良好的生活习惯，他们不去购买小食品，使孩子自幼就远离吃零食的习惯，保证一日三餐吃饱吃好。由于营养搭配合理，孩子身体健康，性格活泼。此外，柏大林夫妇还注意让孩子养成身体力行、热爱劳动和勤俭节约的良好习惯。在家里，孩子主动帮父母打扫房间；冬天到了，主动清扫室外积雪；上学后，孩子在外边从不乱花一分钱，也不和其他同学比吃比穿；孩子再长大一些，父母注意增进与孩子的思想沟通与情感交流，与孩子平等相处，有什么问题让孩子参与意见，在这样的气氛下，孩子也把父母当朋友看待。

为了从小开发孩子的智力潜能，培养其对知识的渴求，在孩子咿呀学语时，夫妻俩就耐心教他背诵古诗和歌谣，计算简单的数学题；长大一些之后，能会简单说话交流了，又陪伴孩子收听中央电台的“小喇叭”节目，鼓励孩子通过电话参与省儿童台的知识竞赛和英语会话活动等。

由于父母以实际行动为孩子营造了一个充满爱心、快乐、温馨、和谐的家庭环境，孩子能够茁壮成长，经常在考试中取得级部前几名的好成绩，多次被评为学校三好学生和区阳光少年。

一对残疾人创造了一个了不起的幸福家庭，且为社会做出了大的贡献，让我们许多的人、许多的家庭都心生艳羡。

追究其深层次的原因是因为他们有一颗金子般的爱心，才能让心态如此阳光，让家庭如此温暖，让家庭成员如此快乐幸福。

这不是个例，还有许许多多这样的幸福家庭，他们都有一个共同点，那就是家庭成员之间充满爱，不仅成员之间，对邻里朋友，对社会，对国家，他们也充满爱心，在给别人幸福的同时，自己也得到快乐和幸福。

相反，济南电视台生活频道有一个栏目，叫作《生活帮》，邀请心理咨询师还有律师帮助人们解决家庭生活中的纠纷。那些处在家庭生活矛盾中的当事人个个满腔委屈，说到激动处义愤填膺、剑拔弩张，父母子女变成路人，兄弟姐妹变成仇人，邻里之间变成敌人……仔细推敲，他们之所以来到这个栏目，是因为他们感到不幸福，感到痛苦，想要寻求解决的良方。其实根本原因无非就是以自我为中心、自私自利、缺乏爱心，有的为财产分配不公，有的为赡养老人等，但一切离不开利益，其结果是既伤了感情，也伤了亲情，还有什么幸福可言。

解决家庭矛盾和纠纷最佳的药方就是要有爱心、淡泊名利、不自私、重感情，这是家庭幸福的根本。这剂药方的核心是要有爱心，是君，其他都是爱心的延伸，是臣。

有爱心才会孝敬老人，老人就会快乐相伴，身心健康；有爱心才会夫妻恩爱，比翼齐飞，白头偕老；有爱心才会关心子女，子女就会开心乐观，奋发向上；有爱心就会兄弟姐妹相互帮助，家庭才会和睦；有爱心就会家庭幸福。

2 爱使长辈健康快乐

百善孝为先

老人幸福是家庭幸福的根本

微软公司总裁比尔·盖茨曾经说过：“人生有两件事不能等，一件是孝敬父母，一件是做善事回馈社会。”

一个外国人尚且有如此高尚的境界、优秀的品格，我们受过几千年孝道教育的中华儿女不更应该孝敬好自己的父母长辈吗？

然而不少人总是以工作忙、路途远、应酬多等理由，一年到头难得和父母见上几次面。等到父母过世了，才后悔没有尽到孝心，当初应该多陪伴父母、多尽孝心。

我国有句古话叫作“树欲静而风不止，子欲养而亲不待”，说的就是孝敬老人不要耽误，否则会留下终生遗憾。

一个家庭就像一棵大树，而长辈就是树的根，没有长辈也就没有这个家庭。只有尊重好、维护好、孝敬好长辈，家庭幸福之树的根才能更加粗壮，大树才会蓬勃兴旺。

长辈们为了这个家庭辛勤劳动，勤俭节约，付出了许许多多心血和汗水，为子女们成长、上学、就业尽自己所能，创造最好的条件，吃苦受累在所不辞。因此作为晚辈，要爱长辈、尊敬长辈，让长辈开心快乐、身体健康、衣食无忧。

从感恩的角度亦应如此。

乌鸦尚知反哺父母十八天，小羊更是跪母吃乳，动物都有如此孝心，作为比动物文明的人类不更应该感恩和孝敬长辈吗？

况且，尊重老年人是中华民族的传统美德。老年人曾经为家庭、为社会、为国家创造了物质及精神财富，奉献了自己辛勤的劳动，流过不少汗水，理应得到社会以及国家的尊重和爱护。

中华民族五千年的文明史，是一个培养爱、践行爱、弘扬爱的历史。祖先们创造出灿烂的传统文化，其实质就是一个爱字。尊重老人、孝敬父母更是应有之义。

孟子的“老吾老以及人之老，幼吾幼以及人之幼”，推己及人，世世代代教育着中国人尊老爱幼。

现在以习近平同志为核心的党中央更是高度尊重和重视老年人。党的十八届三中、四中、五中全会就应对人口老龄化、加快建设社会养老服务体系、发展养老服务产业等都提出了明确的要求，“十三五”规划纲要也要求加强顶层设计，构建以人口战略、生育政策、就业制度、养老服务、社保体系、健康保障、人才培养、环境支持、社会参与等为支撑的人口老龄化应对体系，让每一个老年人都能安度晚年。

国家和民族尚且如此，作为子女，不更应该爱养育了自己的长辈，孝敬自己的长辈吗？

其实，一个人最应当爱的人就是父母，是父母把自己带到这个世界上，是父母含辛茹苦，把自己养大成人。

中国有句古话，叫作“百善孝为先”，孝敬父母就是最大的善良。

一个既爱自己的父母，又对其他人有爱心的人，一生都会很顺利。

相反，一个不爱自己父母的人，是注定要失败的。

事实也是这样。社会上有的人对父母很好，对别人也很好，这样的人在赢得社会尊敬的同时，也得到了人们的信任，从而拥有良好的人际关系，在生活和工作中一帆风顺，很容易取得成功；有的人对父母很好，对其他人都不是太友善，这样的人时间长了在社会上仍不会有真心朋友，也不会得到别人的帮助；还有的人对父母不好，对别人却很“热情”“仗义”，其实这是最自私、功利心最重、隐藏最深的一种人，他们完全是虚情假意地同别人建立关系，真实目的是利用别人，这种人开始可能蒙蔽了一些人，但久而久之，大家会看清他们的真实面目，不会和他们建立真正的感情。

一个不孝敬父母的人，也是不符合社会的道德观念以及行为方式的，因此会被社会所轻视，甚至被抛弃。

孝敬父母还可对子女起到榜样示范作用，使子女也成为一个孝敬父母的人。父母是孩子的第一任老师，孩子出生后便耳濡目染着家长的一言一行，甚至家长走路的方式、面部的表情等，都成为孩子模仿的对象，无不在孩子的心目中留下深刻的烙印。中国有一句民间谚语叫作“龙生龙，凤生凤，老鼠儿子会打洞”，就是在说父母对孩子的影响。

心理学研究的结果也说明，有什么样的父母便会有什么样的孩子，反过来，有什么样的孩子，家长必定也是那个样子的。有的家长责怪孩子没有孝心，这么多年都单方面为孩子操心付出，于是心生焦虑、长吁短叹。他（她）其实没有审视检查自己，自己对父母又是怎样的呢？自己不是孝敬父母的人，怎么会让孩子孝敬呢？所谓“行有不得，反求诸己”，所有的结果一定会在自己身上找到原因的，叫因果报应也好，叫感应也罢，自己做的事情一定会在孩子身上得到某些体现。

有这样一对夫妇给我这样抱怨他们的儿子不孝。儿子已经结婚有了孩子，但儿子和儿媳都在外地打工，孩子三岁了，只能由他们照看，儿子儿媳有时回来看看孩子。有一次儿子回来看望孩子，买了两份烤牛排，回到家后，给他自己的儿子一份，自己一份，爷俩在那吃着，他的父母在一旁望着，儿子连一句让的话都没有。这对夫妻给我说："给他们看孩子，不让他们往家交一分钱，还给他们买了房子，现在的孩子怎么都这样？"我当时没说什么，因为我了解他们的情况，他们两个和父母关系都不好，经常不上门，在外面和父母遇见了也不说话，自家吃好东西不会想到父母，儿子长大后有好东西吃想不到他的父母不也很正常吗？现在感到委屈、抱怨、不幸福，不就是因为自己没有孝敬好父母造成的吗？

我国自古就是一个崇尚孝道的国家，有许许多多以孝为题的故事流传至今。

我们的祖先舜帝以德报怨的故事至今在中华大地上传颂，影响着我们每一个人。

舜的母亲早亡，父亲是个盲人，又娶了继母。继母奸诈，对舜百般刁难，让其干重活，中午不让吃饭，舜从来不说。有人问舜："你中午不吃饭还干那么重的活不饿吗？"舜说："民以敛为美，一日两餐足矣，没必要吃中午饭。"继母与盲父不让其上学读书，舜便利用放牛的时间偷着跟先生学识字，自己看书。尽管这样，他们一家还视舜为眼中钉，欲除之而后快。一次舜的继弟象欲杀舜，唆使其父让舜到屋顶干活，待舜到了房顶，象把梯子撤掉，放火烧房，熊熊大火将舜困在房顶，舜戴有斗笠，灵机一动以笠为伞，跳下房屋，毫发无损。象一计未成，又生一计，唆使其母让舜淘井，那是一口枯井，待舜下到井中，象便与盲父往井里扔石头，欲将舜砸死井中，舜则利用井壁旁边的凹槽又躲过一劫……多次的劫难，舜都死里逃生，但是都没有抱怨，更没有怀恨在心，而是一如既往地孝敬父母、爱护其弟象。后来舜南徙，来到历山，见此地民风淳朴，土地肥沃，便在此停留下来。定居历山以后，他仍时刻不忘父母，将远方的父亲、继母、继弟象也接到了历山，在一起居住，以便孝敬父母和照顾弟弟。舜的孝行感天动地，于是便有了大象为其耕种，大禽为之耘草的异象。帝尧知道后，敬佩舜的德行，便将两个女儿同时许配给舜，一为娥皇，一为女英，并在百岁之后，将天下禅让于舜。舜也励精图治，体恤百姓，使部落的人们过上了幸福的生活。舜以德报怨的孝行以及体恤百姓的大爱之举鼓励着一代又一代的华夏儿女，成为人们取之不尽用之不竭的精神财富。

“忠”“孝”是儒家伦理思想的核心，是几千年来中国社会维系社会关系和家庭关系的道德准则，是中华民族的传统美德。元代郭居敬辑录古代二十四个孝子的故事，编成《二十四孝》，后来的印本配上图画，叫作《二十四孝图》，成为宣传孝道的通俗读物。《二十四孝图》是中国文化史上最重要的典籍之一，在中国古代社会生活中的作用非常巨大，是中国古代以“忠孝”为核心的伦理道德和社会规范的集中体现。今天，《二十四孝图》仍然对少年伦理道德的形成起到至关重要的作用，教育人们不仅要做到孝敬父母，而且还要忠于自己的祖国、热爱自己的同胞，各司其职，爱岗敬业。

因此，“百善孝为先”，孝敬父母长辈是做人的根本，如果一个人做不到对父母长辈的孝敬，一生注定要失败。

如何孝敬父母长辈？

一、 了解老人的特点

老人为儿女操劳了大半辈子，进入老年期，由于诸多因素的影响，在生理、心理诸方面发生了极大的变化：

生理各方面机能都走向衰弱

老年人的身体各方面的力量大不如前、机体免疫力降低。年轻时健步如飞，老年后却步履蹒跚；年轻时做事情不觉得累，年老了做事情则力不从心。各种脏器功能也出现退化，比如，脾胃的消化吸收功能也在降低，以前吃点凉的硬的难以消化的食物都没有问题，现在这些东西全都不能碰，尤其是晚饭，稍吃些不易消化的食物就很难受，睡不着觉。

认知功能发生变化

进入老年期之后，个体的认知活动，尤其是感知觉会发生明显的退行性变化，表现在以下几个方面：一是视力减退。视觉敏锐度下降，视野缩小，聚焦能力减弱，暗适应所需时间延长等。二是听觉减退。据调查，近 65% 的老年人听力减退，随着年龄的增加，老年人听觉敏锐程度愈来愈低，对高音的听力减弱更明显。我国的一项研究表明，50—60 岁是中国人听力减退的转折期，60 岁以后逐渐下降，80 岁以后下降尤为明显。三是味觉、嗅觉和触觉变得迟钝。

总之，人类个体进入50岁以后，各种感知觉都开始出现退行性变化，60岁以后，随着年龄的增长，感知觉衰退现象越来越明显。

记忆功能减退

一是老年人的机械记忆衰退明显，意义记忆较机械记忆衰退得慢。

二是再认能力表现出逐年老化现象，但再认比回忆保持较好。

三是识记和回忆“姓氏”最难。研究表明，“姓氏”回忆在50岁以后就出现减退趋势，60岁以后减退最为明显，80岁组的成绩仅仅是20岁的30%。因此，识记和回忆人的姓名是老年人最常见的烦恼。

第四是老年期的智力随着年龄的增长有所减退，但又不是全面减退。

1955年，美国心理学家韦克斯勒发布了韦氏成人智力量表，适测范围是16岁以上的成年人，包括语言和操作两个方面的内容。许多研究表明，该量表中的语言测验成绩，在老年期依然较好，到70岁以后才有明显的减退。而心理运动速度和知觉整合能力等操作测验成绩在25岁以后就逐渐减退。

人格特征变化

综合老年人在生理及心理功能诸方面退行性变化，以及社会文化等因素的影响，导致老年期人格特征在诸多方面也会发生某些重要变化：

一是不安全感

主要表现在身体健康和经济保障两个方面。人到了老年，人体的各个系统和器官逐渐发生器质性和机能性变化，时常出现各种疾病，使得老年人对身体功能的变化出现不安全感，担心自己的身体会出现这样或那样的问题。在经济上，主要表现在对生活保障和疾病的医疗及护理保障的担心。

二是孤独感

老年人的孤独感比较普遍，主要有以下几个方面的因素：离退休人员退出工作岗位脱离了原工作环境，又没有及时建立新的社交圈子，交往人群大面积缩小；没有事情可做；子女对老年人关心少、沟通少、照顾少。

三是适应性差

老年人依恋已有的生活习惯，较难适应新环境和新情况。他们对周围环境的态度逐渐趋于被动，较少主动地体验和接受新的生活方式；学习新知识也有困难，对意外事件的应变也较为迟缓。

四是拘泥刻板并趋于保守

老年人经验和阅历丰富，也更注重自己的经验，并希望子女接受自己的经验方式，表现为刻板行为。对于子女的不认可不理解引发的矛盾自己想不通，从而爱发牢骚，或者生闷气。

五是爱回忆往事

老年人的心理世界表现出由主动向被动、由朝向外部世界到朝向内部世界的转变，因此很容易回忆往事，遇到事情也容易联想到往事。越是年龄大，这种回忆往事的趋势越明显。

二、对“症”尽孝

知道老人在身心诸方面的变化，对“症”尽孝，让老人有一个幸福快乐的晚年。我认为作为子女应做好以下几个方面：

1. 尽到责任

我国《宪法》规定了每个中国公民有赡养父母的义务，这是于情于理都不能回避的责任。父母把儿女养大成人，付出了相当的心血和汗水，父母年龄大了，身体不好了，机能降低了，作为儿女有责任有义务让老人安享晚年、健康幸福。

儿女们要消除老人的不安全感，想方设法让老人精神快乐、健康无忧。

针对老人的孤独感，子女应当常回家看看，多陪伴老人，多和老人聊天，每天别忘了给老人通个电话；

父母身体机能在减退，给他们买点健康器械，辅助老人做一些健身活动；

父母脾胃功能变差，经常给老人买点保健品、营养品，比如蛋白粉，含有多种氨基酸、各种维生素及矿物质等的营养品，增强老人的体质。

另外，牛奶是老年人必不可少的，应保证老人每天至少500毫升以上的牛奶，对于补充钙质、健康身体和保证睡眠都起着重要作用；

针对老人在经济上的不安全感，子女应当从生活上接济父母，不让父母在经济上有困难，尤其是对于农村和城市里经济有困难的父母，子女应当每个月给他们适当的经济补助，尽到赡养义务。

2. 尽到孝心

所谓孝心，就是要孝敬老人，孝顺老人。

我国的“孝”字，是“老”在上“子”在下，即时时刻刻要把父母放在前面，放在上面，时时处处尊敬老人。

喝水先要倒给父母，吃饭先要端给父母，好的东西要父母先吃……

平时要顺应父母意志，对于父母说的确实不合理的地方，可以心平气和地和父母交流，但父母不改，表面要顺承，自己可以不做。这不是虚伪，不是欺骗，而是让老人开心、顺心，不让老人生气。

有的人虽然家境并不富裕，能做到孝顺，老人就算和孩子们一同吃苦，也很幸福。

我老家有一个院里的大哥，父亲早亡，和母亲相依为命。成家后孩子多，生活困难，却是有名的孝子。每次吃饭，都把大娘让到正位，先端上饭碗，老人不吃自己全家绝对不能先动筷子；和老人说话从未大声过，对老人的话言听计从；其他方面也是知冷知热，老人非常幸福，在生活艰难的条件下，八十九岁寿终正寝。如今我这位大哥和大嫂都八十多了，精神矍铄，受到大家的尊敬。

有的人虽然比较富裕，对老人也尽到了“孝”，但是做不到顺，老人并不感到幸福，自己也不开心。

有一次在临沂一个朋友那里吃饭，他的一个做印刷业务的朋友正好也在，我们说到对老人尽孝的事情，那位做印刷业务的朋友满腹委屈，说自认为非常孝敬老人了，给老人盖了新房，老人吃的用的都比别人强，可每次回家都禁不住要和老人因为对事的处理方式不同拌嘴，让老人生气。老人也看不上他，兄弟姐妹也不尊重他，说他不孝敬老人，自己这不是费力不讨好吗？说着竟哭了。

这位朋友的确有孝心，把老人也放在心上，从心里面也爱老人，但就是没有做到一个顺字，有道是：顺者为孝。只有做到顺和敬，才是真正的孝。后来那位朋友说以后再不和父母拌嘴了。

其实物质生活倒不是老人需要的重点，老人更需要的是尊敬。就连和普通人之间的交往不也是“良言一句三冬暖”吗？人都需要被尊重，何况那是生你养你的父母呢！就算你现在多么成功，就算你的父母有一些坏习惯，不讲卫生，说话不文明，穿着简朴，爱唠叨等等，作为儿女也一定要尊重父母、孝顺父母，不要因此看不起自己的父母，看父母不顺眼，和父母发脾气。别忘了你之所以有今天，是因为有父母的养育之恩。

如果你过得不算好，事业不顺利、不成功，也不要把怨气撒在父母身上，要从自己身上找原因，反思自己，是自己缺乏爱心才导致自己不顺心，通过反思，使自己更加爱自己的父母。

3. 要有爱心

作为儿女，对待家中老人，尽到赡养责任和义务是底线，尽到孝心是本分，做到有爱心才是高境界。

要以真挚的情感去关心老人、喜欢老人，心里经常牵挂老人。住得近则经常抽出时间来看望老人，多陪伴老人，陪老人聊聊天、散散步、做做游戏等，让老人们生活更充实，更有乐趣；买些老人喜欢吃的、对老人身体健康有益的食品；看看老人缺什么，就给老人买些什么；给老人洗洗澡搓搓背，帮老人拖拖地洗洗衣服，做做简单按摩；重活累活不要让老人再做；时常关心老人的身体健康状况，看生活有什么变化，是不是不爱吃饭了，是不是睡眠不好了，是不是哪些脏器不舒服了等等，发现异常情况及时处理，如果身体有什么疾病及时去看医生。

我老家院里有一个大爷 90 岁了，大娘去世了，由一个大哥照料。大哥特别细心，每天用三轮车带着大爷沿街转。冬天晒太阳，夏天乘凉。早上第一件事是看老人上厕所的情况，早晚给老人冲两勺蜂蜜，吃饭自己先尝凉热，对老人照顾得无微不至，真正做到从内心去爱。老人除腿疾不能走路之外，其他没有什么大的毛病，这位大哥受到人们的一致称赞和尊重。

对于和老人离得远的成年人，要常回家看看，帮助老人解决他们不能解决的困难。平时虽不能天天守候在老人身边，但每天的电话问候是不可少的，关心一下老人的身体、生活、睡眠等情况。对于身体不好的老人，抽出时间陪老人看病，多尽孝道，因为此时老人是最需要被关怀的。此外，对待老人要哄，让老人常开心。有人说，老年人就是老小孩，开点玩笑，讲个笑话，让老人真正从内心里感觉出儿女对自己的尊重、关心、孝敬，这样老人才会真正的幸福快乐。

4. 做好自己

做好自己是孝敬老人的重要环节。

可以说父母无时无刻不在为儿女们操心，一天合不上眼睛一天都不会停止对儿女的牵挂。因此，作为子女做好自己也是对父母尽孝。

有一名四十多岁的男子，不务正业，打麻将赌博，妻子与之闹离婚，僵持了三四年的时间，最后终于拖不下去了，正式办理了离婚手续。他还有一个八十多岁的老母亲，因为牵挂他，吃不好饭，睡不好觉，经常暗自流泪。本来视力就不好，还哭瞎了一只眼睛，人瘦了一大圈，没两年就离开了人世。临终前还在念叨她的幺儿何时才能有个家。男子在老母棺前长跪不起，不停哭喊着："娘啊，娘啊，是儿不孝，让您为我操碎了心。"但此时知道悔改，岂不晚矣？

还有与我住在同一小区的一位五十多岁的大嫂，她的儿子在外地工作，因为干了坏事触犯了法律，被关进了监牢。这位大嫂知道后精神受到严重打击，平日里胡言乱语，后来就变成了精神病。"儿啊，你在哪里？""谁敢欺侮我的儿子？""不许枪毙我的儿子！""儿啊，你别怕，有妈在……"那情形着实让人可怜。

这样的子女做不好自己，让父母时常牵挂，即便是对父母再好也是对父母的不孝。

有一年的重阳节，中央电视台做了一个老人访谈节目，问一问每个父母最想说的话。老人的回答大都是关心子女的健康、工作、家庭等："要好好做人，不要做亏心事""不要违法，不要嫖赌，要做个干净的人""注意身体，不要吃凉的、坏的东西""做事情要诚恳，不要计较……""和同事们搞好关系"等，讲得最多的还是要子女做好自己，为社会做出贡献。

其实，父母最希望孩子做的事情，也是他们最为子女担心的事情。

每一个父母都希望儿女健康、平安、幸福，更希望自己的子女成龙成凤。

因此我们也应该知道，孝敬父母最重要的还是做好自己，按照父母希望的那样做好自己，只有这样，才不让父母为我们担心，还要让自己成为父母的骄傲，这样才算孝敬父母，才算爱父母。

如何才能做好自己?

除了对待老人要有责任心、有孝心和有爱心之外，还要做好以下几点:

遵纪守法

只有遵纪守法，把法纪作为自己的行为准则和底线，时刻按照法纪的要求来约束自己，才能保证自己不出问题，一生平安，也才能减少父母的担心和牵挂。

每一个公民要不断加强法纪意识，不断加强对法律知识以及各种纪律的学习，了解和掌握更多更全面的法纪知识，尤其是涉及自己所从事的职业以及与自己生活有关的法纪知识，从现在做起、从身边小事做起，把遵守法纪、依法依纪办事作为自己的行动准则，警钟长鸣，不突破法纪底线，才会受到法纪的保护。

有的人为了私利，置法律于不顾，知法犯法，平时对父母再孝顺，也是假的，一朝锒铛入狱，父母会一生无颜面对世人，这是对父母最大的不孝。

远离诱惑

世界是美好的，但也布满了各种诱惑和陷阱。

美好的事物，能够激发人们旺盛的生命力，指引人们不懈追求。在这个过程中，人们陶冶了情操，磨炼了意志，开阔了视野，提高了境界和修养。

王蒙、史铁生等一批笔耕在文坛上的知青作家，在他们插队下乡的艰难岁月里，没有自甘平庸，而是奋发图强，把读书和写作当成业余工作，挑灯夜战，终于成为一代文学大师，为人们提供了丰盛的精神大餐，同时为人们的工作与生活注入了动力，指明了方向。

相反，不良诱惑则会使人自甘堕落，意志消沉，不思进取，以至于家破人亡甚至滑向犯罪的深渊。

现实生活中这样的例子不胜枚举，牢狱中的许多人也都后悔莫及，然而他们给父母带来的是无尽的痛苦，还谈什么孝呢？

成功的例子在激励着我们要自尊、自励，血的教训也提醒我们要自重、自省。远离不良诱惑是做好自己的前提。

要做到远离不良诱惑，应该做好以下几个方面：

有事业心

事业是指人所从事的具有一定目标、规模和系统而对社会发展有影响的经常活动。

事业心则是指人们对自己所从事的事业执着追求的情感，坚定不移的信念。

一个有事业心的人才会有明确的奋斗目标，才会有进取的动力，才会心无旁骛专心致志地致力于自己的事业，才会有干事的激情、创业的豪情、敬业的痴情，才会远离各种纷扰，远离各种不良诱惑。

相反，一个没有事业心的人，工作和生活中就会缺乏明确的目标，就没有前进的动力，就会思想空虚，浑浑噩噩，就容易被不良诱惑所影响，一旦走近不良诱惑，轻者让自己一生一无所成，重者误入歧途，导致家庭不幸甚至犯罪。

因此，事业心对人生的成长非常关键。

有健康向上的兴趣爱好

健康向上的兴趣爱好是生活的调色板，可以丰富人们的生活。在工作之余培养自己健康向上的兴趣爱好，不仅能缓解工作生活中产生的压力，还有助于加强自身修养，丰富自己的知识，提升自己的能力，激发工作活力。

健康向上的兴趣爱好让人心里充满阳光，身心愉悦，同时又能提高个人魅力。

比如读书、写作、书法、唱歌以及体育运动等，都是一些健康向上的项目。爱读书可以使一个人知识丰富，富有内涵，热爱生活，充满朝气。有一句诗是这样写的：“腹有诗书气自华。”同时读书还可以提升自己的能力，许多现实中的问题都可以在书中找到解决的办法和答案，把它们总结出来就形成了自己的经验，自己也可以成为一个能力强的人，在工作和生活中就会抢占先机，离成功就会更近一些，还会使人身心愉悦，增添人格魅力。

有良好的人际环境

“近朱者赤，近墨者黑。”与什么样的人在一起，时间久了就会成为什么样的人，这是相互影响的结果。

与上进心强、富有正能量以及心态阳光的人在一起，时间久了，自己也会成为那样的人；与不务正业、投机取巧以及欺诈蛮干的人在一起，时间久了，自己也会变成同类人。

因此，在工作和生活中，一定要慎重选择朋友，选择与那些高品位有上进心有爱心的人在一起，拒绝和不求上进负性情绪严重的人在一起，尤其拒绝和具有不良嗜好的人在一起，给自己创造一个积极健康的人际环境。

有明辨是非的能力

工作和生活环境错综复杂，只有明辨是非才能防止自己犯错误。

判断一个人或者一个行为对与错的唯一标准就是利益，看这个人或者行为所带来的是有益于人民（或国家）的利益还是损害人民（或国家）的利益。

如果是为了人民（或国家）的利益，至少不损害人民（或国家）的利益，就是可以肯定的，如果这个人或者这个行为是损害人民（或国家）的利益，就是不对的。

尤其是判断一个人，不要只看到他（她）的表面，也不要只听他（她）的一面之词，既要听其言，又要观其行，既要看他（她）的过去，更要看他（她）的现在，综合考量，历史看待，才能明辨是非，分清好坏，不会因选择错误而遗憾终身。

总之，做好自己，就要做一个有道德、有爱心的人，明辨是非，远离不良诱惑，坚持自己美好而长远的理想，努力拼搏。只有这样，自己才有可能取得成功，也只有这样，父母才会少牵挂自己，自己也才算孝敬了父母。

只有发自内心地爱老人，老人才会心情愉快，身体健康，家庭幸福之树才会根深蒂固。

3 爱使夫妻和谐美满

夫妻有爱相随，家庭幸福长盛不衰

有人总结了幸福家庭的十大特征：

夫妻恩爱，是幸福家庭最显著的特征。

子女孝顺，是幸福家庭的重要特征。

成员健康，是幸福家庭的根本保证。

成员无不良嗜好，是幸福家庭长久的标志。

有良好的教育，一代比一代强，是幸福家庭最本原的特征。

不是特别富有，但钱基本够用，是幸福家庭的重要表现。

成员平等民主，没有地位高低之分，是幸福家庭很重要的特征。

成员心态积极，而且具有童心，是幸福家庭的又一个显著特征。

成员都有一颗博爱的心，懂得去关心和同情弱者，是幸福家庭的一个重要表现。

对于家务没有明显分工，谁有空谁主动，这是幸福家庭的一个基本特征。

在这十大特征中，夫妻恩爱被放在第一位，这是家庭幸福最重要的原因。

如果说老人是家庭幸福之树的根，那么家中青年或中年的夫妻则是家庭幸福之树的主干。他们承上启下，上要孝敬父母长辈，父母长辈的健康快乐由他们缔造；下要抚养子女，子女的教育成长也要倾注他们的心血；还要夫妻相互鼓励，为了家庭更美好幸福共同打拼。夫妻恩爱，可以让父母长辈省心，可以让孩子开心，可以让夫妻自己安心。家庭的幸福离不开夫妻恩爱，夫妻恩爱，家庭幸福之树就会粗壮挺拔。

一、 夫妻恩爱是夫妻之间最应该做到的

首先，夫妻是最值得珍惜的缘分。

中国人历来重视缘分，就连朋友之间也把缘分看得很重，珍惜难得的相遇，许多人由此结成挚友，温暖一生。“有缘千里来相会，无缘对面不相识”，这是描写朋友之间的缘分，作为夫妻缘分，不是更难寻得吗？“十年修得同船渡，百年修得共枕眠”，试想，地球上有那么多人口，一对夫妻结合的概率如此之小，比大海捞针都困难，这可是天大的缘分，怎么能不亿万分珍惜呢？

其次，夫妻是没有血缘关系却胜似血缘关系的亲人。

父母生养了自己，但随着年龄的增长，会慢慢变老，不会陪伴自己一生；孩子是夫妻相爱的结晶，但孩子也要长大，成家立业，像羽翼丰满的鸟儿，也要离开自己，独自生活；只有夫妻两个人在人生的长河中共同奋斗，一生相守，直到走完人生的终点。所以，夫妻是比血亲还亲近的亲人，是最值得珍惜的。

再次，夫妻是彼此终生的依靠。

夫妻是家庭幸福之树的主干，是家庭幸福的主导力量，但更重要的是，夫妻是彼此终生的依靠。

年轻时奋斗的过程中，他们遇到困难，首先想到的不是父母，也不是孩子，而是自己的另一半，他们会相互商量，一起努力，共渡难关；在一方心情

沮丧、情绪低落时，首先想到的也是自己的另一半，他（她）一般会主动向对方倾诉，寻求另一半的安慰，以使情绪尽快得到平复；在年老时，父母长辈大都已经离世或年事已高，孩子们已长大成人，离开自己独撑门面，接下来的就是无尽的失落和孤独，这时，夫妻便成为更为重要的依靠，两人可以一起买菜、做饭、运动、学习、聊天等，即使在夫妻一方有病住院的时候，在病房里我们看到承担护理任务的大都是另一半，他（她）时刻守护着，嘘寒问暖，体贴入微，恨不能自己去替另一半承受病痛的折磨，有多少人面对自己病重的爱人强装欢颜，转过头就泪流满面，痛不欲生，在这时却很少有老人或孩子陪伴在病人身边，客观上老人岁数大，孩子有工作或上学或年幼，不忍心他们受苦，关键还是因为夫妻间胜似血缘的亲情让另一半宁可放弃所有也要挽救爱人的健康或者生命。

因此，夫妻恩爱尤为重要。

没有夫妻恩爱，家庭生活就很难在一起进行，即便是在一起，也是在拌嘴、吵架和不欢愉的气氛中度过，影响身心健康。

有些夫妻年轻时不珍惜夫妻缘分，不尊重另一半，吵架、打架，日子即使勉强过来了，也在另一半的心里留下阴影，甚至伤疤，影响到夫妻和睦相处，或根本就不想和他（她）说话，形同路人；

有的女性经济上或体力上处于弱势地位，年轻时总是受丈夫的欺凌，又不想离婚，于是就想：我现在受你欺侮，等你老了我不伺候你，不管你，让你受罪。这样的晚年能开心吗？会幸福吗？答案我想根本就不用说。

“执子之手，与子偕老”这样忠贞纯美的爱情并非人类独有，就连动物们也有许多一朝生情，即不离不弃，终生厮守，它们一起迎接大自然的严酷考验，承担生儿育女的艰辛和共同应对来自方方面面的潜在威胁，一旦配偶先自己而去，则形单影只，甚至不久后就郁郁而终。

企鹅和天鹅，它们不仅是憨态可掬和优雅美丽的象征，同时也是忠贞爱情的化身。它们忠于配偶，互相关爱，对待爱情终生不渝。

大雁是为另一半而生的典范，一群大雁里很少出现单数，它们成双结对，伴侣死去，另一半也不会久活。

鸳鸯在人们心中更是永恒爱情的象征，他们形影不离，相伴终生，人们据此发出“只羡鸳鸯不羡仙”的感叹。

就是被人们称为狡猾的狐狸以及凶残成性的恶狼也都是忠于爱情的典范。

作为高级动物，具有高等情感的人类不更应该珍惜夫妻之间的缘分及感情吗？

可以说，要想家庭幸福，夫妻必须恩爱，这是人类的共识。既然如此，为什么家庭暴力、遗弃等恶性事件还时有发生？就是因为有些人心里没有爱，或者当时感觉有爱但并非真爱。

二、 怎样才能做到夫妻和谐美满？

(1) 心中有爱，爱情常驻

现在基本上不再有包办婚姻，自由恋爱成为缔结姻缘的最主要方式。夫妻两个人从相识、相知、相爱到步入婚姻殿堂，然后一起共筑爱巢，生儿育女，孝敬老人，锅碗瓢盆，油盐酱醋，开始实质性的共同生活。

然而在现实生活中，有的夫妻能够相伴一生，共同谱写出人生的华美乐章，而有的夫妻婚前爱得死去活来，一旦结婚后生活在一起，则磕磕绊绊、摩擦不断，在吵闹中度过一生，甚至由爱生恨，做出过激的行为，伤害到爱人，或者分道扬镳。原因何在？

很简单，就在于心中没有爱。

心中有爱，夫妻彼此就能相敬如宾，理解包容，同甘共苦，恩爱一生。

心中无爱，则会自私自利，缺乏担当，矛盾重重，婚姻不幸。

因此，培养真爱是夫妻和谐幸福的根本所在。

爱是处理家庭一切问题的钥匙，有爱就没有克服不了的困难和解决不了的问题，有爱就可以使夫妻齐心协力共渡难关。做到心中有爱、一生有爱，夫妻就会和谐美满，幸福一生。

(2) 相互尊重，和谐共处

尊重是夫妻相爱的前提，也是相爱的应有之义。

只有尊重才能和谐共处，只有尊重才有爱情，也只有尊重才能永久相爱。

所谓尊重是指敬重、重视，古语是指将对方视为比自己地位高而必须重视的心态及言行，现在已经逐渐引申为平等相待的心态及言行。

尊重他人是一种美德，是个人内在修养的外在表现。

人的内心都渴望得到他人的尊重，但只有尊重他人才能赢得他人的尊重。有一句话，叫作尊重他人就是尊重自己。夫妻虽不是他人，但更需要互相尊重。就像朋友之间一样，彼此已经很熟悉，仍需要尊重。有的人认为，我们是多年朋友了，还存在什么尊重呢？但是，如果你不顾朋友的感受，说了不该说的笑话，那么，多年的友谊就有可能破裂，甚至失去朋友。一份尊重，一份友谊。朋友尚且如此，作为夫妻，朝夕相处，更应当多些尊重，尊重是夫妻间相处的基本原则，也是夫妻恩爱的纽带。在尊重的基础上用诚心来陪伴爱人，用爱心来打动爱人，用关心来温暖爱人，这样，婚姻就会坚如磐石，夫妻就会相爱一生。

尊重是多方面的，不仅体现在生活中，也体现在工作中，不仅体现在相互之间，也体现在对待双方的家人等方面。

尊重爱人的人格

夫妻双方在恋爱阶段，沉浸在幸福甜蜜之中，大多只看到对方的优点，无暇顾及对方的缺点，况且，双方没有经过一起生活，缺点很难暴露出来。

一旦两个人婚后真正共同生活，时间久了，有些缺点会暴露出来，另一方往往开始抱怨，发泄自己的不满。

比如某男士找了一位漂亮的女士，恋爱时被女方的美貌打动，可结婚后发现，自己的爱人比较娇气，只讲享受，很少做家务，早餐也由公婆做好之后叫几遍才吃，有时起床晚了，也不吃早餐，直接就去上班了。开始还能包容，久而久之，加上公婆的讽刺挖苦，丈夫对妻子开始说话不尊重：“你看你每天懒得像头猪，哪有像你这样的。”后来就说：“你懒死算了，这么大的人还整天要别人伺候。”妻子起初不太在意，说得多了，两个人就吵架，最后结婚不到一年两个人就离婚了。

其实就算在结婚后发现爱人有些缺点，也要尊重其人格，不能说粗话伤害对方自尊心，以免由爱生恨。

爱人之间要加强沟通交流，有问题也要在爱人高兴的时候，把问题提出来，说明自己的看法及理由，提出改进的措施，并在对方有改进表现时及时鼓励，采用物质或精神奖励的方法，强化其改进行为认知。

“良言一句三冬暖。”只有用尊重的态度、爱的语言，才能使爱人如沐春风，意识到并改进自己的不足，并且不伤害双方感情。

尊重爱人人格，除不恶语伤人之外，还不要拿自己的爱人和别人比。每个人都有自己的长处，也都有自己的不足，夫妻也是一样。喜欢赞美之词是人性的特点，如果一味埋怨或打击爱人，就会让他（她）产生挫败感。

男人不喜欢妻子将自己和别的男人比，尤其是说自己不如谁家男人。比如妻子说自己的丈夫：“你看你，一天到晚就知道干这点家务活，像个娘们。你看人家谁的老公，一年挣几十万。”对于这样的话语，老公即使当面没有反驳，心里也会非常受伤，时间久了，会把对妻子的爱火熄灭。

同样，当男人对自己的妻子说，谁家的媳妇会打扮、做饭香等，妻子同样也会吃醋，很容易让妻子理解为你对她已经不满意，看重其他人家的女子。

因此，聪明的夫妻从不会拿自己的爱人和别人比，就算比也拿自己爱人的优点和别人比，让爱人更自信，感情更亲密。

要时刻照顾到爱人的自尊心，说话之前要多加思考，使对方乐意，至少能够接受，不要信口开河，更不要伤害到对方的人格。

尊重爱人的劳动

对于爱人在家庭中的劳动付出，要及时肯定。

比如爱人在打扫卫生或洗衣服时，要道一声“辛苦了”，如果自己有时间要主动分担。

因为家庭是两个人的，家务活自然也是两个人的，在爱人长时间辛苦劳动之后，要主动请他（她）休息一会，端上一杯水以示慰劳。

在爱人做好一顿饭菜之后，要给予赞美，就算有缺陷也在之后提出。这是尊重爱人的劳动，而不应泼冷水，打击积极性。

对于爱人因在工作单位成绩不好而苦闷来向你寻求慰藉的时候，不要再指责挖苦，而是一定要加以安慰，并帮助他（她）分析原因，找出问题的症结

所在。如果是爱人自己的原因，先肯定爱人劳动的付出，再策略地指出其存在的问题及在今后工作中努力的方向；若是工作单位领导的原因，可加强沟通，做好解释工作，寻求领导的理解，或者什么都不用做在以后的工作中多加努力和注意；如果是爱人不能胜任工作任务，就勉励爱人加强学习，并且为他（她）积极创造条件，或申请调换其他工作。总之，对待爱人的态度一定要平和，应多加鼓励，而不能横加指责，否则会伤害爱人的自尊心和自信心，甚至影响夫妻感情。如果爱人在工作中取得好的成绩或者进步，要及时鼓励赞扬，并一起庆祝一下，这样不仅爱人在工作中动力增加了，而且可以增进夫妻的感情，使家庭更加幸福稳定。

尊重爱人的隐私

夫妻结婚后虽然成了一家人，而且是最亲近的人，但也仍是独立的个体，或多或少有自己的隐私。

作为夫妻，要允许爱人保留一定的隐私，尊重爱人的隐私权，在结婚后划上一条红线，不好奇，不打听，要充分相信爱人，除非爱人主动提及。因为窥探爱人内心的秘密很容易让爱人产生不被信任感，从而引发委屈或愤怒情绪。

结婚以后，夫妻双方也要相互信任，给爱人留有一定的私密空间，允许他（她）保有自己的秘密，不要总是每天疑神疑鬼，那样就失去了爱情的基础，使夫妻感情受到影响或破裂，使婚姻受到威胁。

但是如果真的发现爱人有什么原则性的问题，又有确切的证据，在问题尚未发生实质性进展前，要在友好气氛中善意提醒对方，如果对方不承认，也不要过于深究，只当是一次提醒。爱人如果真的没有这样的问题，也没有伤害到感情，如果真的要有问题发生，通过提醒也警告了爱人，或许问题就不会再发展下去，不会出现令人不快的结果。

因此，尊重爱人的隐私要从爱的前提出发，从相信爱人的角度出发，千万不要相互猜忌，去刻意探寻爱人的隐私，为夫妻感情埋下隐患。

尊重爱人的尊严

每个人都有自己的尊严，夫妻也是一样。

不要总揭露爱人的缺点或者伤疤，那样会伤到爱人的尊严。

比如，妻子刚换上一件崭新的衣服，准备参加丈夫的同学聚会，本来心情很好，兴致也高，问丈夫这件衣服怎么样。丈夫看了一眼，不加思考地说："你真土，没有你这么老土的，哪像一个女人。"妻子就受到打击，兴致全无，坚持不去了，无论丈夫怎样道歉，也不管用。结果丈夫也没了颜面，双方都不高兴。

其实不论在家里还是在外面，总要给爱人留有尊严，不要伤人，尤其是在公共场合，绝对不要让爱人难堪。

两个人不论有什么不愉快，不论有什么分歧和争执，都要回到家里私下解决，不能在公共场合随意发泄自己的脾气，这样有可能引来众人的围观，让爱人难堪下不来台，同时还会使双方感情产生裂痕。

尊重别人就是尊重自己，同样，让别人难堪也就是让自己难堪，一定记住要维护爱人的尊严，尤其是在公共场合。

尊重爱人的喜好

夫妻之间喜好也不一定相同，应当尊重爱人的喜好。这是一种基本的素养，也是避免矛盾发生的重要因素。

夫妻有共同的喜好是最好的，两个人兴趣相投可以一起做一些事情，像居里夫人和她的丈夫居里，两个人共同研究放射性元素镭，互相支持，共同努力，取得了成功。

但是大部分夫妻是没有共同喜好的，这就要求另一方应当支持爱人的喜好，帮助他（她）成就一番事业。有喜好的一方作为家庭成员，也不要过分沉迷于自己的喜好里，把家庭的重担压在爱人一个人身上，这样对爱人是不公平的，也不是爱的初衷。对于家庭事务，应当由夫妻双方共同承担。

有的夫妻处理不好个人喜好与家庭的关系，一味沉迷于个人喜好里，置家庭事务与爱人的感受于不顾，势必引来家庭纷争，影响夫妻感情。

有一位退休的校长，姑娘结婚生了孩子，校长和夫人在家给姑娘看孩子，日子过得很幸福。后来夫人参加了老年大学，唱歌、吹葫芦丝。开始校长还支持，因为有利于夫人的健康，后来校长夫人越来越痴迷，经常很晚才回家。校长有严重的腰椎间盘突出症，经常犯，犯了以后夫人也照样参加自己的活动。

开始校长还在规劝夫人，效果不大，时间久了，校长愈加气愤，两个人都六十多了，经常吵架、感情很不好，由一对本来十分恩爱的夫妻变成相互看着不顺眼的夫妻，影响到家庭的幸福和谐。

因此，对待个人喜好也要有个度。如果为了真正的事业，最好是将个人喜好与家庭幸福结合起来，做到喜好与家庭两不误，这样更容易增进夫妻间的感情，有利于家庭的幸福和谐。

尊重爱人的家人

尊重爱人的家人，尤其是尊重对方的父母，也是对爱人最起码的尊重。

有的年轻夫妻结婚以后，认为婚姻只是夫妻两个人之间的事，与别人没有太大关系。这主要是因为现在的年轻人大多都是独生子女，父母长辈自幼都把他们当成宝贝，恨不能把所有的爱都给他们，处处以他们为中心，导致一部分年轻人过分自我，不知感恩，缺乏爱心，没有担当，没有尊老爱幼的意识。

其实每个人都是由父母养大成人，在亲人的关怀下成长的，既然喜欢爱人，就应当喜欢爱人的家人。我国有一个成语叫作“爱屋及乌”，意思是因为爱一个人而连带爱上他屋上的乌鸦，比喻爱一个人而连带地关心到与他有关的人或物，也就是说爱一个人，就应该爱他（她）的一切，当然也包括爱人的家人。

因此，处理好与爱人家人的关系，尊重爱人的家人，尤其要做到善待爱人的父母，这也是对爱人的爱的体现。

把对爱人的爱放大到爱人的家人身上，自己将会感到更多的幸福和快乐，同时，也会得到更多的爱和尊重。

不要再认为你所爱的只是他（她），和他（她）的家人没有关系或者关系不大，这是大错特错。因为人是社会关系的总和，如果对爱人的家人不尊重，时间久了，就会影响到夫妻关系。

尊重爱人的意见

对于爱人给自己提出的意见，要给予高度的重视。因为这是爱人希望你改进的地方，重视它也是对爱人最基本的尊重，要认真反思，虚心接受。

如果确定因自身的原因让对方不能容忍，就一定要及时改正，让爱人感受到你的诚意，感受到自己的意见被重视，并感受到自己被尊重。

当然爱人提出的意见也要辩证地看，对于自己确实不存在的问题，则按照有则改之无则加勉的原则处理，也要和爱人做好解释工作，且在今后的生活中加以注意。

有时由于夫妻双方的世界观、人生观以及价值观的不同，爱人对自己坚持原则的事情提出异议，此时一定要坚持原则，做到一身正气，绝不能拿党纪国法当儿戏，否则，不仅害了自己，也害了全家。

由此看来，对爱屋及乌要做新的理解。对于爱人好的方面要爱，对于爱人不好的方面，则要帮助其改进，而不能一味接受。只有这样才算是真爱，否则就是愚爱，不是对爱人的尊重，而是对爱人的不负责。

尊重是人与人之间的最美距离，夫妻更是如此。通过尊重，让夫妻之间既亲密又有距离，一生和谐相处。

（3）地位平等，注重公平

夫妻结婚后虽然成为一家人，关系更亲密，更亲近，但每个人都仍然是独立的个体，不是任何一方的依附。“大男子主义”或“妻管严”都是夫妻关系不正常的表现，都会严重影响夫妻关系。

夫妻在家庭中的地位应当是完全平等的，理应相互尊重，相互扶持，相互鼓励，同甘共苦。

敬爱的周恩来总理和邓颖超同志的“八互原则”是他们以平等的夫妻关系为出发点共同制定的行为准则，同时也应当成为我国所有夫妻处理夫妻关系的道德规范及行为规范。

我国为保障妇女权利，把男女平等以法律的形式加以确定，1954 年就将男女平等写入宪法，中华人民共和国《宪法》第四十八条就男女平等问题明确规定：“中华人民共和国妇女在政治的、经济的、文化的、社会的和家庭的生活等各方面享有同男子平等的权利。”新的《婚姻法》则在家庭层面上对男女平等进行了更为详细的规定，也即是夫妻地位平等。2012 年 11 月中国共产党第十八次全国代表大会中，首次将男女平等作为基本国策写入报告，对推动我国妇女事业发展产生了重大深远的影响。

按照《辞海》里面的解释，“平等”是指人与人之间在经济、政治、文化等方面处于同等地位，享有同等的权利，同时负有同等的义务。

平等是人与人之间的一种关系、人对人的一种态度，它是人类的终极理想之一。

由于人的差异性存在，绝对的平等并不存在，只有相对的平等，现代社会进步的标志之一就是人和人之间从不平等走向平等。

男女平等不是“相等”也不是“平均”，而是在相互理解、相互尊重的前提下的不区别对待，平等享有社会和家庭的权利，平等履行社会和家庭的义务。

根据平等的解释，人与人之间的平等主要体现在人格上的平等和法律地位的平等。

人格平等是指，我们每个人都是具有独立意识的主体，都有做人的尊严，都不容轻视。

人格通俗地讲就是一个人做人的资格，人格平等也就是指人与人之间在做人资格上是平等的，任何人的人格尊严都不容侵犯。如果严重侵犯了他人的人格尊严，就要受到法律的追究。

同样，自己的人格尊严也不容许别人侵犯，如果有人严重侵犯了自己的人格尊严，自己可以运用法律手段维护自己的合法权利。

夫妻更应当相互尊重，若严重侵犯对方的人格，也会触犯法律，甚至受到法律的制裁。

法律地位的平等包含以下两方面的意思：

一是作为公民，在法律地位上是平等的，都享有法律规定的权利，同时必须履行法律规定的义务。

二是在我国，没有特殊的公民，也没有特殊的权利。任何人不论职位高低，功劳大小，只要违反法律，就要负法律责任。

夫妻法律地位平等是指夫妻在家庭生活的一切方面都享有平等的权利，负有平等的义务。

在权利方面，夫妻双方在家庭中具有平等的人身权利和财产权利。

人身权利指，夫妻都有各自使用自己姓名的权利，都有参加生产、工作、学习和社会活动的自由。

财产权利指，夫妻对共同所有的财产有平等的处理权，有相互继承遗产的权利。

在义务方面，夫妻双方都有相互扶养的义务；有教育和保护未成年子女的权利和义务；在未成年子女对国家、集体或他人造成损害时，父母有赔偿经济损失的义务；夫妻双方还有赡养扶助父母的义务。

由于我国在《宪法》《婚姻法》等一系列法律中都规定了男女平等的原则，还把男女平等作为我国的基本国策，凡法律没有规定的其他事项，我国政府也都按照夫妻家庭地位平等的精神去做，极大保障了妇女的权益，使妇女的地位在新中国成立后有了极大的提高，妇女在祖国建设的各个方面都发挥着半边天的作用，为祖国的发展贡献着自己的力量，实现了真正意义上的男女平等。

但在部分家庭中，还存在着不平等的现象，比如家庭暴力、遗弃等现象还时有发生。

如何防止这些事情的发生，使夫妻双方无论是在社会上还是在家庭中，无论在人格上还是在法律地位上达到真正的平等，除需要法律的保障外，最根本的还是要靠夫妻共同努力，用爱营造好一个男女平等的优良环境。

消除错误观念是夫妻平等的前提

虽然自新中国成立以来，我国非常重视提高妇女的地位，发挥妇女的作用，妇女的地位也有了显著提高，在社会和家庭中妇女发挥着极其重要的作用，但由于长期封建思想的影响，在某些地区、某些人的思想上还存在男尊女卑的封建观念，尤其是广大农村地区，有的家庭为了生男孩传宗接代，已经生育了几个女孩还要再生。

究其原因，从客观上讲，农村需要劳动力，也需要养儿防老，但主观上还是男尊女卑思想的表现。

也有极少数家庭，随着女子地位的提高，女权主义有所抬头，在家庭里，妻子的地位高于丈夫，无论是在经济上，还是社会生活中，都是妻子说了算，

男人变成家庭的附属品。

还有的家庭，虽然是表面和谐幸福，夫妻之间互相也很尊重，但不是真正意义上的尊重，而是夫妻一方面居高临下或抬头仰视的上下级式的尊重。

所有这些都会对家庭生活以及子女教育造成不利影响，从而影响家庭的幸福。

只有夫妻在思想上树立真正平等的意识，摒弃不平等的观念，在行为上做到夫妻真正平等，心理才能健康快乐，夫妻才会有真正地和谐恩爱，子女也才会受到良好的教育，家庭才能真正幸福。

因此，夫妻要多学习、多交流，树立真正平等的思想，并贯穿于生活中的方方面面。

夫妻平等是全方位的平等。在社会中、在家庭中、在人格上、在法律面前等，夫妻任何一方平等享有法律规定的权利，也同等负有法律规定的一切义务，任何一方没有高于另一方的权利，也不能推卸本应由自己担负的义务。

夫妻基于爱而结合，而平等是最基本的爱的体现，没有平等，根本就谈不上爱，没有爱的婚姻家庭绝对不可能幸福。

夫妻在社会上工作不同，收入的多少也不相同，但绝不能以此作为在家庭中尊卑高下的筹码，而应把夫妻一方的成功看作整个家庭的成功，是双方共同努力付出的回报，更应该尊重和感谢爱人，而不应该作为自己骄傲自满的条件。

人格平等还意味着夫妻任何一方有决定自己言行的权利和自由，因此，夫妻任何一方不要企图控制另一方。

我国有一句老话，叫作“己所不欲，勿施于人”。作为一个具有独立人格的人，谁都不希望被他人控制，爱人之间也是一样。因此不要试图去控制对方，也不要把自己的意愿强加给对方。要学会适应对方，有时站在对方的角度想一想，或许你对问题看法就会有所改变，甚至能够理解另一方。

经济共有是夫妻平等的基础

马克思说过，经济基础决定上层建筑。因此，经济共有是夫妻平等的关键所在。

虽然财产关系从属于夫妻关系，但从目前来说，财产关系是否共有对夫妻是否恩爱、家庭是否幸福起到非常关键的作用。

我国《婚姻法》对夫妻财产规定了两种方式，即法定夫妻财产制和约定夫妻财产制。

法定夫妻财产制是指夫妻双方在婚前、婚后都没有约定或者约定失效，直接运用有关法律规定的夫妻财产制度。《婚姻法》直接规定了夫妻共同所有财产的范围。

《婚姻法》第十七条规定，夫妻在婚姻关系存续期间所得的下列财产，归夫妻共同所有：

（1）工资、奖金；

（2）生产、经营的收益；

（3）知识产权的收益；

（4）继承或赠予所得的财产，但本法第十八条第三项规定的除外；

（5）其他应当归共同所有的财产。

夫妻对共同所有的财产，有平等的处理权。

婚姻法第十八条明确了夫妻一方财产的范围：

（1）一方的婚前财产；

（2）一方因身体受到伤害获得的医疗费、残疾人生活补助等费用；

（3）遗嘱或赠予合同中确定只归夫或妻一方的财产；

（4）一方专用的生活用品；

（5）其他应当归一方的财产。

根据《婚姻法解释（二）》第 13 条的规定，军人的伤亡保险金、伤残补助金、医药生活补助等也属于个人财产。

夫妻财产除包括积极财产以外，也包括消极财产。所谓消极财产，也就是夫妻共负的债务。夫妻共负的债务，由夫妻共有的财产清偿；夫妻一方所负的债务，由其个人所有的财产清偿。如果夫妻在婚姻关系存续期间所得的财产约定为各自所有，而第三人又不知道该约定的，以夫妻在婚姻关系存续期间所得

的财产清偿。婚前、婚后的时间分界点是婚姻登记之日。

约定夫妻财产制是相对法定夫妻财产制而言的，是指夫妻双方通过协商对婚前、婚后取得的财产的归属、处分及在婚姻关系解除后的财产分割达成协议，并高于法定夫妻财产制适用的夫妻财产制度，是意思自治原则在《婚姻法》中的贯彻和体现。

对于约定的形式及内容，我国《婚姻法解释（二）》规定：

夫妻可以对婚姻关系存续期间所得的财产以及婚前财产做如下约定：

上述财产归各自所有，共同所有或除各自所有外共同所有。约定的财产范围，包括婚前和婚后所得的各种财产。约定的形式，法律明确要求采用书面形式。约定的生效条件首先必须具备民事法律行为的生效条件：合法、自愿、真实；其次，应符合特别法上的要求，如男女双方平等，保护妇女、儿童和老人的合法权益。约定的内容在第三人知晓时，其对外具有对抗的效力，否则，无对抗的效力。对内则对夫妻处理财产的行为产生约束力。为逃避债务的虚假约定或协议离婚分割财产行为，应被认定为无效行为。对债务人非法目的的认定，可结合夫妻财产约定或财产分割的时间、方式、当时背景等加以考察。

约定应当采用书面形式，没有约定或约定不明确的，适用《婚姻法》第十七条、第十八条的规定，即法定夫妻财产制的有关规定。夫妻对婚姻关系存续期间所得的财产以及婚前财产的约定，对双方均具有约束力。

尽管两种夫妻财产制度都是法律规定，但我认为法定夫妻财产制更有助于夫妻家庭地位的平等，有利于增进夫妻间的感情和家庭幸福。

从法律的角度讲，作为夫妻，既然组成一个家庭，从人格和法律上夫妻地位平等，任何一方在家庭中享有同等的权利，负有同等的义务，经济上平等也是立法精神的应有之义；从劳动付出上讲，一个人在工作中有成就，地位较高，收入较多，都离不开爱人的支持，有一句老话“一个成功男人的背后一定站着一位善良的女人”，还有一句话是“军功章里有我的一半，也有你的一半”，一方注重事业，在事业上取得进步，而在家庭事务中必定付出较少，财产平等也是夫妻关系所包含的内容；从情感上讲，夫妻是关系最为密切的一个整体，为了家庭的美好幸福，一起打拼，同甘共苦，财产上不应分什么你我。

当下有些夫妻对财产采取约定制，将个人收入归个人所有是大部分约定财产制夫妻的一致做法，这并不违反法律，对于收入高的人更符合自己的意愿，但是这与社会道德以及家庭美德有一定距离，有可能伤害到收入较少一方的自尊心，影响到夫妻感情。就算采用约定夫妻财产制也应当照顾到弱者，这既是我国社会主义法治精神的体现，也是社会道德、家庭美德的体现，更是爱心的体现，只有这样的家庭才能幸福、温暖、和谐，孩子在这样的环境中才能健康成长。

由此看出，夫妻之间只有在平等的基础上相互尊重，才是真正意义上的尊重，夫妻关系才会和谐长远，家庭才会幸福。反之，家庭就不会幸福。

做好协商是夫妻平等的保障

作为夫妻，发生矛盾争吵是常有的事，但经常吵架会影响夫妻感情，甚至有的夫妻以性格不合为由闹出离婚的悲剧。

夫妻争吵的主要原因是对家庭事务的处理上存在分歧又不能平等协商沟通，往往一方自行其是，独断专行，没有尊重到另一方在家庭中的平等地位，或者协商没有达成一致意见而独自行动。

若想减少纷争，最重要的一条就是夫妻双方协商，达成一致意见，形成协议，作为在以后处理类似家庭问题上的指导依据。

如果执行过程中出现问题，再坐下来平等协商，找出问题的症结，是普遍性的问题还是针对特定事项出现的问题，是原则性的问题还是无关紧要的问题。如果是普遍性原则性的问题，则需要夫妻二人平等协商，修改原先制定的协议，以指导今后家庭事务的处理，如果是特定事项而又不是原则性的问题，则仅就具体事项平等协商找出解决问题的办法。

成为夫妻是以白头偕老为目的的，要在一起生活几十年，会遇到许许多多的问题和困难。夫妻双方的性格、素养以及习惯等会有不同，处理问题的方式也不会一致，容易产生矛盾，此时，平等协商就尤为重要，在平等协商的基础上形成处理问题的指导意见也非常必要。

将家庭事务问题归类整理，比如双方老人的抚养问题、子女教育问题、家庭收支问题、家庭建设问题、家务分配问题等等。不出现问题也可以根据协议落实情况，夫妻二人坐下来平等协商，对家庭事务进行阶段性的调整。

比如家庭收入提高了，是否对孝敬老人的费用适当提高，教育子女的费用是否应提高，家庭建设方面有什么需要添置的东西等。对每一类问题平等协商制定一个指导意见，在生活中加以落实，就会大大减少夫妻矛盾的发生。

总之，夫妻之间真正做到在平等基础上的相互尊重，在工作和生活中做到平等协商，对于减少夫妻矛盾、增进夫妻感情以及促进家庭幸福有着非常重要的作用。同时，还为子女营造了一个轻松愉快的环境，有利于子女的心理健康。

（4）相互包容，讲求谅解

夫妻因爱结合在一起，成为家人，成为一个密不可分的整体，除工作以外，大部分时间都生活在一起，故而更应相互关照、相互爱慕、相互学习、相互砥砺，共同成长、共同前进。

任何事物都有两面性，尽管婚后两人成为最亲密的整体，但由于每个人成长的环境、所受的教育、原生家庭的影响等不同，教养、性格、世界观、人生观以及价值观等都不尽相同，甚至有可能相差甚远，导致两个人在对事物的认知、对问题的处理方法、对老人的赡养、对子女的教育、对家庭的建设等方面，有可能产生分歧。这些分歧若不能妥善协商处理，势必影响到夫妻感情，影响家庭幸福。

此外，婚姻虽是双方在爱的基础上的结合，但婚前大部分看到的是对方的优点和闪光点，结婚后在一起生活，朝夕相处，各自的缺点也会逐渐显现出来。因此，如果夫妻间不能相互包容、相互谅解，时间久了，一是容易审美疲劳，二是对方的优点被缺点覆盖，从而淡漠了夫妻感情，处理不好甚至会由爱生恨，导致夫妻分道扬镳。

在婚姻家庭关系中有一个“七年之痒”的说法。其实，“七年之痒”是个舶来词，意思是说，许多事情发展到第七年就会不以人的意志为转移出现一些问题，婚姻当然也不例外。

这种说法是有道理的，尤其对于婚姻。结婚久了，两个人从充满浪漫的恋爱到实实在在的婚姻，过去的卿卿我我被平凡琐碎的家务所替代，曾经的山盟海誓被经常的磕磕绊绊所掩盖，于是，情感的“疲惫”或“厌倦”使婚姻之船进入了浅水区。

婚姻是两个人的事情，甚至是两家人的事情，从毫无血缘关系的两个人到成为一家人需要长时间的磨合，甚至两家人之间都需要磨合。

婚姻更多的是一份责任、一份担当、一份坚持、一份经营，这就需要夫妻之间相互包容。

因为夫妻每个人都是不同的个体，都有自己不同的个性，包括每个人的习惯、每个人的缺点，都会在平凡的生活中表现出来，只有包容，才能谅解，才能幸福。

包容首先要正确认识夫妻关系

夫妻关系是以爱情为基础的关系。

当你从几十亿人群中遇到了他（她），从相知到相爱，并因爱而结婚，这份爱足以让你骄傲一生，更应珍惜一生，你的他（她）是可以让你用一生的爱去对待的，最起码要做到相互包容，包容是夫妻双方一生中维持爱情的基础。

夫妻关系还是以平等为前提的关系。

夫妻是平等的主体。双方不仅有各自独立平等的人格，而且法律地位平等，平等地拥有法律赋予的权利，承担法律规定的义务；夫妻之间不是领导与被领导的关系，即便是夫妻有一方或双方在单位是领导，回到家里也不能再以领导自居；夫妻也不是主仆关系，一方不可以像主人一样高高在上，衣来伸手、饭来张口，对另一方随便使唤、呼来喝去，另一方也不应当像仆人一样对待爱人百依百顺、委曲求全，这样不平等的夫妻关系是没有幸福可言的。

有这样一对夫妻，男方在一个事业单位上班，行事果断，为人仗义正直，人缘很好，深受朋友们喜欢。女方气质优雅，漂亮大方，在单位工作认真、积极肯干，在家也是一把好手，把家务整理得井井有条。他们是在一次朋友聚会上相识的，男方为女方的容貌和动人的歌喉所倾倒，于是积极追求，女方也被男方的殷勤、热情所打动。从此二人坠入爱河，不久便步入婚姻殿堂，可以说是令人羡慕的一对。然而随着时间的流逝，男人为了工作经常出入酒店等社交场合，对妻子便不再呵护有加，而是颐指气使，动辄以主人自居。此时女子年龄也大了，便委曲求全，像仆人一样百依百顺。这样更助长了男子的不良习气，经常不回家，喝多了回家打骂老婆，逼其离婚。女方终于忍受不了摧残，以离婚的方式结束了二十多年的婚姻。

由此也可以看出，夫妻之间的包容应当是在平等基础上的包容，相互尊重基础上的包容，在爱情基础上的包容。如果一方不再包容而另一方只是一味忍让迁就，非但不会感动对方，反而只会使关系越来越糟。

把夫妻关系当成领导与被领导的关系，或者当成主仆关系，都是错误的，这是从根本上破坏了夫妻平等原则。一方以领导自居，另一方没有受到应有的尊重，而是在委曲求全中生活，这样的婚姻是没有感情可言的。况且人的忍耐是有限度的，长此以往，要么“战争”不断，要么婚姻破裂。

婚姻也不是监狱。夫妻一方不能剥夺另一方的人身自由，不能强迫改造对方。那种强迫对方做出改变的方式只能让对方反感，甚至引起反抗，导致无休止的矛盾或者婚姻的解体。

只有在爱的基础上、在尊重的基础上、在平等的基础上的包容，夫妻关系才会和谐，家庭才会幸福。没有包容，夫妻关系绝对不会和谐，家庭也绝对不会幸福。

包容彼此的生活习惯

每个人的生活习惯都是不同的，夫妻结婚后，生活在一起，彼此应有相当长的适应过程，也可以说叫磨合阶段。

有的夫妻磨合得很好，从而开始了和谐的生活。

有的夫妻即使磨合了很长时间，习惯也不能趋于一致，甚至越看越觉得对方不顺眼，导致在各个方面矛盾不断，夫妻感情受到严重影响。

为了维护和谐的夫妻关系，最好的办法就是包容另一方的生活习惯，在此基础上适应对方。

有这样一对年轻的夫妻，饮食方面的生活习惯相差甚远。男子没有辣椒吃不下饭，女子则口味清淡，就是炒过辣椒的锅炒出来的菜也不能吃。女子常常去父母家蹭饭吃。一天，女子的父亲做的菜咸了些，母亲不出声息地拿了一只水杯放在自己面前，倒上多半杯开水，夹了一筷子菜，将菜在开水里涮一涮再入口。女子看了半天，突然从母亲细微的动作里领悟到了什么。第二天，女子在家里做了丈夫爱吃的菜，每个菜里都放了辣椒，只是在自己的面前放了一杯清水。男子看着她“津津有味”地吃着清水里涮过的菜，眼睛有些湿润。之后，男子也争着做菜，菜里面再也见不到辣椒，只是他的面前多了一碟辣椒酱。菜在辣酱里蘸一下，每一口，他都吃得心满意足，这就是包容的力量。

包容另一方的生活习惯，适应另一方的生活习惯，适当改变自己，另一方看出你为他（她）做出的努力，会更加爱你，你们的感情将更加深厚，夫妻生活将更加幸福。

如果夫妻双方按照自己的生活习惯互不相让，不仅不会增进双方的感情，反而会让感情越来越疏远。

有句话叫作“你敬我一尺，我敬你一丈”，在处理夫妻关系时又何尝不是这样呢？包容才会相敬如宾，才会白头到老。

包容另一方的缺点

俗话说：“金无足赤，人无完人。”也就是说世上没有完美的东西，夫妻也不例外。

每个人都有缺点，只是处于热恋中的情人不去注意或者很少注意，结婚后共同生活久了，之前没有发现或者对方隐藏的缺点都会显现出来，如果一方过于计较，则会伤害对方的自尊或感情，影响到夫妻关系。

有这样一个典故：一位年轻人，非常幸运地得到了一块硕大的美玉，起初他高兴坏了，爱不释手，睡觉都抱着那块玉。后来他看到在玉的一侧有一个斑点，觉得有些遗憾。他想如果把这个斑点去掉不就完美了吗？于是他找来了锉刀，想把斑点锉掉。他锉了一层又一层，可斑点仍然没有去掉，他还是不死心，直到最后，那个斑点没有了，可美玉也几乎不存在了。从此，他心痛不已，一病不起。在临终前，他无比懊悔地对他的家人说：“如若我当时不去计较那一个斑点，现在我的手里还会握着那么大的美玉啊。”

你的爱人就像那块硕大的美玉，爱对方，就要包容美玉上的瑕疵。如果对对方的缺点或者毛病斤斤计较，一点小事都要分出对错，没完没了地追究，即使你的婚姻存续下去，也不会是幸福的婚姻，也会失去你得到的美玉；如果夫妻之间学会了包容，包容对方的小缺点、小错误，你会发现夫妻关系将会变得更好，家庭也更和谐了。

一位母亲在女儿的婚礼上说出了这样的三句话送给女儿女婿：

第一句："婚姻不是1+1=2，而是0.5+0.5=1。结婚后，你们小两口都要去掉自己一半的个性，要有做出妥协和让步的心理准备，这样才能组成一个完美的家庭。现在的青年男女们，起初往往被对方的'锋芒'所吸引，但也因为对方的'锋芒'而受伤。妈妈是过来人，想对你们说，收敛自己的'锋芒'，容忍对方的'锋芒'，才是两情永久的真正秘诀。"

第二句："爱情不是亲密无间，而应是宽容'有间'。结婚后，每个人都有自己的交往圈子，夫妻双方有时模糊点，保留点，反而更有吸引力。给别人空间，也是给自己自由。请记住，婚姻不是占有，而是结合，所谓结合，就像联盟，首先要尊重对方。"

第三句："家不是讲理的地方，更不是算账的地方，家是一个讲爱的地方。不是有这么一句话吗？男人是泥，女人是水，所以男女结合不过是'和稀泥'，婚姻是两个人搭伙过日子，如果什么事都深究'法理'，那只会弄得双方很疲惫。"

这位母亲用她以及大多数夫妻的亲身感受告诉孩子们如何对待婚姻，如何对待家庭，总结起来只有两个字"包容"。只有包容对方的一切，才会有幸福美满的婚姻。

能够正常运转的婚姻，不仅意味着丈夫与妻子的相互迁就，也意味着理想与现实的相互妥协。

像那位母亲讲的，家是讲情的地方，不是讲理的地方，讲了理，情就没了。不要分出是非，不要分出高低，不要分出美丑，不要分出曲直。

又像一位哲人所说："结婚前要睁大你的双眼，结婚后就要闭上一只眼睛。"一个人本来不可能十全十美，你之所以去喜欢一个人，一定是这个人的某些个性吸引了你，才让你包容了他（她）的一切，决定和这个人携手共度一生。反过来，如果你恒久地包容一个人，你一定非常爱他（她），这也是爱情辩证法。

因此，作为夫妻，一定要学会包容爱人的缺点，凡事不要过于认真，像那位母亲说的那样，收起自己的一半锋芒、宽容对方，讲情而非讲理，这样，你的一生才会一直拥有微瑕的宝玉。

包容夫（妻）的家人

有时夫妻感情很好，却和对方的家人关系处理不好，久而久之也会影响夫妻感情，甚至断送了夫妻美满的婚姻。

“红酥手，黄縢酒，满城春色宫墙柳。东风恶，欢情薄，一怀愁绪，几年离索。错，错，错！春如旧，人空瘦，泪痕红浥鲛绡透。桃花落，闲池阁，山盟虽在，锦书难托。莫，莫，莫！”这是南宋陆游的《钗头凤》。哀怨凄凉的词句倾诉着一对恩爱的夫妻被父母拆散再次相遇后的思念之情，也记录了陆游本人的爱情悲剧。

陆游的原配夫人唐氏是同郡的一个大家闺秀。结婚以后，他们伉俪相得、琴瑟和鸣，是一对情投意合的恩爱夫妻。但是由于唐氏同婆婆的关系处理得不好，致使婆婆对儿媳横竖看不上眼，万般刁难，逼迫陆游休弃唐氏。陆游抗不过母亲，二人被迫分离，致使一对恩爱的夫妻天各一方，成为终生憾事。

其实在当今社会，也有许多夫妻因为不能很好地包容另一方的家人，致使劳燕分飞。因为和爱人的家人关系不好，家人就会经常在爱人面前搬弄是非，或者当和爱人的家人发生矛盾，爱人有时也会偏向自己的家人，时间久了，夫妻关系就会受到影响。

因此，在夫妻生活中，除夫妻之间相互包容外，还要包容到另一方的家人。这样夫妻才能真正做到执子之手，白头偕老。

包容应当有限度

任何事物都有两面性，包容也是一样的。

一味地包容有可能是放纵，时间久了会把他（她）推向深渊。因此，夫妻之间既要讲原则又要讲感情。

如果爱人有些小毛病、小缺点、小错误，而不涉及原则性的问题，可以包

容。而且当你真正忍下来，真正退一步，慢慢地，爱人会感受到你的宽容，感受到你的德行，就会感到惭愧，从而改掉自己的小毛病、小缺点、小错误。

圣人不是用嘴巴劝人而是用自己的行动去感化人，去转化人。我们虽是凡人，也应处处向圣人学习，包容爱人，用自己的行动去影响爱人。

对于原则性的问题，违反道德的甚至是违犯法律的行为，则应及时制止，晓之以理。

对即将或已经给国家、社会和他人造成损失的行为，还要进行斗争，必要时，举报给司法机关。

这非但不是无情无义，而是挽救爱人，是明事理重情义的表现。如果对这样的事情进行包容，甚至是充当帮手，这非但不是重感情，而是在大是大非面前糊涂透顶，不讲原则，既害人又害己。

在现实生活中有很多这样的事例给我们敲响了警钟：有的家属为了自家的私利，置法律、原则于不顾，帮助丈夫（妻子）收受贿赂，索取贿赂，明知违法，还心存侥幸，待东窗事发，双双走进监狱，成了历史的罪人，使家庭蒙羞。

包容是一种美德，包容也是一种智慧，包容是爱的体现。包容可以使夫妻感情更加深厚，包容可以使家庭更加和睦幸福。夫妻及亲人之间多一份包容，多一些理解，生活将会更美好。

（5）多看优点，幸福美满

包容是对另一半与自己不同习惯及缺点的容纳，只有包容了另一半与自己不同的习惯与缺点，家庭才能更加和谐。然而包容不是幸福的充分必要条件。包容可以使夫妻相安无事，若要夫妻永远相爱，须欣赏自己的另一半，也就是说要多看对方的优点。

马克思的唯物辩证法，为我们提供了正确看待问题的方法，告诉我们任何事都是一分为二的，要用矛盾的、辩证的、一分为二的观点去认识问题、分析问题。

夫妻也不例外，你的爱人有优点、也有缺点，有可爱之处，也有不尽人意的地方。聪明人的做法是结婚前睁大双眼，看对方是否适合自己，选好自己的另一半；结婚后则闭一只眼睛，不看或者少看对方的缺点，多看对方的优点，并经常鼓励赞赏。

多看对方的优点，对方就会不断把自己的优点表现出来，你越是赞美，对方就越是起劲地表现自己的美。

你说他（她）勤劳，是所有男人（女人）的楷模，他（她）就越加倍努力，像个孩子似的，等待你那一句“老公（老婆）你真能干”的赞美，回家后，给你烧可口的饭菜，把室内卫生打扫得干干净净。

这时你只要给他（她）一个拥抱、一句赞美，他（她）就心如蜜甜。

再加上适当地帮助对方，对方会感到更幸福，你也会被他（她）的幸福感染，沉浸在幸福之中，家里的空气也会弥漫着幸福的味道。老人和孩子也会受到感染，老人会发出由衷的微笑，孩子会竖起大拇指赞扬：“爸爸你真棒。”“妈妈你真美丽。”

这样的家庭能不幸福吗？

假如你只看到他（她）的缺点，并不断地加以评论，他（她）肯定会对你生气。

人都喜欢被表扬，不愿意听批评的话。当面对你的抱怨，他（她）会反唇相讥，并对你产生怨恨，因此影响夫妻感情。时间久了，结婚前你看到的优点也不再显现。不是你说了他（她）的缺点他（她）就会改变，而是他（她）对你的态度会因此而发生改变，由爱变成了烦，由烦变成了恨，接下来便是无休止的对抗、冷眼、沉默、吵架，或者他（她）索性和你赌气，破罐子破摔：“你就当我是这样，那我就坏给你看吧。”从此他（她）真的按你说的去做，成为你心里想的那样，这在对方来说，叫心理暗示，在自己来说，叫“心想事成”。

有这样一对夫妻，都是我的同学。丈夫是公司老板，聪明能干，妻子在事业单位上班，端庄贤惠。由于丈夫公司比较忙碌，而妻子下班较早，所以每当丈夫回到家里，妻子总会端上香喷喷的饭菜，两个人也过着幸福快乐的日子。

有一天当丈夫很晚才回到家后，妻子没有端上香喷喷的饭菜，而是坐在沙发上懒洋洋地摆弄着手机，并和丈夫说：“饭你自己做吧，我不吃了。”丈夫的业务也不顺利，看到妻子这样，便大发雷霆，没好气地说："你这个人真是懒到家了，我那么辛苦回到家，你连饭都不做。"妻子其实今天特殊情况，心情烦躁，身体也虚弱，想给自己放个假，听到丈夫指责，心里很不舒服，便反唇相讥："你不懒你做呀，我每天都给你做饭，你倒伺候我一次啊，你来晚你有功啊，家是我一个人的？以后我就懒得给你做了，我还不伺候了。"丈夫听了更加气愤，夹起包就出去吃了。

从此两个人各不相让，美满的婚姻结了一层厚霜，一对恩爱的夫妻也形同陌路，这次吵架在两个人心里形成一道沟壑，再也回不到从前了。

所以，夫妻在一起更不能互相伤害，而应珍惜对方，多看对方的优点，多赞美对方的优点，包容对方的缺点。

因此，夫妻之间要善于发现对方的优点，并以适当的形式表达出来。

夫妻恋爱时，对方在自己眼里都是优点，这些优点要常怀于心，经常赞扬对方。

对大多数夫妻而言，结婚后柴米油盐，没有那么多浪漫激情，以前的优点也被平淡无奇的日子掩盖，但夫妻仍需用一颗爱心去挖掘对方的优点，并加以赞美，用赞美来温暖对方。

当老公穿着整齐去上班时，妻子可以说："老公你真帅，加油!"

当妻子打扮完毕准备出门时，丈夫可以说："老婆你真美，开心一天!"并为对方拿包，送去一个拥抱，这样夫妻在职场都会一整天心情愉快、幸福。

当老公或妻子谈成一笔业务或者做了一件对他人对社会有益的事情或者涨工资晋级时，妻子（或老公）都要表示祝贺，适时地加以赞美，并亲自做几个菜或去饭店吃上一顿，让生活充满仪式感。

通过这种方式可以增进全家的感情，活跃家庭气氛。

（6）不忘初心，爱情长新

结婚后，虽然被生活所累，但夫妻之间仍需保持一颗爱心。像恋爱时那样，做到初心不改，心无旁骛。

把爱人看作是人世间最好的：老公是最棒的，最有爱心的，最有正义感的，最有担当的；老婆是最美的，最温柔的，最善解人意的。

这样在自己的心里，对方是最可爱的，自己是最幸福的。

夫妻可以经常回忆一下恋爱时的故事，回忆一下对方的好处，回忆一下对方的海誓山盟，让爱情常新。

不忘初心还可以抵御外来诱惑，抵御灯红酒绿的侵袭，让爱情永驻。

不忘初心就是永远记住对方是最好的，这不是自欺欺人，因为你在恋爱时认为对方就是最好的，才与之结婚，结婚后你当然有理由并且应当认为对方是最好的。

只有对方在你心目中是最好的，你才会用你全部的爱为对方去努力、去付出、去奉献，去在意对方、呵护对方、关心对方，才会想方设法让对方更快乐、更幸福。对方也会因为你对他（她）的爱对你加倍回报，你也会因此更加幸福。

因此，不忘初心，发现并记住对方的优点，经常赞美对方，是爱情的保鲜剂，也是婚姻长久的秘诀。

(7) 责任担当，婚姻长远

夫妻相爱是家庭幸福的最高境界，责任担当则是婚姻长远最起码的要求。

并不是所有家庭都幸福快乐，也不是所有的夫妻都恩爱甜蜜，但绝大多数夫妻都会执子之手，与子偕老。

这是因为即使没有爱也得有一份责任担当。这种担当使得夫妻能够白头偕老，尽管中间许多的不如意让人伤心，尽管丈夫或妻子的某些缺点或过失让自己无法忍受，但风雨过后所选择的依然是不离不弃，这是一份对恋爱时誓言的坚守，也是对家人的一份责任。

自从步入婚姻殿堂的那一天起，肩上和心头就有了沉甸甸的责任，你要和与你结婚的这个人相守到老，不论她（他）是否健康、富有、年轻……你都有责任和义务和她（他）同甘共苦，共度一生。

责任是爱的基础，没有责任担当就不会有爱，没有责任担当的爱只能是昙花一现，风雨来时自凋零。只有讲责任有担当，婚姻才能长久。

人到世间是带着责任来的，任何人都没有特权只讲享受不讲付出，只讲权

利不讲责任，那样的人是不完全的人。

责任担当不仅是一个人的美德，而且是一个人的义务，是作为大写的人的起码要求。

在现实生活中，有许多人对自己的妻子（丈夫）即使在病中也呵护备至，不离不弃，担起家庭的重任，让多少人为之感动。

中央电视台第三套由管彤和王为念老师共同主持的《向幸福出发》节目里就有许多这样的事例。有不少家庭是在夫妻一方有病或者孩子有病的情况下，通过夫妻双方或一方的坚持努力，帮助自己的另一半或者孩子战胜病魔重新站起来，弹奏出一曲曲幸福动人的爱的乐章。

其中一期节目让我印象深刻，讲述了苏州市姑苏区虎丘街道清塘社区居民顾佩芳不离不弃照顾植物人丈夫蒋仁荣的真情故事。

2013 年的一次车祸，蒋仁荣身受重伤，虽经手术抢救保住了性命，却成了植物人。

在随后的 11 个月中，妻子顾佩芳每天奔走在医院和家之间。在其精心照料和坚持康复训练下，车祸 11 个月后，蒋仁荣奇迹般地苏醒了。

在节目录制过程中，丈夫蒋仁荣向无怨无悔照顾他的妻子献上深情的一吻，来表达对妻子的感激之情。而为此付出许多的顾佩芳则开心地说："那一刻我觉得自己是世界上最幸福的女人!"

是的，当一个人爱的付出有了回报，或者一个人的爱得到社会的认可时，他就是最幸福的。

这是一份爱，更是一份责任与担当。正是由于家庭成员之间亲情的维系，责任的担当，使得成员有难时，家人不言放弃，齐心协力共渡难关，才使家人感到幸福。

有人说，家是爱的港湾，平时生活中是这样，但更重要的是当一个人遇到困难时，有家人的永不放弃、共同努力，让自己感到温暖幸福。

还有人们熟悉的陈锦鸿，也就是《新上海滩》许文强的扮演者，在其演艺事业处于巅峰时，为了挽救自闭症的儿子，放弃了一切，体现出一个男子汉对家庭的责任担当。

2009 年，陈锦鸿的儿子陈驾桦 2 岁多，仍不会说话，甚至和家人沟通也存在障碍，情绪较容易波动，被医院诊断为轻度自闭。这个消息对陈锦鸿打击很大。陈锦鸿一边接受这个事实，一边开始了解自闭症的资料，诸如自闭症发病的原因，如何与自闭症儿童相处，如何治疗自闭症儿童。

与自闭症儿童相处，是一件非常困难的事情，但是他做到了。他用了半年多的时间，取得了孩子的信任。又用了 3 年的时间，教会了孩子上厕所，克服了常人无法克服的困难。后来陈驾桦上了普通的小学，还考了年级第一名，开始喜欢在人前笑，还结交了许多小朋友。儿子的进步让陈锦鸿夫妇感到欣慰和幸福。妻子也把全部的心思和精力放在孩子身上。看着愈加憔悴的妻子，陈锦鸿心痛不已，做出了一个决定，当拍完最后一部戏后，推掉了所有的工作专门照顾孩子。从 2011 年到现在，他的全部工作就是做一个好爸爸、一个好丈夫。

这就是一个男人的爱，这就是一个男人的责任和担当。陈铭在《奇葩说》中有这样一段话："大家都觉得爱情很伟大，但其实承担责任才会让你享受到一种高级的幸福。有责任的、有担当的夫妻永远把家庭放在第一位，他们可以一起享受甜蜜，也永远把磨难扛在肩上，他们不会让一方承担责任和痛苦，他（她）把责任看得重于一切。"

同样是央视的一档综艺节目，有这样一对杂技演员夫妻，家庭并不富裕，丈夫得了严重的颈椎病，生活不能自理，像植物人一样躺在床上。医生讲必须手术，妻子基于朴素的责任，挑起了生活的重担，并发誓倾家荡产也要把丈夫的病治好。于是到处借钱为丈夫看病，终于筹集到了十几万元钱，为丈夫治好了病。为了治病，她多年来省吃俭用，没有吃过一点肉，也没有买过一件好衣服。丈夫虽然做了手术，仍不能演出。为了还债，她咬着牙练习用牙顶自行车。开始时一次次失败，牙经常出血，但她从不言放弃，心中只有一个念头，那就是撑起这个家，治好丈夫的病，还清欠款。她说："无论如何我都要治好他的病，有他在，才算一个完整的家。"经过几千次的失败，她终于练就了独门绝技——牙顶自行车，家庭的收入也不断增加，还清了丈夫看病的十几万元钱。

还有许许多多这样的家庭，面对困难、厄运，夫妻共同担当、不屈不挠、从不低头，用生命与之抗争，最后终于战胜困难，为人们所称道，被社会所敬仰，成为人们学习的榜样。

有人说，责任是婚姻幸福的基础。

相互倾慕的男女一旦结成夫妻，就要为对方、为家庭负起责任。只有责任担当，夫妻双方才能同舟共济、相互慰藉、相互激励，共渡难关。

在战胜困难的过程中，夫妻相互依赖，感情会更加亲密，在战胜困难后，夫妻也会感到更加幸福。

尽管如此，仍有一些人对待婚姻家庭不负责任，缺乏担当，如夫妻一方病重，便不愿承担昂贵的医疗费用，不愿腾出时间来照顾对方；还有的夫妻子女有病也不愿尽义务，甚至遗弃。

央视三套综艺栏目播出了一个令人愤慨的事例：一个 49 岁的妇女，与丈夫结婚后生有一子，当儿子被查出患有血友病时，丈夫即提出与妻子离婚，逃避对孩子的责任与义务，至今孩子二十多岁了，病情也未见好转。妇女承担了孩子治病的全部负担，为省治疗费自己在身上试着扎针，学会了给孩子扎，然而其前夫至今没有给孩子一分钱医药费。

按照我国《刑法》，该男子已经构成了遗弃罪，但善良的母亲仍是坚持自己抚养孩子，给孩子治病，没有对其提起诉讼。这是多么宽容伟大的母亲啊，这位前夫看到节目后能够睡得着觉、吃得下饭吗？心灵能有片刻安宁吗？又谈何幸福？

一个女人都能做到的事情，作为男人作为丈夫还要逃避责任，还有何颜面立于天地之间？何不大胆站出来，勇敢承担责任，救赎自己那丑陋的灵魂。

不负责任不仅在于家庭遗弃，还有多种表现，比如不务正业、独断专行、家庭暴力、感情出轨、家庭犯罪、懒惰、酗酒、赌博、吸毒等行为。

不负责任的行为势必要影响夫妻感情和家庭幸福。因为不负责任是一种严重的以自我为中心的自私自利的行为，自然也是没有爱、没有担当的行为，是家庭幸福的毒瘤。因此，不负责任的人是绝对不会幸福的。

尤其值得一提的是，在不负责任的夫妻当中，有一种现象呈逐年走高的趋势，就是离婚。

离婚原因各种各样，但归纳起来有以下几种：

一是对方出轨。据调查，在中国，50.16%的离婚是由于第三者插足，对方出轨是离婚的首要因素。

二是家庭暴力。我国《婚姻法》第三十二条把家庭暴力作为判决离婚的法定情形。

三是性格不合。

四是婆媳关系不睦。

五是对方不良嗜好。

六是购置房产。

在这六大因素中，除为了规避房产限购政策离婚的外，其他五种都是由于对家庭不负责任的表现导致的离婚，都不会有幸福可言。

夫妻相处多年，毕竟有感情，离婚之后，形同陌路，但从感情上仍是难以割舍，藕虽断，丝还连，但既已分离，便不再相聚，有时还要和自己的孩子天各一方，导致孤独寂寞。

社会学家曾对150对刚刚离婚和已离婚12年的男女做过问卷调查，结果令人震惊，被调查的150名男人中，有7人自杀，3人入狱。

对于男人，虽然性格上较刚强，但离婚后的痛苦不亚于女性，甚至比女性更强烈。

女性同样经历着离婚后的痛苦。

离婚的人大都后悔当初在一起时没有多关注对方的优点及好处，不珍惜那份缘分及情感，总看对方不顺眼，找他（她）的毛病，和他（她）吵架、打架，在外酗酒夜不归宿等等。

男人离婚后，才知道没有老婆的伺候，日子确实难熬，不做饭是经常的事情，不吃饭也不鲜见，衣服也洗不干净，房间里脏乱不堪，气味难闻。当孤独寂寞心情不好时，只能对着电视发呆，想着老婆做得可口的饭菜、洗得干净的衣服，还有平时对自己的好。现在孤身一人，像漂泊在大海中的一叶孤舟，肠子都悔青了。

女人同样感到的是离婚后的孤独。生活上缺乏照顾，少了依赖，原来总是看不上丈夫，嫌他不够帅气，不够高大魁梧，能力不够强，挣钱不够多，不够幽默，不会体贴人等，处处不顺眼。离婚后，生活中许多事情自己处理不了，感冒了也没人照顾，累了也没有人关心，高兴时也没有人分享，漫漫长夜一个人面对孤独，也后悔当初没有珍惜那个男人。

所以，夫妻如果不是由于原则性的问题，不到万不得已轻易不要离婚。也不要轻易说出“离婚”这两个字。因为一旦说出这两个字，说明对方在你心目中的位置已经大大降低，爱情这个美好的词语已不属于你们两个，他（她）会十分伤心，对你的爱也会随之大幅度降低或清零。

离婚伤害的是对方的感情，同时自己也是受害者，但最受伤害的还是子女。有些年轻夫妻已有孩子，还是离婚了。

离婚后的子女有的享受不到父爱母爱，孤独无依，在学校里倍受歧视，性格和人格都偏离社会较远，甚至仇恨社会，长大后肯定不会幸福。

有的在单亲家庭长大，性格也不能平衡发展，导致人格不健全，长大后仍然不会幸福。

因此，作为父母，离婚是对夫妻双方不负责任，更是对子女不负责任。

为了家庭幸福，为了子女幸福，结婚后的年轻人一定要加强责任心，让自己有担当，用爱心去善待自己的妻子或丈夫是幸福的重要因素。把爱时刻放在心间，把他（她）当成是最好的，承担起家庭的责任，同甘共苦，夫妻感情会更加牢固，婚姻也将更加长远，子女也会健康成长，家庭也会更加幸福。

（8）经营爱情，其乐融融

爱是一门艺术，同时也是一门学问。夫妻之间仅有爱不一定幸福。有爱，会经营爱，让夫妻恩爱其乐融融。有的夫妻不会经营爱情，尽管有两颗爱心，家庭也缺乏快乐和幸福。家庭幸福的条件既要有爱，也要会经营爱。爱是基础，会经营爱则会让爱发光，照亮整个家庭。

其实，经营爱情不是现在才有的新名词。在圣贤教诲中有一个“四摄法”，就是关于夫妻之间和谐的经营之道。第一个叫“布施”，意思就是夫妻之间要经常性地赠送小礼物，尤其是丈夫对于妻子。女人是很容易满足的，只要让她感受到你在意她、爱她，妻子就会很开心、很满足。妻子开心了同样也会用爱来回报丈夫，会不惜一切地为了家庭辛苦付出。第二个叫“爱语”，就是说夫妻间不仅仅要有爱心，还要有爱的语言表达。中国人比较内敛，爱往往用行动表示，不善于用语言表示，夫妻之间也是。有不少夫妻，尤其是过去的夫妻，经介绍认识，双方认为对方条件不错，就结婚生子，经过长期磨合，彼此越来越亲密，生出爱情，但到老都没有说过一句“我爱你”。现代社会比较开放，许多新观点逐渐被人们所接受，要善于用语言表达爱意，这样对方也会高兴。一句“我爱你”便会使他（她）心旌摇荡，回馈你的也是爱，更容易增进夫妻间的感情。第三个是“利行”，就是夫妻要相互扶持，相互帮助，多站在对方的角度想怎样才会对爱人有利，而且要多做，少说空话多行动。第四个叫“同事”，也就是夫妻要有共同的事业。从家庭方面讲，夫妻共同的事业是“创造幸福家庭”。在家庭中，夫妻要树立相对一致的世界观、人生观和价值观，树立共同孝敬老人的意识、对孩子共同的教育观念以及共同的经济意识等，力求使夫妻双方在各个方面都能达到高度一致。

古代圣贤对家庭幸福都能如此经营，我们不更应汲取先人的智慧，经营好爱，让家庭更幸福吗？

经营爱情并非难事，只是要做个有心人，时时处处做好以下几个方面：

提升自己，爱情更加甜蜜

夫妻虽然因爱而结婚，但爱是有条件的，比如结婚前看对方能不能承担起家庭的责任等。尤其是女人，总希望自己寻找的男人在未来的日子里能给自己带来安全感，带来幸福。因为人需要生活，没有安全感的男人怎么能够让妻子安心呢？

因此，要想爱情长远，必须不断提升自己。

作为男人，除了有爱心之外，还要有事业心，应当以事业为重。因为爱情是家庭幸福的基础，而事业的成功则是爱的基础。因此，男人要不断地提升自己，不断完善自我，让自己在事业有成的同时，也不断地经营爱，表达爱。这样妻子会更加幸福，也更加爱你。

作为妻子，也应当不断提升自己，提高自己在各方面的素质，除了有爱心

之外，也要拥有独立生活的能力，只有这样才不会被男人看轻。有不少女性，结婚后为了爱放弃了自己的事业，做起了家庭主妇，认为这样可以好好料理家务，好好照顾老公，到头来得到的却是老公的抛弃。

所以，不管是丈夫还是妻子，都应当不断地提升自己，完善自我，发挥自己的特长，不要让自己成为爱情的附属品。伴随着你的成长，他（她）会觉得你更有责任心，更有能力和魅力，他（她）会更加爱你，你们的爱情将更加牢固，家庭将更加幸福。

互相爱护，使爱人感到温暖

作为夫妻，要相互关心，相互爱护，爱人才会感到幸福温暖。

当爱人劳累时，递上一杯水，道声老公（老婆）辛苦了；当爱人感觉不舒服时，给爱人做做按摩，做做艾灸，做点对方爱吃的饭菜；当爱人生病时，陪伴照料好爱人。总之，要时常关心爱护爱人，让他（她）感到你对他（她）的爱，感到你的温暖。

同样，要关心爱护爱人的亲人，孝敬爱人的老人。

人不仅是自然人，更是社会人，两个人相爱，不仅是两个人的事，还是两个家庭的事。与爱人的亲人的关系好坏，将会直接影响到夫妻关系。

有一位女同事，爱人的一个远房亲戚从农村来看望他们，因为亲戚家里比较困难，丈夫就给了200元钱，女同事看到后很不高兴。亲戚走后，就质问丈夫为什么没有经过自己的允许，给亲戚钱。丈夫觉得没有什么不应该，还说她没有爱心，于是两个人因为200元钱大吵了一架，几天没有讲话。

因此，要想夫妻恩爱，除了关心爱护爱人之外，还要关心爱护爱人的亲人。只有关心爱护好爱人的父母及亲人，爱人才会在亲人面前更有尊严，才会更感激你，才会更爱你，夫妻关系才会更和谐，家庭才会更幸福。

相互帮助，让家庭变成天堂

夫妻结婚后，成立一个家庭，变成了一个整体，为了家庭的共同幸福理应互相帮助。

在工作中，当爱人遇到问题时帮助一起分析原因，出谋划策，找出解决的办法。

在家庭中，共同完成家务，营造一种其乐融融的氛围。一起干活，聊着开心的事情，表达着爱情，憧憬着家庭美好的未来，在不知不觉间活就干完了，看到干净整洁的家，享受着家的温馨，你能不幸福满满吗？

有这样一个故事，一个人机缘巧合遇到了一个天使，天使对他说："你要不要和我看一下天堂？"这个人说："好啊，但我想先看看地狱。"到了地狱他看到一排长桌子，上面摆了很多饭菜，桌旁每人拿了一双筷子，有一米长，"好，开吃"，随着一声令下，所有人都争先恐后夹了最好吃的菜，往自己嘴里放，因为筷子太长，谁也吃不到，在饭桌上面打起仗来，菜掉得满地都是，每个人都饿得皮包骨头。这个人看了，感到真是惨不忍睹，对天使说："我还是去看看天堂吧。"到了天堂，看到的情景，和地狱一样，桌子还是一样长的桌子，筷子还是一样长的筷子，他就很纳闷了，结果听到一声"开吃"，所有人把菜夹起来，往对方嘴里送，结果人人都吃得很好，个个红光满面、精神抖擞、喜笑颜开、幸福快乐。

这虽是一个故事，但不能不说包含了深刻的哲理。

天堂跟地狱在哪里，天堂和地狱就在人们心里，同样的情况，一念自私自利，跟人冲突，就是地狱；一念处处替人着想，互敬互助，就是天堂。夫妻之间也是一样，用爱来经营家庭，互相帮助，就是天堂。相反，凡事总想着自己，只看对方的缺点和不足，自私自利，没有爱心，家庭就是地狱。

沟通交流，心情舒畅

夫妻在一起，除了工作，就是家庭中的琐碎事情，一日三餐，油盐酱醋，孝敬老人，教育子女……虽说都不是大事，但也忙得不亦乐乎，夫妻之间的沟通交流成了一件比较奢侈的事情。还有的夫妻，认为两人朝夕相处，熟悉得不能再熟悉了，没有必要沟通交流。

其实，夫妻之间的沟通交流非常重要。

遇到问题，双方坐下来心平气和地沟通交流，把问题说明白，让爱人明白你的所思所想，征得对方的理解，或者共同找出解决问题的办法。

家庭中夫妻间的许多矛盾和冲突，多是因为没有很好的沟通交流，导致误解而产生的，有不少婚姻破裂就是因为误解。多沟通，可以增进夫妻间的感

情，拉近夫妻间的距离，将心与心连在一起，夫妻就会心情舒畅。

沟通要善于倾听

爱人有问题跟你沟通交流，那是对你的尊重及信任，你应当给对方倾诉的机会，用心倾听，认真倾听。在倾听的过程中，化解掉爱人的坏情绪，让爱人相信你，天塌下来，我们一起扛，给爱人信心和力量。

适度表达共情

共情（empathy）是由人本主义创始人罗杰斯（Rogers）所阐述的概念。共情（empathy），又译作同感、同理心、投情等。罗杰斯（Rogers）对共情的解释是："咨询员能够正确地了解当事人内在的主观世界，并且能将有意义的讯息传达给当事人，明了或察觉当事人蕴涵着的个人意义的世界，就好像是你自己的世界，但是没有丧失这'好像'的特质。"意思即是在爱人表达问题时，如果爱人的情绪仍很激动，你要完全接纳，与爱人表示共情，说自己能够理解爱人。这样可以充分了解爱人的内心世界及情绪，以此种方法帮助爱人消除情绪。

避免急躁情绪

要爱人把话说完，不要有急躁情绪。"这点小事都处理不了，你还能干什么?""你看人家谁谁多有能力……"这样的话不要说。否则，爱人的情绪就会立刻受到影响。他（她）可能会沉默下来，再也不跟你交流，而且感情上受到伤害，对你的爱也会大打折扣。要知道，夫妻并不是只讲享乐，同甘共苦才是爱情的真谛，危难之中见真情，不能共担责任的人，是不会有真爱的，是不能依靠也是靠不住的，这样的人能使夫妻恩爱家庭幸福吗?

倾听完毕，要客观地分析问题。站在第三者中立的立场上，适当表达自己的意见，表明自己的观点、对问题的看法、处理问题的建议等。

是爱人本身的问题，则委婉说出来，是他人的问题，也明确说出来，并说明自己分析的依据和过程，帮助爱人找出解决问题的方法，让爱人真正信赖你。

夫妻之间，有事情可以沟通交流，没有事情也应当沟通，养成一种沟通交流的良好习惯。

通过沟通交流，寻找夫妻思想及处世的共鸣点，求同存异；通过沟通交流，夫妻双方的观点相互影响更趋一致，减少摩擦；通过沟通交流，发现爱人更多的优点，增进夫妻间的感情。

总之，通过沟通交流，可以使夫妻更加恩爱，更加和谐，家庭更加幸福。

营造气氛，快乐轻松

家是幸福的港湾，因此家应当是温馨、浪漫、给人带来快乐的地方。

营造快乐的氛围，夫妻才能快乐轻松，家庭才会喜气洋洋。

如果家中每个人都死气沉沉，气氛肯定不会活跃，人们快乐不起来，肯定不会幸福。

如何活跃家庭气氛，让夫妻快乐轻松呢？

其一，用心营造爱的氛围。

夫妻之间称为爱人，这一称呼诠释了婚姻的实质。

婚姻本应是相爱的两个男女的合法结合，而爱的本质是利他（她）的。因此，作为爱人，应是用心为他（她）营造快乐的温馨氛围，让他（她）幸福而不是为了自己。

要多想一想，他（她）是我的爱人，我要为他（她）做些什么？“我希望自己在家中感到温暖愉快，那么怎样才能使他（她）感到温暖愉快？”

只要用心去爱，从他（她）的喜好、服装、饮食、运动等方面去关心他（她），你的爱人一定会快乐而幸福，同时他（她）的快乐和幸福也一定会感染到你，让你快乐幸福。

其二，家庭布局要温馨。

家是一天中除了工作之外，居住时间最长的地方。整洁卫生、温暖如春、富于生机、活泼可爱应该是其主色调，让人回到家里有轻松、亲切、温暖之感。

物品放置要有序，不能凌乱不堪；房屋地面、墙壁、窗台等要勤打扫，桌椅、柜子、窗户玻璃要常擦拭，做到窗明几净，干净卫生，既有利于心情舒

畅，又有利于身体健康。

家中适当放置一些对环境没有污染的绿色植物，像绿萝、兰花之类，既可以帮助清除甲醛的污染，也绿化了环境，让室内绿意盎然，充满生机。

另外，卧室是休息的空间，不宜放置绿色植物，防止其释放二氧化碳对环境不利。

房间墙壁上可以适当挂贴少量温馨的图画、风景画或可爱的小挂件，让人既感温暖又觉到风趣，还陶冶了情操。

室内布局根据个人喜好，但总的原则是不变的，人们可以根据自己兴趣、爱好及审美去布置。让自己高兴，让爱人高兴，让其他家庭成员高兴。

其三，多表达爱意。

早上起床睁开眼第一件事可以和爱人互道一声"亲爱的，早上好"。

上班前，帮爱人拿上包，披好衣服，做一个拥抱，互祝"一天工作顺利开心"。

如果有小孩子在上学，最好夫妻牵着孩子的手一起送孩子上学，接孩子放学。上学路上和孩子聊聊学校开心的事情，老师的和蔼可亲，同学们的热情与关爱，畅谈家庭的美好愿景，这种天伦之乐的幸福是多少钱都买不来的。

下班回家，买点老人、爱人、孩子爱吃的菜或食品。回到家后创造一点浪漫气氛，夫妻二人共同做一顿可口的美味，全家一起品尝，共进晚餐。饭后一起散散步，聊聊一天各自开心的事情及收获。如果有什么工作上的困难一起探讨沟通交流。如果累了相互做一下按摩，捶捶背，敲敲腿，洗洗脚，解除一天的疲劳。

节假日经常组织旅游、改善伙食等，重大节日一定安排一次聚餐，尤其是家庭成员的生日、结婚纪念日等，一定要记住，并亲自送上精心挑选或制作的礼物。

夫妻要经常安排一起独处的时间，比如去外地旅游几天。一是家庭生活和工作都比较辛苦，适当地放松一下，休息一下。二是给夫妻找一个独处的空间一起浪漫一下，回忆一下恋爱时的美好时光，回忆一下爱人在自己心目中的美好形象及优秀品质，让自己回到过去，让心态年轻，增进一下感情。

幸福其实很简单，只要有爱，多为对方着想，互相关爱，互相帮助，这不就是人间天堂吗?

(9) 见坏就收，和谐长久

夫妻长期相处，爱是主旋律，但也有“阴天下雨”的时候。

有时因为一方心情不好，一件鸡毛蒜皮的小事就成了导火索，从而你一言我一语各不相让，最后发展为吵架甚至打骂，有第一次就有第二次。

长期吵架很容易伤害夫妻间的感情，把原本的爱情都磨没了。

安又琪有一首歌叫作《见坏就收》，作为夫妻，更应当这样，最好不要吵架，更不要动手，避免吵架影响夫妻感情。

如何才能做到不吵架，注意把握以下几点：

始终对爱人保有一颗爱心

在一个小品中有一句经典的名句：“任何矛盾在感情面前都是那么微不足道。”

不错，只要夫妻间始终保有一颗爱心，彼此之间就能相互欣赏，相互尊重，相互包容，相互谅解。

当一方说错了话，做错了事，另一方要从爱的角度包容理解。他（她）不是故意的，只是一个口误或者考虑不周，不要把什么都当回事，尤其是夫妻之间，一切从爱的角度出发什么都不是问题。

立刻承认错误

如果爱人因为自己的言行生气，要主动立刻承认“错误”，见坏就收，不要让事态发展到不可收拾的地步。

不管是不是自己的原因都要立刻说声：“对不起老公（老婆），我错了，以后保证不犯。”当你说了这句话，他（她）的气至少就消了一半。

家是讲感情的地方，不是讲理的地方。

爱对方，就不要让对方生气，生气损伤身体。

如果确实是自己错了，诚心承认错误，然后找适当的机会再做沟通解释。

如果爱人仍在生气，那就哄爱人不生气。要有诚意，不能嬉皮笑脸，不能

用虚伪的方式，要让爱人感受到你对他（她）的爱，你在乎他（她），不想让他（她）伤心。

你还可以做一顿爱人最喜欢吃的饭菜，或者买些爱人最喜欢吃的食物或用品，或者主动把协商好应由爱人来做的活自己做了，或者自己去打扫卫生、洗衣服，如果你弄得满头大汗，爱人一定会心疼你，会原谅你的。

让着爱人不是丢人，而是爱的体现。

夫妻之间讲爱，讲宽容，不讲面子，不讲尊严，不要凡事争出个是非曲直。夫妻之间没有对错，要能忍让，忍一步海阔天空，忍一步相爱依旧。

锅碗碰瓢盆，一日三餐不是交响曲，而是实实在在的生活，需要多动脑子，需要体力付出。

人人都有不如意的时候，夫妻要做到一生不吵架的确不易，这就需要爱心、耐心、智慧和亲和力，做到见坏就收。

（10）距离控制，情感牢固

心理学中有一种现象叫感觉适应，意思是某一种现象或行为开始时感到印象深刻，时间久了这种印象就越来越淡，甚至没有印象，就像我们俗话说的见多不怪。

比如刚到香油坊，闻到一股浓郁的香油的芳香，沁人心脾，可在里面待上一段时间，就不那么浓烈了，这是因为你的嗅觉已经适应了香油的气味。

再比如从暗处到亮处，开始也很不适应，觉得光线刺眼，过一段时间也觉得没有那么刺眼了，这是眼睛对光线慢慢适应的结果。

对于爱情也是一样，开始两个人在一起时，他（她）对你的一点关心你都会印象非常深刻，觉得这个人很有爱心或很会关心人，时间久了这种印象就会变淡，心里总是在想，他（她）现在一点也不关心我或者他（她）已经不爱我了。这就是七年之痒或感情疲惫期形成的原因。其实他（她）对你的爱根本没有改变，甚至还有增加，只是你自己由于感觉适应的原因已经习惯了这种关心，对心理的刺激已经不那么强烈了，甚至淡漠了，根本不是他（她）变心了或者不爱你了。

有一句话叫作平平淡淡才是真。时间久了，夫妻相互熟悉了，生活的压力、工作的压力使他（她）不再有那么多的激情。所以平淡之中见真情，夫妻要珍惜这份生活中的平淡，从平淡中品出真爱。

还有一句话叫作“距离产生美”，也是这个意思，反过来理解就是：越是整天在一起，爱人身上的光环、优点越熟视无睹，留一定空间，保持一段距离，反而会更加想念对方。要给爱人适当的自由，自己也学会适应，学会调整自己的生活，给双方适当的独立空间，让距离的存在拉近双方心灵的距离。

总之，在家庭中，夫妻既要讲爱，把爱时刻放在心里，这是主旋律，又要会经营爱，让爱不枯燥，从而学会相处的艺术，拥有生活的智慧。这样生活才会更有韵味，夫妻才会更加幸福美满，家庭幸福之树才会更加粗壮挺拔。

第四篇

爱让子女成才

爱子女当为之计长远

培养孩子优秀品质胜过给予万贯家财

如果说老人是家庭幸福之树的根，夫妻是家庭幸福之树的干，那么子女则是家庭幸福之树的枝叶和果实。爱子女会使子女健康成长，家庭幸福之树就会枝繁叶茂，果实累累。

如何爱子女，让子女健康成长？

在中国民间有一句话，叫作“再苦不能苦孩子，再穷不能穷教育”。

可以说绝大多数家庭父母都认为自己是爱子女的，自己省吃俭用，也不让孩子受委屈。

为了让孩子吃好，只要家长认为是有营养的，都会给孩子买，甚至有的家长还给孩子买各种补品，填鸭式地让孩子享用。只要是孩子愿意吃的，就算是垃圾食品，也会尽可能地满足孩子。

为了让孩子有“面子”，家长也尽最大可能为孩

子创造条件，穿名牌衣服、鞋子，骑高档自行车，甚至大部分家长对上学的孩子车接车送，等等。

为了不让孩子输在起跑线上，家长们勒紧腰带，省吃俭用，从学前班开始，花高价钱让孩子上好的学校。

可孩子长大后仍有少数不成才：有的不孝敬父母，让父母伤心；有的好逸恶劳，成为啃老族；还有的缺乏担当，对家庭不负责任，闹出离婚悲剧；更有甚者不遵守法纪，做出违法乱纪的事情，锒铛入狱，成为罪人。

可怜天下父母心，什么才是真正的爱孩子？

古人有一句话："父母之爱子，则为之计长远。"其意思是说，为人父母者如果真正爱自己的孩子，就要为孩子的一生长远谋划，让孩子长大后前途光明、事业成功、家庭幸福，在社会上能受人尊重，而不是仅仅给孩子以锦衣玉食、美车豪宅。

让孩子一生幸福，除了保证孩子有一个健康的身体之外，最重要的是让孩子有爱心。

事业是成功的大门，爱心是成功的立足点。

有爱心就会爱家庭，就有孝心，有责任心，能够承担家庭责任。

有爱心就会爱社会，就能够尊重他人，人际关系良好。

有爱心就会爱国家，就能辨别是非，遵纪守法，一生平安。

有爱心就会有动力，就会有毅力，就会事业有成，就能够受到社会尊重。

孩子能否有爱心，父母的作用非常关键。

父母是孩子的第一任老师，父母的行为是孩子的一面镜子。孩子在胎儿期和出生以后在世界观、人生观以及价值观形成前，陪伴孩子时间最长的是父母，父母是孩子感知世界的最主要载体，是孩子第一个学习和模仿的对象。父母的思想、语言、行为、情绪、人格等，时时刻刻都会反射在孩子的脑海里，刻录进孩子的意识里，在孩子的心里打下深深的烙印，影响孩子的一生。即使在胎儿时期，父母的语言、情绪、思想、性格等，孩子也能够感知到，对孩子出生后的性格、思想的形成，也有着重要的影响。

中国有一句古话，叫作"龙生龙，凤生凤，老鼠的儿子会打洞"。这并非完全是遗传的结果，父母后天的影响更为重要。

现代心理学研究也证明，有什么样的家长就会有什么样的孩子。孩子的问题就是家长的问题。优秀的家长会培养出优秀的孩子，问题孩子的家长一定有问题。

要想教育好孩子，使孩子成为一个优秀的有爱心的人，父母首先要成为一名优秀的有爱心的老师，因此父母需要做好以下几个方面：先行学习，成为合格的父母；做好自己，为孩子做出榜样；温情陪伴，与孩子一起成长。

2 先行学习 成为合格的父母

教子是一门大学问，唯有学才能有准备

男女双方因相爱结成夫妻，不只是为了享受幸福生活，更重要的是一份责任：

孝敬好老人，让老人幸福快乐；

经营好家庭，让夫妻爱情永存；

抚养好子女，让子女健康成长。

尤其是抚养子女，是一个非常难的题目。俗话说："十年树木，百年树人。"夫妻大都没有教育子女的经验，又都希望子女成龙成凤，为社会做出贡献，受到社会的尊重。这就要求父母先于孩子成长，让自己成为想要孩子成为的人。

我们想孩子成为什么样的人，首先自己先成为什么样的人，即使没有想要的结果，也要有想要的思想、行为和习惯。只有这样，才能用自己的言行影响孩子，成为孩子的榜样，让孩子朝着自己希望的目标努力。

比如说，希望孩子将来孝敬父母，自己首先要孝敬老人，处处为孩子做出表率，这样就会在孩子幼小的心灵中形成一种印象，就是人们应当孝敬老人，孝敬老人是天经地义的事情，孩子长大后才会孝敬自己的父母。

党的十八大指出，坚持教育为社会主义现代化建设服务、为人民服务，把立德树人作为教育的根本任务，培养德智体美全面发展的社会主义建设者和接班人，努力办好人民满意的教育。

对党员干部的要求是党员干部要做到德、能、勤、绩、廉。

对公民还提倡四德教育，即社会公德、职业道德、家庭美德、个人品德。

不难看出，我国无论是学校教育，还是对党员、干部以及公民的教育，都把德育放在首位。

德育是社会主义核心价值观的核心，是对一个社会人是否合格的评判标准。

无论是哪一个层面，只有一个人有道德，才能适应社会的主流评判标准，才能被社会所接纳和认可。这是对一个社会人的起码要求，是做人的底线。

一个缺乏道德的人，是违背社会主流评价标准的，是不被社会所接纳和认可的。人们用“缺德”表达对一个素质低下的人的愤怒和憎恨，也从另一个方面说明，没有道德，是极不受社会欢迎的。

道德是爱的基础，在有道德的基础上有爱心，就会成功，就会受到社会的尊重。

“爱人者人恒爱之。”

作为社会人，要有爱心，学会分享和给予，学会关心和帮助他人。

给予越多，人生就越丰富，就会得到别人越多的爱；奉献越多，一个人的作用越大，人生才越有意义，自己也会更加幸福。

付出越多，得到他人帮助就越多，才更容易取得成功。

因此，培养孩子有爱心，是对孩子最大的爱。

要想孩子有爱心，作为孩子第一任老师的家长，也必须有爱心，只有这样，才能起到示范作用，才能引导好孩子，教育好孩子。

如何培养自己的爱心，做父母的应当先行学习。

一、 学习中国传统文化

中国传统文化，主要是从道德层面来引导、教化人们。

《弟子规》就是一个很好的教材。它吸收了我国古代传统文化的精髓，体现了我国几千年来所形成的传统美德，为各类不同的人群，提供了道德规范。

父母应当从学习我国传统文化入手，从《弟子规》做起。

"入则孝"，在家要孝敬父母、关爱父母；在生活上体贴入微，为老人创造良好的生活条件，食物要可口、有营养，夏天不要热，冬天不要冷；从精神上让老人开心，多陪伴老人，常和老人聊聊天等。

"出则悌"，走出家门，为兄为姐者，要对弟弟妹妹们友善，弟弟妹妹要尊重哥哥姐姐，轻财物而重情义，尊重长辈和年长者。

"谨而信"，即勤奋而严谨，早睡早起，衣冠整洁，放置有序；年少勿饮酒，年长饮酒勿过量；行如风，坐如钟，立如松，卧如弓，养成严谨的生活习惯；开口说话，诚信为先，答应他人的事情，一定要遵守承诺，没有能力做到的事，不能随便答应；见贤思齐，见不贤而内省改过，重视品德、学问和才能技艺的培养，不如人当自励，注重胸怀格局的培养，闻过则喜，闻誉则恐，时时找出自己的差距。

"泛爱众，而亲仁"，这句话讲出了道德的核心，把爱作为自己道德修养的最高准则和目标：凡是人，皆须爱，天同覆，地同载。不仅要爱父母，爱兄弟姐妹，爱亲人，还要爱共处天地之间的所有人，不分种族、宗教、信仰，不分地位高低、卑贱，不分你我，相互关心，相互爱护，相互帮助，相互合作，尊重别人的隐私，不在人后论是非，学做仁人君子，不与世俗同流合污，刚直不阿，仁慈有爱。

一直把道德修养放在首位，把爱心放在首位，做任何事情、说任何话，都要以爱为出发点，尊重他人，为他人着想，而不是只考虑自己。

只有这样，才能维持这个共生共荣的生命共同体，同时自己也会感到幸福。

“行有余力，才可学文。”也就是说，当一个人没有成为一个有道德有爱心的人之前，最好不要只顾学习文化和技能，像一位名人所说的，一个人的道德比知识更重要。有道德的人有知识才能更好发挥作用，造福社会，造福人民，一个人如果没有道德只有知识，会比没有知识更糟，那样会给社会给人民带来灾难。

因此，作为家长，一定要学习优秀传统文化，并且在生活和工作中，处处按照优秀传统文化来要求自己、做好自己，让自己成为一个有道德、有爱心的人，为孩子做好榜样。

二、 学习社会主义核心价值观

社会主义核心价值观是对中国优秀传统文化的继承和发扬，是现代社会主义中国的价值取向，体现了社会主义根本性质和基本特质。

“富强、民主、文明、和谐”是从国家层面上的规范要求，是国家为自己树立的目标，其宗旨是为了人民的幸福，在物质上和精神上为人民群众提供保障。

“自由、平等、公平、法治”是社会主义核心价值观在社会层面上的价值取向，是国家为人的自由发展而营造的以“平等、公平和法治”为基础的社会环境，同样是以人民为核心的爱的体现。

“爱国、敬业、诚信、友善”则是公民层面的价值准则，是个人爱心的体现，要求每个公民爱祖国、爱岗位、爱他人。

无论是国家层面、社会层面还是公民个人层面上的爱都是统一的、相辅相成的。

国家对人民的爱可以让人民感到温暖幸福，可以增强人民的奋斗精神；同时国家基于对人民的爱所设定的目标只有以公民对国家、对岗位、对他人的爱才能实现，而国家以及社会层面目标的实现会让公民更安全和幸福。因此不论是从国家角度还是从公民个人角度，都要学习好社会主义核心价值观，理解社会主义核心价值观的爱心实质。只有我们每个公民对国家有爱，才会为国家去拼搏奋斗，国家才会富强；只有国家富强了，才能更好地保护公民，每个公民在国际上才有地位，才有安全感，人民才会幸福，这是良性互动。如果人们都只想着自己，不为国家着想，而是挖国家墙角，则国家不会强盛，公民也不会有国际地位，更不会有安全感，也不会幸福，历史一再证明这一点。我们每个公民应当拥有大爱，为我们的祖国强盛而奋斗，让祖国因为我们的爱而强大，为孩子做出榜样，让爱代代相传，造福子孙万代。

三、 学习有道德有爱心的人

《弟子规》中有这样一句话："见人善，即思齐，纵去远，以渐跻；见人恶，即内省，有则改，无则警。"就是说看到别人的优点，或者善行义举，要立刻想到学习看齐，纵然目前能力相差很多，也要下定决心逐渐赶上；看见别人的缺点或不良行为，要反躬自省，检讨自己是否有这些缺点，有则改之，无则加勉。

孔子也说："见贤思齐，见不贤而内自省也。"孔子又说："三人行必有我师焉，择其善者而从之，其不善者而改之。"都是同样的道理。

我认为每一个人都是老师，因为每一个人身上都有其优点和长处，都有值得学习的地方，尤其是有道德、有爱心的人，他们的善行义举温暖着社会，为国家做出贡献，更值得我们学习。就算人们所说的一无是处的人也可以作为"老师"，那就是当作自己的反面教材，反省自己，从他身上吸取教训，自己不要做他那样的人和事，并用爱的方式多与之接近，建立感情，帮助他走到正确的轨道，成为一个对社会有益、受社会欢迎的人。

通过学习进一步培养自己的道德，培养自己的爱心。

四、 学习发展心理学的相关知识

发展心理学是研究心理发展规律的科学，特别是个体心理的发展，对研究人的性格、品质的形成起着至关重要的作用。

尤其是美国心理学家埃里克森的人格发展理论，将人格的发展分为八个阶段，每个阶段有不同的任务，对完美人格的形成具有积极的指导意义。

埃里克森是一名美国精神病医师，是新精神分析学派的代表人物。他发展了经典精神分析学派提出的以性心理为主线的人格发展阶段理论，强调人格的形成和发展，取决于各种文化社会因素。因此，埃里克森人格发展阶段理论又被称为心理—社会发展阶段理论，以区别于弗洛伊德的性心理发展阶段理论。

埃里克森的心理—社会发展阶段理论，对探索人格的发展与健康心理的关系做出了突出的贡献，为全世界大多数心理学家所接受，并且成为培养孩子健全人格以及健康心理的重要科学依据。

这个理论将人的一生分为既连续又各不相同的八个阶段。这八个阶段以不变的顺序发展，其顺序是由遗传因素决定的。

该理论既承认性本能和生物因素在人格发展与形成过程中所起的作用，同时又强调文化社会因素在心理发展中的作用。埃里克森更加强调文化社会因素在个体健全人格以及健康心理的形成过程中起着更加重要的调适作用。

埃里克森认为，个体发展的每个阶段都有不同的发展任务和要求，个体自身的发展需求应当同社会要求相适应，从而使心理出现平衡，这个阶段形成的心里才是健康的；假如在某一阶段上个体自身的发展需求不与社会需求相适应，则会出现这个阶段上心理的不平衡，不平衡就会给个体心理带来紧张感和内心冲突，埃里克森把这种紧张感和内心冲突称之为心理社会危机。

在人格发展的每个阶段，都存在特定的心理危机，人格发展任务完成的成功与失败形成人格发展的两个极端。当个体的需求与社会要求相适应，在此阶段上的人格发展就成功了，个体就会形成积极向上的人格品质；当个体的需求与社会要求不相适应，在此阶段上的人格发展就失败了，个体就会形成消极的人格品质。

在每个心理社会阶段，都有可能存在心理社会危机，要克服心理社会危机，必须依赖心理社会经验。

埃里克森在描述人格在各个阶段的发展时，把自我在人格发展中的主导地位作为重点，发挥自我的主观能动性。自我功能发展的好，就会形成积极的人格品质；相反，自我功能发展的不好，就会形成消极的人格品质。

埃里克森这一人格阶段的划分，每个阶段都有人格发展的主要任务、心理

冲突以及人格特征，对指导个体形成健全的人格品质及健康心理具有重要的指导作用。

作为家长应当认真学习并深刻理解埃里克森的人格发展阶段理论，陪伴孩子在每个发展阶段都能充分发挥孩子的主观能动性，同时为孩子积极创造条件，以便在每一个阶段都能使孩子的心理健康发展。尤其是用好3—6岁关键期，培养子女的爱心，培养孩子正确的世界观、人生观和价值观，让孩子养成健全的人格、优秀的品质、良好的习惯等。

埃里克森人格发展阶段划分如下：

1. 第一阶段　婴儿前期（0—1.5岁）

该阶段婴儿的主要任务是获得信任感，克服怀疑感。

该阶段心理冲突：信任和不信任。

人格特征：培养孩子良好的希望品质。

婴儿刚刚来到世间，外部环境和在母腹中相比发生了巨大的变化。生理需要以及被关注成为本阶段婴儿的主要需求。在这个时期如果成人能够在婴儿需要时给予敏感的、稳定的照顾，婴儿就会从生理上和心理上得到满足，就会感到周围世界是可信任的，从而形成对周围世界的信任感；如果婴儿的生理及心理需求得不到及时满足，就容易产生对周围世界的不信任，从而对周围世界产生不信任感。

形成信任感的人容易依赖和满足，相反，没有形成信任感的人将有可能成为不信任别人或贪婪的人。

在这一时期，母亲及家长的陪伴、呵护是给孩子最好的礼物。除此之外，还要满足孩子的饮食、睡眠等要求。在饮食方面最好是母乳喂养。一是营养丰富全面，对孩子健康有好处；二是温度适宜，来得及时；三是母亲和孩子的亲密接触更容易增进母子（女）的感情；四是孩子依偎在母亲的怀抱里更有安全感。要养成孩子的饮食规律，在孩子醒着的时候，2个小时一次喂水，3—4个小时一次喂奶，使孩子形成正常的条件反射。

在这一阶段，还要让孩子有充足的睡眠。婴儿生长发育很快，睡眠非常关键，0—1周岁的孩子每天要睡十几个小时，保证孩子睡眠是家长的主要任务。

此外，要关注孩子的其他各种需求。这个阶段的婴儿表达需求的方式主要是通过哭闹来实现，孩子没有需求不会无缘由的哭闹。孩子哭闹有以下几个方面的要求：一是饿；二是渴；三是困；四是病；五是求关注。父母或家人一定要时刻注意孩子的哭声，及时满足孩子的需求，让孩子产生信任感。

该阶段良好的人格特征：希望品质。

埃里克森把希望定义为：对自己愿望的可实现性的持久信念，反抗黑暗势力，标志生命诞生的怒吼。

在这一年龄阶段，容易被满足、有信任感的孩子敢于希望、富于理想，具有强烈的未来表白。如果总是得不到满足，则会对周围世界产生怀疑，不敢希望，时时担忧自己的需求得不到满足。

因此，家长在婴儿前期关爱孩子、满足孩子的同时，也是在给孩子希望，培养孩子良好的希望品质。

2. 第二阶段　婴儿后期（1.5—3 岁）

该阶段的主要任务是形成自主感，克服羞耻感。

该阶段心理冲突：自主与羞耻。

人格特征：培养孩子坚强的意志品质。

这一阶段的婴儿掌握了大量的技能，如爬、走、说话，简单的玩东西、扔东西、取东西等，这和前期的婴儿不能运动、只能被抱着的时期形成巨大的反差，也是一个巨大的进步。这个时期的婴儿自己在意识方面也有很大的突变，认为自己能把握自己，不需要别人的怀抱，因此也被称为第一个逆反期，更重要的是他们学会了怎样坚持或放弃，开始有意识地决定做什么或不做什么。

这个时期如果成人能满足婴儿的自主要求，婴儿就能形成自信的品格，反之，如果经常限制、羞辱婴儿，那么婴儿则很容易有羞耻感。

该阶段良好的人格特征是意志品质。

埃里克森把意志定义为：不顾不可避免的害羞和怀疑心理而坚定地自由选择或自我抑制的决心。

这一时期婴儿与父母的冲突比较激烈。

父母要引导孩子形成良好的意志品质。

对孩子的正确行为，加以赞赏与鼓励，如孩子自己摔倒了又自己爬起来，此时父母要加以鼓励："太棒了。"培养孩子自立自强的能力。

有些事情要尽量让孩子自己去完成。还是那个例子，孩子摔倒了，如果想依赖父母，父母则要鼓励孩子自己站起来，不要让孩子养成依赖的习惯，培养孩子克服困难的意志品质。

另一方面，培养孩子良好的意志品质不要一味鼓励，要分清是非。对于孩子符合社会规则以及社会道德的行为，要多加赞赏，对孩子违反社会规范及社会道德的行为要加以制止，并告诉孩子为什么不能做，让孩子对违反社会规范的行为感到羞耻。

心理学常用的一句话，叫作："不含敌意的坚决，没有诱惑的深情。"这才是对孩子真正的爱。

总之，既要培养孩子的意志品质，又要教育孩子做事要符合社会规范。

3. 第三阶段　幼儿期（3—6 岁学龄前期）

该阶段的主要任务是获得主动感，克服内疚感。

该阶段的主要冲突：主动（也有译为初创性）和内疚。

人格特征：培养孩子良好的目标品质。

这个年龄段的儿童因为在幼儿园，故叫幼儿期，又因为在正式上学前，故又称为学龄前期。

这一时期的儿童，如果表现出的主动探究行为受到鼓励，幼儿就会更加主动地探究，形成主动性或创造性，将来就有可能成为一个有责任感、有创造力的人。如果父母或者家人对孩子要求管理过严，禁止孩子做事情或者干涉孩子做事情，则儿童会感到自己难以达到父母的要求，会在心里产生内疚感。

该阶段良好的人格特征是目标品质。

埃里克森把目标定义为："一种正视和追求有价值目标的勇气，这种勇气不为幼儿想象的失利、罪疚感和惩罚的恐惧所限制。"

心理学家认为：3—6 岁对儿童心理发展影响是最关键的时期，称为关键期。

关键期是指：儿童在某个时期最容易习得某种知识和技能，形成某种心理特征，而过了这个时期有关方面的发展会出现障碍，且难以弥补。

儿童心理发展的关键期，问题的核心在于儿童早期发展对毕生发展的关键意义，内容包括以下几个方面：

儿童早期是独特的发展时期，婴幼儿身体、心理、社会性和情绪都经历了特有的发展里程。

个体早期发展的优劣，对毕生心理发展的质量有着重要影响。

儿童早期的发展变化既迅速又显著，这些变化是个体获得动作交流、游戏、思想以及学习能力的标志。

个体发展的早期对环境的负面影响（如营养不良，情感剥夺）最为敏感，且早期不良教育的后果可持续终身。

在儿童的关键期，无论是生理还是心理，都变化非常快，此时对孩子的关注非常重要。

生理方面，给予孩子充足的营养，能够保证孩子健康成长。

心理方面，由于此时的孩子处在思维的启蒙阶段，就像一张白纸，极容易接收各种信息，并且不加过滤地加以吸收，刻录进自己的大脑，影响孩子的一生。

中国有句俗语，叫作“三岁看大，七岁看老”，也说明这一时期对人生发展的重要性。

在这一时期，儿童能够更客观地进行各种具体的运动神经活动，知觉和肌肉运动更加协调，也更加精确化，同时也能更准确地运用语言和更加生动地运用想象力，大脑也基本成熟，已经初步具备了思维能力，但是在世界观、人生观以及价值观方面，还是一张白纸。儿童在这一时期会萌发出各种思想、行为、幻想以及规划未来的目标。

因此，这个时期对孩子世界观、人生观和价值观的形成非常重要，家长在这一时期的教育、示范和引导作用就更为重要。

如果父母在这一阶段能够正确引导孩子，让孩子打下坚实的思想基础，树立正确的世界观、人生观和价值观，培养健康的目标品质，人生就会有动力、守规矩、有爱心、乐助人，目标就不会偏离方向，长大以后无论做什么，都会受到尊重，也会有成就。

如果父母在这一阶段不能正确引导孩子，不能灌输正确的思想，那么孩子就不会有正确的世界观、人生观和价值观，他（她）的一生就会偏离正确的方向，不为社会接纳，不受社会尊重，自己也不会感到快乐和幸福。

因此把握好儿童心理发展的关键期对于儿童一生的成长有着举足轻重的作用。

培养孩子的爱心

爱心对于孩子树立正确的世界观、人生观和价值观非常重要。可以说爱心是正确的世界观、人生观和价值观形成的基础。

为此，父母用自己的爱心影响孩子、教育孩子，孩子长大后就会爱家庭、爱社会、爱国家，就能够成才；如果父母没有爱心，孩子长大后也不会有爱心，而是以自我为中心，违背社会主流意识，偏离正确的轨道，就不会受到人们的尊重，也不会幸福。

培养孩子的爱心，尤其要注重培养孩子的责任心、感恩心和慈悲心。

培养孩子的责任心

责任心是爱心的前提。

孩子有些事情自己能做的，要让孩子独立完成，比如，上学背书包、扫地、扔果皮、擦桌子等，不要事事家长包揽。通过这些行为，既培养孩子的自立意识，又培养了孩子讲卫生、热爱劳动的习惯和吃苦耐劳的精神，还培养了孩子的责任心。所谓“一屋不扫，何以扫天下”，孩子如果连自己的事情都不做，怎么能够帮助别人、有爱心呢？长大后又怎么会取得大的成功呢？

因此，家长引导孩子首先做好自己的事情，再给孩子安排一定的任务，进而鼓励孩子去帮助别人。比如孩子的被子铺得好、叠得好，家长不妨表扬几次，然后说孩子比爸爸妈妈都强，也帮爸爸妈妈铺（或叠）被子呗，一般情况下孩子一定会很高兴地去做，久而久之，使孩子在帮助别人的过程中培养了爱心。

在培养孩子责任心的同时，要对孩子的责任心进行升华教育。

利用讲故事、做游戏、看动画等形式，告诉孩子自己把该做的事情做好，在做好自己的事情的同时，尽可能为这个家做更多的事情，因为是大家共同的家，家庭中所有的成员包括爸爸妈妈都应尽自己的力量，让这个家变得更好更幸福，这叫作家庭责任。

走出家门，无论是在学校里，还是将来长大了融入社会，都要为集体做出更多事情，集体就像一个家庭，集体好了自己在这个环境里才幸福。

还要教育孩子长大后做更多对社会有利、对国家有利的事情，培养孩子的社会责任和国家责任。

俗话说："国家兴亡、匹夫有责。"国家的兴亡，是每一个公民的责任，更是我们自己的责任。有一个学校的校长在教育学生时，把"国家兴亡，匹夫有责"改成了"国家兴亡，我的责任"，进一步强调了个体对国家的责任意识。家长也应该把这句话告诉孩子，进一步培养孩子的爱国情怀。只有把我们每个人的命运和国家的命运紧密结合在一起，为了国家的强盛而努力，我们的国家才会更好，我们自己也才更有自尊和安全感。

培养孩子的感恩心

感恩心是爱心的基础。

要从小让孩子知道感恩，培养孩子的感恩心。

"感恩"顾名思义就是感谢别人的恩典、恩泽。

《现代汉语词典》的解释是：对别人给予的帮助表示感谢，是对他人帮助的回报。

《辞海》对感恩的解释：对别人所给的帮助表示感谢。

感恩是一种心态，更是一种行动、一种习惯，还是一种美德。感恩是爱的起点，是通向爱的第一步，是幸福之门的钥匙。

不知感恩的人是不会获得幸福的，更不会有爱心。

因此，对孩子进行感恩教育让孩子学会感恩非常重要。

感恩让人感到幸福

怀有感恩心才能知道他人、社会、国家对自己成长的恩泽，才会心存感激，内心才会温暖，才会幸福。

感恩使人际关系和谐

一个知道感恩的人，会处处感到他人给自己带来的帮助与关照，从而以感

恩的心来对待他人、尊重他人、报答他人，进而获取和谐的人际关系。

感恩可以使人进步

感恩可以从别人所做的一切中去体验和学习如何做人，不断地完善自己，使自己不断成长；同时感恩使施恩的人感受到自己的爱心被认可，能给他人带来温暖，自己也感到幸福，从而以更大的动力来关爱他人、关爱社会、关爱国家。

感恩才会有爱

感恩的人会用报恩的情怀来报答他人，感恩的行动形成爱的思想，才会爱自己的家人、他人、社会以及国家，也才会去报答家人、他人、社会、国家以及人类。

然而据调查资料显示，70%的小学生认为父母的付出是天经地义的，自己没有要求他们那样做，是他们自己愿意，没有什么值得感恩的。由此可见孩子的感恩心缺失是何等的严重!

原因有以下两个方面：

一方面是因为中国经过四十年的改革开放，生活条件得到了极大改善，父母不愿孩子再像自己过去那样受苦，尽最大可能满足孩子的要求，过分溺爱孩子。

另一方面是父母在教育方面的缺失。

不知感恩就会一切以自我为中心，自私自利，就没有好的人际关系，也不会很好的成长，也就不会有幸福感。

这样做的结果，不是爱孩子，而是在害孩子。

让孩子知道感恩，应该从孩子小时候抓起，尤其是利用好3—6岁的关键期。除进行教育外，家长的身体力行非常重要，从小事做起，从平时做起。

人自从来到这个世界上，受到方方面面的呵护，时时需要感恩，处处需要感恩，事事需要感恩。

感恩让孩子从孝心开始。

世界上最需要感恩的是父母。

父母给了我们生命，让我们来到这个世界上，感受着绚丽自然的勃勃生机，感受着沁人心脾的花香鸟语，感受到明媚阳光的和煦温暖，感受到人间亲情的温馨浓郁……

同样，从我们被孕育的那一刻起，父母就对我们倍加呵护，用全部的爱培养着我们；当我们来到这个世界上，父母更是为我们的成长辛苦操劳，不分昼夜。

经常在街上看到这样的事情，孩子都上学了，父母为孩子背着书包，下雨天撑着雨伞；在公交车上孩子都四五岁了，怕孩子累着，让孩子坐着，自己却站在孩子身边……

可到头来，却养成了不少孩子以自我为中心的自私自利的心理，认为父母为自己做出的一切都是他们自己愿意的，感受不到父母的恩情。

因此，让孩子学会感恩非常重要，首先教育孩子要学会感恩父母。

若想要孩子感恩父母，长大后做个孝顺孩子，作为父母首先要做好自己，用孝行来影响孩子，给孩子做出榜样。

每个礼拜要腾出时间和孩子一起去看望自己的父母，买些父母喜欢吃的、用的，为父母做顿饭。

关心父母，经常电话问候父母，看有什么需求，身体状况如何等。

在父母有病时多在床前尽孝，悉心照料，请医喂药。

若和父母住得较近，每次家里改善伙食首先想到父母，为父母送去一份……

通过这些行为，使孩子在心灵深处形成一种印象，就是父母需要被关爱，需要被孝敬，孝敬父母是儿女天经地义的事情。

家长同时也要告诉孩子，自己的父母生养了自己，为自己的成长付出了那么多，非常辛苦，自己现在长大了，有了收入，首先应当感恩父母、孝敬父母，报答父母的养育之恩，让父母过得更幸福，生活得更快乐。

中央电视台有一个公益广告，母亲给奶奶洗脚，孩子看在眼里，晚上孩子给自己的母亲端来一盆水，说：“妈妈，洗脚。”

父母身教重于言教，做出榜样，孩子潜移默化，耳濡目染，一定也会是个孝敬父母的孩子。

用孝道故事来教育孩子。

中国自古就是讲孝道的国家。

中国有许多关于孝的故事，二十四孝图，影响了我们一代又一代的人，使我们的孝道流传至今，成为中华民族文化宝库里一颗璀璨的明珠。

同时，故事的主人公也给我们树立了榜样，两千多年至今，经久不衰。

可见孝是人间正道，孝是做人的根本。

同时，孝是爱的出发点，没有孝，便没有爱。

试想，一个对自己恩重如山的父母都不孝的人，怎么可能会爱别人呢？

听故事，是孩子的一个乐趣，也是幼儿期孩子受教育的一种主要方式。让孩子从他人的故事中学会感恩父母，孝敬父母。

有这样一个故事：

一个女孩跟母亲顶嘴，负气离家出走。

那是一个冬天，孩子走在街头，举目无亲。她不停地走，累了歇一会，再走，没有目标，没有方向，反正不想回家，不想见到父母，谁让母亲说自己呢？

女孩从上午走到傍晚，肚子饿得咕咕叫，可又身无分文。走到一个街角处，闻到从一个面馆里传出的面条香味，便忍不住走过去，站在门口不动了。

面馆里面只有两个客人在吃着面条，老板娘在照看着。

此时，老板娘看到女孩，主动上来问："姑娘是不是要吃面？"

小姑娘犹豫了半天，说自己没有钱。

老板娘说："没关系，姑娘，先吃饭。"给姑娘盛了一碗面条。

姑娘羞怯地吃着面条，吃着吃着，眼泪不停地流下来，半天才用不大的声音说："阿姨，谢谢，你真好。"

老板娘坐下来，和蔼地说："姑娘，这么晚还不回家？"

小姑娘吱吱呜呜。

老板娘说："是不是和父母顶嘴了？"

小姑娘点了点头，竟哭出声来，而且哭声越来越大。

老板娘边用纸巾为姑娘擦眼泪边劝姑娘说："姑娘啊，别哭了，我给了你一碗面条，你就说我真好，但有你的父母好吗？你的父母才是对你最好的人。他们一日三餐照顾你，让你衣食无忧，天下最好的是父母。你不回家，你知道你父母找不到你，他们多着急吗?”

小姑娘听着，慢慢地停止了哭泣，站起身，向老板娘道了谢，跑着回了家。

在胡同口挺远的地方，小姑娘看见妈妈迎风焦急地站在那里，眼泪又一次流了出来，哭着喊着跑过去“妈妈”，一下扑到妈妈怀里：“妈妈，我错了……”

妈妈把孩子搂在怀里，抚摸着孩子的头，温柔地说：“别哭了，咱们回家吧，你都快把爸妈急死了。”

小姑娘仍哭着一遍一遍对妈妈道歉：“妈妈，我错了……我错了……”

这也证明，如果孩子没有吃过苦，是很难体会到父母对自己全心全意的爱，只有在遇到困难时，才更容易想起父母的好处及对自己的爱，这叫有对比才有鉴别。过去也有一句话叫作“穷家出孝子”，是因为穷人家的孩子最能体会到父母的艰辛，懂得父母在困难情况下对自己的爱，更容易感恩父母，孝敬父母。

之所以许多孩子没有体会到父母对自己的爱，很重要的原因是因为大多数父母只会给孩子物质上的爱，让孩子身体健康，而对孩子的情感教育、爱的教育则关注较少。

究其原因，一方面是父母自己本身缺乏感恩意识，没有身体力行，不能为孩子做出榜样；另一方面是父母不会教育孩子，缺乏教育孩子的相关知识。

因此，若让孩子学会感恩，拥有爱心，除了父母自己成长、率先垂范以外，对孩子讲解关于爱的故事，也是一个比较有效的手段，因为故事是在讲他人，他山之石有时可以攻玉。

另外还可以对孩子适当地进行挫折教育，让孩子感受到父母的艰辛、生活的不易，从而产生感恩的情怀。

还可以适当地告诉孩子自己对孩子的爱，但讲多了孩子可能会有逆反，产生抵触情绪。

父母也不妨进行交叉教育，父亲可以把母亲对孩子的爱对孩子讲出来，母亲可以把父亲对孩子的爱对孩子说出来。这样一方面父母之间可以发现对方的优点，多看对方优点，少看对方的缺点，进一步了解对方，增进夫妻之间的感情；另一方面，让孩子通过了解父母对自己的爱的故事，学会感恩父母，尊敬父母，爱父母，孝敬父母，让家庭更加温馨和睦。

用动物的故事来教育孩子

实际上动物也有爱，有些动物对孩子爱的本能不比人类差，甚至超过人类。

不久前，微信上有一个故事，名字叫作“母爱”，让我非常感动。

图片上有一只长颈鹿昂首站在那里，左右各一只狼在撕咬着它，长颈鹿一动不动，任自己的血在不停地流……

本来它可以跑掉，但为了让孩子有活命的机会，自己停了下来，与狼对峙，用自己的生命来换取孩子们生存。

还有一个故事，是关于狡猾的狐狸的。

人们对狐狸普遍有一种不好的印象，但是有一只狐狸妈妈让多少人为之感动着……

在一个严冬的大雪天，这只狐狸妈妈外出觅食，返回的路上，被猎人的夹子夹住了腿，骨头断了，鲜血直流，但它想到了在巢穴里的等待妈妈回来的几个幼崽，鼓足勇气，忍住疼痛，拼命向洞穴爬去……

雪地上留下一串长长的血印，白红分明。

狐狸妈妈用尽了全身的力气，爬到了洞穴，此时已是奄奄一息。

幼崽们也因为妈妈长时间不回来嗷嗷待哺。

狐狸妈妈让自己尽可能地平躺下来，让幼崽们吸吮着自己的乳汁，又伸出流血的腿，用自己仅剩的快要干涸了的血让孩子们多吃一点，增加几分活下来的希望。

父母可以用这些故事教育孩子，并且告诉孩子人作为高级动物比动物更知道爱自己的孩子，孩子会从这些动物的身上知道父母对孩子的爱。

同样父母可以从乌鸦反哺以及小羊跪乳的感恩故事中让孩子学会感恩，学会爱父母，学会孝敬父母。

我小时候母亲常给我讲这样的故事，乌鸦小时候受到父母的养育逐渐长大，羽翼丰满，能够独立谋生了。但是小乌鸦想到父母对自己的关爱照料，即使恶劣的天气父母也会出去给自己捕食，找到食物少的时候，舍不得吃带回来喂自己，于是它决定在自己长大后第一件事就是反哺父母，让父母休息，用十八天时间感恩父母，捕食喂父母，十八天后才和父母分离。

还有小羊用感恩的心态跪下来吃奶，以尊重母亲，感恩母亲。

另有一个关于小羊智救母亲的感人故事，小羊用自己对母亲的爱来挽救了母亲，同时自己也获救了。

事情是这样的，有一个羊肉馆的老板，每天要杀活羊来经营自己的餐馆，生意很是红火。

有一天早上，老板又要杀两只羊，这两只羊是一大一小，大羊是小羊的母亲。

老板拿来菜刀，突然想到要取另一样东西，便把菜刀放在地上，回屋去取。

两只羊都被捆绑着，小羊看看菜刀，看看母亲，眼里流出了眼泪。

突然，小羊用被捆的身体一点一点挪到菜刀跟前压住菜刀。

老板回来了，可菜刀不见了，无论如何都找不到，回到屋里也没有，此时的他有些发蒙了，真是活见鬼。

当他再次回来，看到两只羊流出的眼泪，没有所动，仍在找刀，结果费了很大劲在小羊的身子下面找到了菜刀。

这次老板被小羊对母亲的情感深深震撼了。当时就做了一个决定，把两只羊放开，从此不再杀生，也停了餐馆。

小羊对母亲的爱可以挽救母亲的生命，同时也挽救了自己，也改变老板的人生，那么作为孩子不也应该感恩父母，孝敬父母，替父母担当吗？

情景教育，让孩子学会感恩

语言的教育有一定的成效，但是不能常用，常用就会在孩子内心产生感觉适应，孩子就很难再听进去，效果非但不好，且容易产生逆反。

给孩子提供具体场景，让孩子自己体会体验，效果会更好一些。

比如说孩子的爷爷奶奶或者外公外婆做好了饭菜在家等着，这时作为孩子的父母回来后一定要道一声感谢，同时让孩子感谢老人做了丰盛的饭菜，并让孩子参与到盛饭的过程中，从中体会到老人的辛苦，学会感恩。

孩子在哪些方面帮助了家长，家长一定要说一声："好孩子，真棒，知道心疼爸爸妈妈了。"或者"知道感恩了"。

让孩子知道帮父母或者为父母做事情就是感恩，孩子就会从做这些事情的过程中学会感恩。

一个人在被他人需要时，才能感受到自己的价值。

一个孩子在被大人需要时，才能感受到自己幼小的生命的意义。

真正爱孩子的父母，要在孩子面前，表现的弱势一点，给孩子一点表现自己的机会，给孩子一点爱他人的机会。

还有，如果可能，让孩子参与父母的工作。

教育千遍不如感受一遍。通过身临其境，亲身体验，让孩子感受到父母辛苦及挣钱的不易，学会感恩父母。

放大孩子对父母的感恩情结，让孩子学会感恩这个世界

幼儿期的孩子已经能够思考为什么的问题，家长若想孩子将来有爱心，成为对社会有用的人，必须在幼儿阶段这个三观的敏感期对孩子进行感恩教育，培养孩子的感恩心。

3—6 岁的孩子一般在幼儿园，放学后我们可以问孩子今天学的什么，及时鼓励孩子"真棒"。"谁教的?""老师。""老师辛苦吗?""辛苦。""应该怎样对待老师?""感恩，感谢。""那放了学你感谢老师了吗?""没有。""以后记得放学后先谢老师，同老师说再见。"

吃饭前爸爸也可以问孩子，"好孩子，饭菜香吗?""香。""谁做的?""是妈妈做的。""我们是不是应当谢谢妈妈?""是。""那我们一起谢谢妈妈。""谢谢，您辛苦了。"

问："粮食、蔬菜、油等都是谁生产的?"

答："农民伯伯和工人叔叔。"

问："他们为了我们吃上饭是不是很辛苦?"

答：“辛苦。”

问：“我们是不是应当感谢他们?”

答：“是”。

问：“还有衣服、用品、玩具等，所有的东西，我们都不生产，都是由社会上的每一个人为我们生产，他们很辛苦，我们是不是应该感恩社会的每一个人?”

答：“是。”

“感谢他们，尊重他们，还要有行动。你应当好好学习，学好本领，长大后干好工作，做更多的事情为他们服务，来报答他们。”通过这些教育，让孩子懂得感恩社会，感恩社会上的每一个人。

教育孩子感恩国家

还要告诉孩子我们之所以有这样和谐稳定的幸福生活，就是因为我们的国家在保卫着我们。

国家为每个公民提供着各种保障和服务，让孩子知道国家是小家的坚强后盾，没有国家就没有小家。

只有国家强大了，其他国家才不敢侵犯我们，如果国家贫困，没有经济实力和军事实力就没有发言权，其他国家就不会支持咱们，所谓弱国无外交，国家贫穷还要挨打。

清朝的落后，才有了八国联军进北京，火烧圆明园，抢劫财物、烧杀抢掠，还要我们割地赔款。

才有了国家屈辱的租界，外国人在租界内为所欲为，明明是中国的国土，国人却不能以任何理由干涉列强的非法行为。

才有了上海公园门口的“华人与狗不得入内”，才有了日本鬼子把中国称为“东亚病夫”……

所有这些，不光是清政府的耻辱，也是所有中国人的耻辱，人民任人宰割，与狗并列。

“覆巢之下，安有完卵?”祖国就是我们大家庭的母亲，母亲受到欺侮，做儿女的能坐视不管吗?

因此，要想自己好，首先要国家强。若要国家强，我们每一个人必须爱国，爱我们的母亲，让她更加强大，更加有尊严，不受别人欺侮。

所以要为祖国的强大努力学习，掌握本领，奋勇拼搏。

父母在这方面也要加强修养，和孩子一起成长，不断培养自己的爱国情怀，并付诸行动，为中华之崛起发奋图强，努力工作，且为孩子做出榜样，而不是斤斤计较个人的名利得失，只顾及小家的利益，而不顾及国家的利益。

养成孩子报恩的习惯

在培养孩子感恩心的同时，让孩子学会用行动感恩的习惯，才会升华为爱心。

正所谓：一种思想，引导一个行动，形成一种习惯。

同样，一个行动养成一种习惯，引发一种思想。

比如，母亲的生日，爸爸可以引导孩子："妈妈那么爱你，应当为妈妈做些什么?"启发孩子思考。

只有孩子在知道父母的养育之恩，并知道用行动报答父母，学会帮助父母、爱护父母时，才会从内心升华出对父母爱的情怀，才会孝顺父母，孝敬父母。

比如当父母有病时，知道陪伴父母，为父母送药倒水，送饭，多承担家务等。

在孩子懂得感恩父母、孝敬父母的同时，对于在幼儿园的孩子还要教育孩子感恩老师。

老师传授给孩子知识，教孩子做人、遵纪，还关心孩子的生活及成长，除了父母、爷爷奶奶、外公外婆之外，最值得感恩的就是老师。

教育孩子要尊重老师，关心老师，见到老师要问好，放学要对老师说声"谢谢老师""老师再见"。

还有班级里的同学，大家都在为这个集体的荣誉而努力，使这个班集体变得更加优秀。因此，要感恩班里的每一个人，爱班里的每一个人，尊重他们。力所能及地为这个集体多做一些事情，当同学有困难时主动帮助他们，不只是用金钱帮助，也可以通过自己的行为帮助他们。比如，同学生病时要主动告诉老师，住院时和同学一起去看望他（她），陪他（她）聊聊天，给他（她）送去鲜花，让他（她）痛苦的心灵得以慰藉。

作为父母，要发现并引导孩子的报恩行为，不断地鼓励，让孩子养成报恩的习惯，长此以往就会养成爱心。

培养孩子的慈悲心

慈悲心是孩子爱心的关键。

培养孩子的爱心同样需要培植孩子的慈悲心。

一个不能同情弱者的人不会成为一个真正有爱心的人。

家长要用言行来培养孩子的慈悲心。

教育孩子要尊重和关爱弱势群体，告诉孩子人是感情动物，人与动物的最大区别在于人更注重感情。生命是平等的，每个生命都应受到尊重和关爱，但生命个体又有差别，各方面的能力也不相同，尤其是弱者，能力上受到限制，更应当多加关注和关爱，这样他们才更加体会到社会的温暖，社会也才会更加和谐。

家长要有意识地引导孩子做一些慈善事情，可以同孩子一起不定期带些礼品看望残疾人或贫困人群，或者帮助他们做些力所能及的事情，培养孩子扶弱济贫的慈悲情怀。

通过培养孩子的孝心、责任心、感恩心和慈悲心，培养孩子的爱心，使孩子爱父母、爱社会、爱国家。

要善于发现并引导孩子的爱心

父母在这个时期要多加关注孩子，对于孩子体现爱心的行为，家长应当及时发现，及时表扬鼓励。

例如孩子将食物或玩具与其他孩子一起分享等，要及时表扬、鼓励，增加孩子的自信心和自豪感。

如果没有这样做，家长要适时地干预引导，让孩子学会和其他孩子一起分享。

当孩子帮助家长做家务或择菜等活计时，要夸赞孩子，并教育孩子如何把活干好。

家长还要引导孩子去主动探究，培养孩子的爱心。多和孩子一起看一些有关爱心的书籍并和孩子一起探究为什么。

此时孩子的好奇心探索欲望非常强烈，要为孩子创造条件，利用玩具、图画书、故事等引导孩子探究这个世界，为引导孩子形成正确的世界观、人生观和价值观奠定正确的思想基础。

养成孩子关心他人的良好品质，多做善事，所谓积善成德。有道德的人的德行是善心善言善行不断积累的结果，通过培养孩子高尚的道德情操来培养孩子的爱心。

营造环境培养孩子的爱心

爱心的培育需要多方面的因素，最重要的是给孩子营造爱的环境。

环境对孩子心理及人格的形成有很大影响，这就是孟母三迁的原因。

自幼在狼群里生活的孩子，只能是狼的习惯。同样要想让孩子有爱心，必须使孩子生活在一个充满爱的环境。这就要求父母给孩子营造一个充满爱的环境。

首先家庭要充满爱心，孝敬老人，夫妻恩爱，长辈对孩子要慈爱。

此外，经常给孩子以爱抚，温馨陪伴等等。

在这样一个充满爱的环境里，孩子会更快乐地成长，长大后也会更有爱心，家庭也会更幸福。

如果父母对孩子缺乏爱心，缺乏耐心，非骂即打，恶语相向，拳脚相加，那孩子长大后的性格很容易发生扭曲，变得内向或者怪癖，缺乏爱心等。有不少长大后犯罪的孩子就是在这样的家庭中长大的。他们小时得不到爱，缺失爱，长大后便想弥补以前未得到的爱，一旦得不到，便会报复社会，做出违法行为。

对孩子最珍贵的爱是温情的陪伴，给予孩子足够的爱，去关心他（她），爱护他（她）。

现在许多父母，为了挣钱，去外地打工，把子女留给爷爷奶奶或外公外婆，使孩子成为留守儿童。

缺乏父母的陪伴和关爱的儿童，其长大后的性格，一般来说是不会太正常，也不会太有爱心，故长大后大都不会幸福。

作为父母，都想让自己的孩子幸福，无论作为丈夫还是妻子，都要负起家庭责任，夫妻互敬互爱，家庭美满和谐，对孩子温情陪伴，孩子才会在这样的家庭里健康快乐地成长，才能有爱。

因此，为了让孩子长大后幸福、有爱心，父母首先要学会有爱心，先于孩子成长，有责任，学会感恩，学会报恩，学会爱心，做给孩子看，说给孩子听，这样自己的孩子才会成为一个有爱心的孩子，孩子也会健康成长，自己的家庭才会更幸福。

潜移默化培养孩子的爱心

培养孩子的爱心，非一日之功，而是一个长期的润物无声、潜移默化的过程。家长除了给孩子创造爱的环境，还应当经常性地为孩子创造机会，从身边小事做起，教会孩子去践行爱。

比如有些是孩子力所能及的事情，家长可以示弱，说自己做不了，让孩子去做，做完后给孩子一个鼓励，孩子会有一种自豪感、喜悦感，之后有什么事情他（她）还愿意帮你去做。

另外还可以带孩子多做这样的事：在公交车上为老人让座，有什么吃的先让给比自己小的朋友、让给老人等，并及时表扬，培养孩子尊老爱幼的良好习惯；扶残疾人过马路，带孩子为灾区儿童捐款，培养孩子扶弱济贫的慈悲情怀……

在活动中让孩子感受到自己的价值，孩子就认为是爱，有一次在参加孩子幼儿园的活动时，老师问孩子：“你爱妈妈吗?”孩子回答：“爱。”老师又说：“你说说看你是如何爱妈妈的?”孩子想了一会说：“有一次我帮妈妈扫地，妈妈说我是好孩子。”还有一个孩子说：“我给妈妈择菜了。”也可以看出，帮父母就是孩子在心灵深处对父母的爱。因此，要多给孩子提供表现的机会并及时给予表扬或者适当的物质奖励。

通过经常性地为孩子创造机会，引导、鼓励孩子做好事来培养孩子高尚的道德情操，培养孩子的爱心。

用好节假日培养孩子的爱心

节假日也是培养孩子爱心的好时机。比如父亲节、母亲节、春节、元宵节、中秋节，带孩子一起去看望爷爷奶奶、外公外婆，并告诉孩子，我们是你的父母，爷爷奶奶是爸爸的父母，外公外婆是妈妈的父母，他们把爸爸妈妈养大，付出了很多汗水，非常辛苦，现在我们长大了、挣钱了，应当感恩生我们养我们的父母，多去看看他们，多关心他们的身体健康，多陪伴他们，买些他们喜欢吃的，看看他们缺什么用的。三八妇女节，父亲一定要和孩子一道送给母亲一份礼物，并告诉孩子母亲的不易，十月怀胎非常辛苦，妈妈为孩子受了很多罪，并说一声“您辛苦了，我爱您”，给母亲放假，父亲和孩子一起给母亲做上可口的一日三餐，主动打扫卫生，洗衣服，让母亲休息一天；五一劳动节要教育孩子热爱劳动，亲自打扫卫生，洗衣服，告诉孩子五一节是劳动人民的节日，劳动最光荣，劳动既能强身健体又可创造财富，要教育孩子热爱劳动，自己的事情自己完成，同时还要感恩天下的劳动者，爱天下的劳动者，是他们为我们生产了粮食、衣服、房屋、交通工具等一切产品，我们应当好好学习，长大后做个有用之人，来报答他们；七一建党节，要教育孩子知道中国共产党的来历及历史，是我们的党带领全国人民推翻了旧中国，建立了人民当家作主的新中国；五四青年节、八一建军节、十一国庆节等要教育孩子，让孩子知道我国人民过去的屈辱，是中国人民解放军以及无数革命烈士用鲜血和生命换来了祖国人民的解放，才有了我们今天的幸福生活，才有了我们今天能自豪的当家作主，有我们的党、国家和人民军队做后盾，才使得外国人不再小看我们，我们才不再受奴役，让孩子们爱我们的军队，爱我们的党，爱我们的国家。

用游戏培养孩子的爱心

游戏是幼儿所喜欢的主要活动，也是最感兴趣的活动。可以把爱的情节贯穿于游戏中，引导幼儿在游戏中体会什么是爱。比如，让孩子交替扮演父母和子女，让扮演父母的孩子来照顾孩子，端水端饭，洗衣扫地等，让孩子体会到父母的不容易，体会到父母的辛苦。告诉孩子为了他们成长，父母天天如此，月月如此，年年如此。通过这些方式让孩子学会感恩父母，爱父母；另外让孩子们在互助活动中扮演不同的角色，体会帮助别人的快乐；还可以借助扮演小动物之间的关爱和帮助感受什么是爱。

共同学习培养孩子的爱心

幼儿阶段的孩子大脑发育最快，脑神经的可塑性也最强。研究表明，5 岁前是智力发展的关键期，一些智力较差的孩子是由于在大脑发育的关键时期，环境单调，接受刺激较少，从而错过了大脑的最佳发育期。因此，在幼儿期，父母应该给孩子的大脑足够的刺激。早期的行为干预是可以促进大脑的发育的，父母应当和孩子一起，结合爱心教育，多对孩子进行大脑皮层刺激，利用动漫、绘画、游戏、诗词等形式，引导培养孩子的爱心，尤其是传统文化教育，被我国几千年的实践证明对于培养孩子道德情怀和爱心具有非常明显的成效，家长应当和孩子一起学习《弟子规》，孝敬父母，诚待朋友，友爱社会，同时可以让孩子学习理解《论语》里有关做人之道，以及传统文化的其他书籍，以此来刺激孩子的大脑细胞，促进大脑发育，培养孩子的记忆力、理解力，让孩子变得更聪明，又培养孩子的爱心。

还要给孩子多介绍世界名著的故事梗概。这些名著都是培养高尚品格、道德、情怀及爱心的经典作品。

比如美国作家欧·亨利的作品《最后一片叶子》，描写的是一位老画家的学生患了肺炎，无钱医治，身体越来越弱，神志恍惚，把窗外的常春藤比作自己的生命，每天数着常春藤的叶子，每掉落一片叶子，她就认为自己会少活一天。这样过了许多天，直到树上剩下一片叶子，她感到自己的生命就要结束了。这是个风雨交加的寒冷夜晚，为了挽救奄奄一息的学生，老画家冒着风雨在窗外的常春藤上画了最后一片叶子，将树的生命永远定格为一片叶子，学生因此获救，自己却得了肺炎献出了生命。主人公对学生无私的爱至今感动着我，成为我生命里美好而温暖的记忆，让我也学会了爱。

还有欧·亨利的著名短篇小说《麦琪的礼物》，讲述的是一对穷困的年轻夫妇忍痛割爱互赠礼物的故事。男主人翁吉姆是一位薪金仅能维持生计的小职员，女主人翁德拉是一位贤惠善良的主妇，为了能在圣诞节送给爱人一份礼物，吉姆卖掉了自己最心爱的没有表链的祖传金表为德拉买了一套“纯玳瑁做的，边上镶着珠宝”的梳子，因为自己的妻子长着一头美丽的秀发；德拉却卖掉了自己视为生命的长长的秀发为丈夫买了一条白金表链……他们都为爱

人舍弃了自己最珍贵的东西，换回的礼物却毫无作用。尽管故事让人伤感，但这对年轻夫妇的至爱又感动了多少代多少人?!

还有许许多多关于爱的文章，都会给孩子爱的启迪，让孩子在爱的故事中受到感染，学会爱，拥有爱，同时，父母也会在和孩子一起学习的过程中加深对爱的理解，提升自己的爱。

还可以同孩子一起学习社会主义核心价值观，学习习近平总书记关于爱的实践（比如一带一路、精准扶贫、反腐倡廉、人类命运共同体的理念）以及爱的论述，所有这些都是中国几千年传统文化的升华，是爱的体现。

通过学习，既提升了孩子的文学水平及鉴赏能力，又使孩子陶冶了情操，拥有了爱心。

总之，要多措并举创造条件，把爱的教育贯穿于生活的多个方面，并进行反复训练，不厌其烦，多鼓励表扬孩子，尽量不要批评孩子，因为在这个年龄的孩子都乐于听表扬，作为父母，要真诚地鼓励孩子树立信心去做好事。这些举措，可以把孩子培养成为一个有道德有爱心的人。

不断放大孩子的爱心

把孩子的爱不断放大非常关键。把集体比作一个大家庭，把社会比作一个大集体，让孩子爱社会上的每一个人，以至爱这个社会；让孩子爱这个国家的每个人、每一个群体，以至爱这个国家；还要让孩子爱人类、爱世界。

要引导和教育孩子把爱变成行动，变成习惯，固定孩子的行为模式，这样孩子就会自觉地去爱父母，爱集体，爱社会，爱国家，爱人类，他（她）就会把爱当成自己一生的动力，把爱当作自己一生奋斗的目标及方向。作为父母，不但会得到子女的爱，同时子女也会健康成长，更有成就，在追求人生价值的过程中和成功后，都会得到社会和他人的尊重，也会幸福一生。

培养孩子正确的世界观、人生观、价值观

世界观、人生观、价值观对人的一生非常重要。有什么样的世界观、人生观、价值观，就会有什么样的认识问题、解决问题的方式方法。

爱心是拥有正确的世界观、人生观以及价值观的基础。没有爱心就不会形成正确的世界观、人生观以及价值观，认识问题解决问题就会偏离主流方向，不被社会认可，自己也不可能幸福。

幼儿期是儿童接受情感刺激的敏感期，也是进行爱心教育的敏感期，又是进行道德教育和爱心教育的最佳期，同时也是以爱为基础，让孩子形成正确的世界观、人生观和价值观的重要时期。

家长在对孩子进行爱心教育的同时，还应当对孩子进行世界观、人生观以及价值观的教育，为孩子健康成长打好基础。

有人说，世界观、人生观和价值观这么高大上的东西对幼儿来说是不是太早?

实际上，孩子在幼儿时期心灵纯洁，各种思想观点还没有形成，像一张白纸，易画最美的图画，易写最美的文章，环境和教育的影响都会在他们心中留下深刻的烙印。这个时期对孩子教育和指导，让孩子形成正确的、科学的世界观、人生观和价值观，会使孩子终身受益。

如果到孩子七八岁，过了教育的关键期，孩子思想里已经有许多不同的意识和观念，此时再对孩子灌输不同的思想就非常难，因为最初的意识和观念是根深蒂固的，想改变必须付出非常艰辛的努力，这也就是七岁看老的原因。有些所谓“坏孩子”入学以后十分难改变也是同样的原因。

世界观也称宇宙观，是人们对整个世界的根本看法，包括自然观、社会历史观、人生观、价值观等。世界观指导人们来观察问题和处理问题。

每个人都有自己的世界观，每个人由于社会实践水平、历史发展阶段、知识结构、环境影响、教育差异以及思维方式的不同，其认知也有所不同，因而世界观也各不相同。

但总的来说，世界观是由社会存在决定的，社会存在决定社会意识，有什么样的社会存在，就有什么样的世界观。

对孩子来说，有什么样的家庭教育以及社会教育，就会有什么样的世界观。

人们用自己的世界观观察世界、分析问题和处理问题，不同的世界观会指导者人们采取不同的行动，从而对社会的发展起着或促进或阻碍的作用。

同时，世界观又总是和个人的理想和信念相联系，对理想和信念起支配和

导向的作用；而且世界观也是个性倾向性的最高层次，它制约和调节着人的整个心理状态和行为方式，直接影响着人的个人品质，因此可以说，世界观决定一个人的人生观和价值观。

人生观是对人生的根本看法，是对人生价值和意义所持有的观点。人生观是世界观在人生领域的一种延伸和体现。人生观包括幸福观、生死观、苦乐观、荣辱观、恋爱观等，是世界观的重要组成部分，是由世界观决定的，受到世界观的制约。

人们对人生价值、目的和意义的不同观点和态度，形成不同的人生观。

人生观的核心问题是如何认识和处理个人发展与社会发展关系。马克思主义认为，各种人生观都是一定的生产力和生产关系的产物。由于不同的人在不同的时代社会地位不同，生活经历、社会环境和所受的教育不同，人生观也就不同。

在人类历史上曾出现过这样几种人生观：

享乐主义人生观。它从人的生物本能出发，将人的生活归结为满足人的生理需要的过程，提出追求感官快乐，最大限度满足物质生活享受是人生的唯一目的。

禁欲主义人生观。它将人的欲望特别是肉体的欲望看作是一切罪恶的根源，主张灭绝人的欲望，实行苦行主义；

厌世主义人生观。这种观点主要来自宗教。宗教的厌世主义认为，人生是苦难的深渊，充满各种烦恼和痛苦，唯有脱俗灭欲，才能真正解脱。

幸福主义人生观。幸福主义的人生观包含有两种不同的观点：一种观点是强调个人幸福是人生的最高目标和价值；另一种观点是强调个人幸福的同时，也强调他人的幸福和公共幸福，认为追求公共幸福是人生最高目的和价值所在。

乐观主义人生观。持这种观点的人认为，社会发展的前途光明的，人生目的在于追求社会的文明和进步，在于追求真理，对人生抱着积极乐观的态度。

共产主义人生观。它是无产阶级的科学的人生观，把人的生命活动里程看作是认识和改造客观世界的过程，把消灭资本主义、实现共产主义、为绝大多数人谋利益，看作是人生的崇高目的和最大的幸福。

前三种人生观以及个人幸福人生观都是以自我为中心，是建立在自私自利基础上的人生观，是得不到社会认可和尊重的。而且自己在追求幸福的过程中，由于私欲膨胀，永远不会得到满足，因而不仅人生没有意义，自己也不会得到幸福。

公共幸福人生观、乐观主义人生观和共产主义人生观都是以爱心为基础的利他的人生观，是受社会认可和鼓励的，因此也是具有积极意义的人生观。尤其是共产主义人生观，完全是以大爱为基础，以公平正义为内涵，以人类的共同幸福为目标，是值得全社会尊崇和效行的人生观。

因此，人生的价值和意义在于对社会所尽的责任和为社会所做的贡献，在于以大爱为基础的全心全意为人民服务，无私地把自己的一切贡献给共产主义事业。只有这样，世界才能真正美好，我们每个人才能真正幸福。

价值观是关于价值的一定信念、倾向、主张和态度的观点，起着行为取向、评价标准、评价原则和尺度的作用。它也是人生观的集中体现，也即是说，价值观是人对客观事物的需求所表现出来的一种认识和评价。

简单地说：价值观就是回答这件事这样做有没有价值、价值大小的问题。

一个人的价值观在某种程度上也反映了一个人的人生观，同时也反映了世界观，直接制约着人们的思想和行为。对于不同的人，不同的价值观会有不同的行为，在个人生活和组织中也会起着不同的作用以及产生不同的影响。

世界观、人生观、价值观三者在一个人身上是一个有机整体，但三者既有区别又有联系。

世界观是人生观、价值观的基础，有什么样的世界观就有什么样的人生观和价值观。

人生观、价值观是世界观的重要组成部分，又是它的具体体现，人生观与价值观紧紧相连，人生观决定价值观取向，价值观引导人生方向，人生观和价值观又丰富和发展着世界观。

世界观、人生观和价值观一旦形成，便具有相对稳定性，同时，对人们的思想和行为起支配作用，是人生的方向盘，也是人生的航标。

因此，培养孩子正确的世界观、人生观和价值观非常重要。

什么是正确的科学的世界观、人生观和价值观？

当前社会存在的世界观，总体来说分为两个派别，唯心主义世界观和唯物主义世界观。

唯心主义者认为神创造了万物，意识存在于物质之中，精神和物质是两种不同的实体，精神和物质彼此完全独立，不能由一个决定另一个。

唯物主义者认为世界是物质的，物质是可以被认识的，它是一种客观存在。客观物质世界是运动的，客观物质世界的运动是有规律的，规律是可以被人认识和掌握的，并可利用自然规律来造福于人类，违背了自然规律就要受到大自然的惩罚。在人们认识和改造自然的实践中，人的认识也在不断提高和发展，但其终究要受到物质世界即社会存在的制约，不是人的意识决定社会存在，而是社会存在决定人的意识，同时又强调人的主观能动性。

世界观是根据人们对社会存在的认识的不断发展，由浅到深、由初级到高级不断地发展，从唯心主义发展到马克思的辩证唯物主义，经历了一个漫长的过程。

今天，马克思的辩证唯物主义得到了全世界的认可，几乎每个国家的人民都信仰马克思主义的哲学，都认为这种哲学是正确的，可行的。

辩证唯物主义世界观使人们开始重新认识周围的世界，推动着人们认识世界和改造世界的实践，拓展着人们对世界的认知，即便是唯心主义者，也逐渐承认现实的物质世界，也会用物质世界的客观性去认识周围的一切，在人们发现奇怪现象时，不再呼唤神灵，而是用科学的方法去验证、去研究，找出其中的科学道理，做出科学解释，减少甚至没有了对大自然的敬畏恐惧之心。

因此辩证唯物主义是经过无数人长时间实践证明了的目前世界上最为科学和最为正确的世界观。正是因为马克思从辩证唯物主义的世界观出发，研究人类社会的发展历史，发现了人类社会的发展规律，指出以满足人的个性需要为前提的资本主义带来的不平等是造成人类悲剧的最大祸根。一方面，以满足个性需求为前提的资本主义为了个人的利益不讲道德不择手段，造成无序的恶性竞争，是造成犯罪及社会不稳定的主要原因；另一方面，恶性竞争带来的分配不均以及贫富差距过大，导致人们心理失衡，是造成犯罪及社会不稳定另一个原因；再有就是资本主义社会的剥削与被剥削这对主要矛盾是造成犯罪与社会的不稳定的根本原因，因为哪里有剥削哪里就有反抗。在国家之间，资本主义同样会导致弱肉强食，会导致一国对他国财富资源的惊夺，甚至发展成为像第一次世界大战和第二次世界大战那样灭绝人类的战争。因此，资本主义会让人们越来越自私，给人类带来痛苦和不幸，并最终会毁灭人类。

马克思的辩证唯物主义，从另一个角度讲，是以对人类和世界的大爱胸怀，指出各尽所能按需分配的共产主义社会是人类发展的终极目标，这是全世界爱好和平以及希望世界美好的所有人们的共同心愿，也和中国传统文化几千年之前提出的大同世界的美丽愿景是一致的，是符合全人类大多数人的美好期盼的。因为人们总是希望世界美好、春天永驻、百花盛开、没有痛苦、没有战争、彼此尊重、相互关爱，这也是共产主义的宏伟蓝图。所有这一切自私是做不到的，只有爱才能够做到，因此可以说，马克思主义哲学的实质也是大爱的哲学。

希望人人有爱，希望自己被爱，爱就是人间的春天，有爱就有尊重，有爱就有理解，有爱就有包容，有爱就有温暖，有爱就有和平，爱就是人间盛开的鲜花，爱就是人间正道。

但爱需要从我们每一个人做起，尤其是从我们自己做起。我们每个人拥有爱，传播爱，弘扬爱，爱世界，爱人类，爱祖国，爱社会，爱集体，爱家庭，爱我们身边的每一个人，我们赖以生存的这个世界就会变得更加美好。

因此，有爱就会有正确的世界观、人生观和价值观，爱本身就是最为正确的世界观、人生观和价值观。

因此，要让孩子有正确的世界观、人生观、价值观，就必须让孩子有爱心，这样才能客观地、正确地认识自然界万物，才能自己掌握自己的未来，把握自己的命运，也才能把为人民服务变成自己的人生观，在为人民服务的过程及成就中受到人们的尊重，获得幸福。

人的正确的世界观、人生观、价值观不是从天上掉下来的，那样就是唯心主义，而是人们在实践的基础上经过科学验证，上升为理性认识，再回到实践，再认识，这样循环往复，形成人们对世界的总的认识和看法，这就是世界观。而人生观是世界观在人生领域的体现，价值观则是人生观在对待事物方面的态度及取舍。人是环境和教育的产物，人在社会实践和教育的基础上，接纳并形成了自己的世界观、人生观和价值观，因此，正确的世界观、人生观、价值观的形成是社会实践和教育的结果。

幼儿的世界观、人生观和价值观的形成则主要靠教育，因此，若想孩子树立正确的世界观、人生观和价值观，家长必须树立正确的世界观、人生观和价值观，用言行来教育孩子。

一是父母树立正确的世界观、人生观和价值观。

作为孩子的第一任启蒙老师，要在具备爱心的前提下，多学习马克思主义哲学、习近平新时代中国特色社会主义思想及习近平重要讲话，形成正确的三观，并落实到行动上，为孩子树立榜样。用自己的思想、言语、行动来引导孩子、教育孩子、影响孩子。

二是引导孩子树立正确的世界观、人生观和价值观。

把正确的三观贯穿到讲故事、做游戏以及教育中去。因为孩子最爱听的就是讲故事，最爱玩的就是做游戏，这时候对幼儿期大脑刺激最为深刻，最容易启蒙孩子具有正确的三观。

三是选择正确的环境。

环境对孩子形成正确的世界观、人生观以及价值观非常重要。俗话说“近朱者赤近墨者黑”，在好的环境里面，和好孩子在一起，能帮助孩子形成正确的三观，反之，在不好的环境里面，和坏的孩子在一起，则不利于孩子形成正确的三观。“昔孟母，择邻处”，也就是说，孟子的母亲，三次搬家，目的就是为了让孩子有一个好邻居，有利于孩子的成长。现在的家长，也不妨学一学孟母，给孩子选择一个正确的环境。比如有些幼儿园注重孩子的德育教育、爱心教育，选择这样的幼儿园，对孩子道德的培养及爱心的形成很有帮助；还有选择家风好、道德素养高、有爱心以及三观正确的家庭的孩子与自己的孩子作为玩伴，多进行交往，潜移默化，能受到好的影响，对孩子形成正确的三观都会有益。

四是教育孩子树立正确的比较观。

比较是一门学问，不同的比较观反映出不同的世界观、人生观以及价值观。

现实社会中有的人比较看重物质，有的人比较看中地位，而轻视道德和素养，总是在比谁家钱多，谁做的官大，这样比的结果无形中给孩子树立了“榜样”，让孩子向金钱看齐，向官位看齐，让当官挣钱成为自己奋斗的目标。如果达不到目标的，就消极对待工作，消极对待他人，怀才不遇，怨天尤人，造成自己心理不平衡，还可能采取不正当的手段，损人利己，甚至走上违法犯罪的道路，到头来受到法律的制裁和社会的唾弃。

如果比爱心，比道德，就会激发自己潜在的动力，把为社会贡献更大的力量、惠及更多人群、做更多有益于国家和社会的事情作为自己的奋斗目标，这样自己的一生就会更有意义。像雷锋同志那样“工作上向高标准的人看齐，生活上向低标准的人看齐”，把高标准工作的人当成自己的榜样，工作热情就会越来越高，对自己要求就会越来越严，目标就会越来越大，贡献也会越来越多，人生就会更有价值；生活上向低标准的人看齐，就会养成廉洁节俭的习惯，就不会对物质有过多奢求，就会远离灯红酒绿的影响，就会满足物质要求，就会有快乐的心态。俗话说“知足常乐”，因为往下比发现还有人比自己困难，就容易满足，同时激发自己的慈悲情怀，激发自己的爱心，激发自己的责任心，就会更好地为人民服务，就会更加快乐和幸福。

教育孩子要比谁学习好、比谁进步大、比谁成长快、比谁贡献大、比谁更有道德、比谁更有爱心，而不是比谁吃得好、比谁穿得好、比谁用的名牌、比谁家房子豪华、比谁家车子气派。

只有让孩子养成正确比较观，才能让孩子在自己的一生中把握正确的人生方向，不会被名利所驾驭。

五是教育孩子淡泊名利。

名誉是社会对一个人的认可，利益则是家庭幸福的物质基础，有荣誉感和适当的财富并不是坏事。有了名誉可以激励自己为社会多做一些事情，做出更大贡献；有了一定的财富，除让家人生活得更加舒适、幸福之外，还可以做些有益于社会的事情，毕竟社会还有缺乏劳动能力、入不敷出的人，还有因病不能就医的人以及多种原因生活困难的人群，力所能及地帮助这些人，自己也会感到幸福。

但是不要鼓励孩子过分追逐名利，过分追逐眼前利益，那样会使孩子的私欲越来越膨胀，从而毁掉了孩子一生的幸福。

应当教育孩子淡泊名利，有爱心，树立远大理想。只有这样，孩子才能成就更大的事业，才能最大化地造福人类、报效祖国，才能成为父母眼中的骄傲，孩子的一生也才有成就感、价值感和幸福感。

《诫子书》是三国时期政治家诸葛亮临终前写给儿子诸葛瞻的一封家书。从文中可以看出诸葛亮是一位品格高洁、才学渊博的父亲，对儿子的殷殷教诲与无限期望尽在书中。全文通过简练的语言，将天下为人父母者的爱子之情表达得淋漓尽致，成为后代为人父母者教育孩子的标尺，也成为年轻人自省自励的警言。

《诫子书》全文不长，加上标点符号，只有短短的103个字，但它所表达的和要求的人生高度以及对人生的启迪是多少再长的文章都没有的。

文章是这样的："夫君子之行，静以修身，俭以养德。非淡泊无以明志，非宁静无以致远。夫学须静也，才须学也，非学无以广才，非志无以成学。慆慢则不能励精，险躁则不能冶性。年与时驰，意与日去，遂成枯落，多不接世，悲守穷庐，将复何及!"

其大概的意思是：君子的行为操守，用宁静来提高自身的修养，以节俭来培养自己的品德。不恬静寡欲无法明确志向，不排除外来干扰无法达到远大目标。学习必须静心专一，而才干来自学习。所以不学习就无法增长才干，没有远大志向就无法使学习有所成就。放纵懒散就无法振奋精神，急躁冒险就不能陶冶性情。年华随时光而飞驰，意志随岁月而流逝。最终枯败零落，大多不接触世事，不为社会所用，只能悲哀地坐守着那穷困的居舍，其时悔恨又怎么来得及呢?

可见诸葛亮一生把道德的修养放在首位，即一个人立于天地间要有大作为，为国家、为社会做出一番轰轰烈烈的事业。做到这些，就要严格要求自己，于奢华中寻找宁静，于宁静中立志高远，“不畏浮云遮望眼，只缘身在最高层”。同时勤奋节俭以培养崇高的德性，像范仲淹所说的：“不以物喜不以己悲”，“居庙堂之高则忧其民，处江湖之远则忧其君”，“先天下之忧而忧，后天下之乐而乐”。

时刻不忘责任担当，把爱作为自己人生的目标，作为行动的标尺，这样才会成就一个大写的人，才会完成人的使命，在离开这个世界的时候，才能像奥斯特洛夫斯基在《钢铁是怎样炼成的》里面写到的那样：“人最宝贵的是生命，生命对于每个人只有一次，人的一生应当这样度过：当他回首往事的时候，不会因为虚度年华而悔恨，也不会因为碌碌无为而羞愧，也不会因为为人卑鄙，生活庸俗而愧疚。这样，在临终的时候，他就能够说‘我已把自己整个的生命和全部的精力献给了世界上最壮丽的事业——为人类的解放而奋斗’。”

作为父母，应当像诸葛亮教子一样，应当教育孩子像范仲淹一样，把道德和爱作为立身之本，并且自己在行动中做到，引导孩子树立正确的世界观、人生观和价值观，长大后成为一个对社会有用的人。

六是让孩子树立远大理想。

经常给孩子讲一些伟人的故事，像名人传记等。用伟人们的爱人类、爱国家、爱社会、爱家庭的大爱情怀，来培养孩子的爱心，使孩子在爱父母的基础上放大爱的格局，胸怀祖国，放眼世界，以天下苍生为己任。现代的伟人像开国领袖毛泽东主席从青少年时期就立下了“以天下为已任”的宏愿，马克思也选择了“为人类服务”的志向，周恩来总理自幼立志“为中华之崛起而读书”，习近平总书记自幼就发奋为人类的美好而学习。

名人的事迹，幼儿、青少年比较容易接受，且会留下深刻的印象。名人的事例是点燃孩子理想的火把。一个人的学习、工作随着理想走，成功随着工作来，立志、努力、成功是人类活动的三大要素，要鼓励孩子立长志，立大志。

古人曰：“取乎其上，得乎其中。取乎其中，得乎其下。”意思是说：一个人确立了很高的人生目标，最后仍有可能只达到中等水平的成功，若将目标降为中等，大多数人也只能实现下等水平的成功。这句话是告诉人们，不论是治学还是立世，一定要志存高远，并为之努力奋斗，才有可能走得更远。

一定要让孩子有大爱，只有这样，孩子才会树立远大的理想和目标，在成长和学习工作过程中，才有动力，矢志不渝地到达成功彼岸。

通过这些学习和教育，把孩子培养成一个有爱心、讲责任、能担当、守法纪的具有远大目标理想的优秀青年。

4. 第四阶段　童年期（7—12 岁）

此阶段的主要任务：获得勤奋感，克服自卑感。

此阶段的主要冲突：勤奋感和自卑感。

此阶段的人格特质：能力品质。

童年期孩子大脑已经发育成熟，且具备了一定的学习能力和思维能力，到了入学接受教育的时候，学习知识成为孩子的主要活动。

这段时期，如果孩子接受教育较好，在同伴中会受到孩子们的尊重，受到老师和家长的重视，获得自豪感，从而产生勤奋感，满怀信心地进行学习和探索；反之，就会产生自卑感，导致孤僻不合群，做事没有信心，行动畏首畏尾，从而影响孩子的一生。

如何让孩子学习好，能力强，尤其在当下，已成为家长们的头等大事。

年轻父母们为了不让该孩子输在起跑线上，甚至在学龄前就给孩子报了各种班，真是用心良苦。但有的孩子入学后还是学习不够好，能力不够突出，这就需要帮助孩子养成良好的学习习惯，掌握学习方法，培养孩子的各种能力，激发孩子的自信心和勤奋感。

家长需要做好以下几个方面：

和孩子一起学习，营造良好的学习氛围

还是那句话，家长的行为是对孩子无形的教育。

家长爱学习，孩子长大一般也爱学习。

所以，家长想让孩子学习好，最好的办法是和孩子一起学习，而且还要带头学习，营造一种学习氛围，让孩子感受到学习的快乐，养成良好的学习习惯。

我的爱人是一名教师，我是一名军队干部，孩子从小没人带。爱人在家里备课、批改作业时，就给孩子一本书，让她自己看。孩子不认字就在那里念，

“呜哇呜哇”也不知念的什么，还把书正过来翻过去。当有人问孩子在干什么，孩子就说“俺（nan）也在备课”。孩子养成了一个爱学习的习惯，中考成绩在全济南市六万多学生里排名第三，离满分仅差7分。上大学以后，以全级部第一的成绩保送到复旦大学金融工程专业。

然而现在大多数父母，想让孩子一夜之间成为天才，像填鸭一样教育孩子，采用多种方法督促孩子学习，孩子回到家放下书包就让写作业，家长自己却在玩手机、看电脑。

学习是一种辛苦的差事，少儿的天性就是玩，只有家长远离手机、电脑，和孩子一起营造良好的学习氛围，培养孩子的学习兴趣和勤奋品质，孩子才能安心学习。

发现并培养孩子的学习兴趣，让孩子快乐学习

兴趣是最好的老师。因此，家长要做好以下几个方面：

发现并培养孩子的兴趣

对于孩子主动表现出的好的兴趣，家长要及时给予尊重，积极的创造条件鼓励孩子发展自己的兴趣。

尊重孩子的兴趣就是让孩子拥有快乐，为孩子创造条件发展自己的兴趣，就是给孩子提供成长的土壤。

但是对孩子感兴趣的事情也不能过度培养，任何事情都有个度，否则会使孩子过分迷恋于同一件事情。因为人生还有许多知识和能力需要学习和掌握，所谓艺多不压身，不要让孩子过独木桥，只走一条路，否则这条路如果不合适、走不通，孩子就没有其他选择，况且知识是相通的，对多种知识和技能的掌握，也会促进和帮助孩子进一步学好做好感兴趣的事情。

引导孩子的学习兴趣

家长在发现并培养孩子兴趣的基础上，把孩子的兴趣往学习上转移。告诉孩子做好任何事情都需要文化知识，只有学好文化知识才能帮助自己做好感兴趣的事情。这样，既保留了孩子原来的兴趣点，同时提升孩子学习的热情。

著名教育家卡尔·威特有一个教育原则，就是根据兴趣进行学习。

先引导孩子的兴趣，再引导孩子学习。

他总会先试探孩子的兴趣，比如他给孩子买来一些名人书和画册，绘声绘色地给孩子讲解，孩子听得津津有味，之后他就会告诉孩子："这些故事很有意思吧，如果你学会了识字，你就能自己看明白这些故事了。"儿子非常想知道故事里讲的什么，便会吵着跟父亲学习那些字母。

还有，西方人习惯在学习外语时先选择拉丁语，卡尔也不例外。但拉丁语是一门比较难学的语言，于是卡尔先把一本拉丁文小说用精彩的语言讲给孩子听，以引起孩子的兴趣。之后告诉孩子，要想成为一名优秀的学者，首先要学会拉丁文。卡尔还带孩子去参加拉丁语的音乐会，用拉丁语的优美来打动孩子。

趁孩子对拉丁文感兴趣的时机教孩子学习拉丁文，这样，孩子在兴趣的驱使下，学起来并不费劲。

兴趣不是天生的，环境的影响对兴趣的形成也有很大关系，家长要对学习表现出极大的兴趣，用言行来影响孩子，使之对学习产生兴趣。

激励孩子的学习兴趣

对孩子进行表扬，是激励孩子强化学习兴趣的措施。

孩子都喜欢被表扬，在孩子小的时候批评孩子一定要慎之又慎，一句批评的话有可能会让孩子产生自卑感，扼杀孩子的兴趣。

孩子在学习上一点点进步或者一个行为都要及时鼓励，以此增强孩子的信心和学习的兴趣。要真诚地对孩子进行表扬："孩子真棒，你下次一定会比这次更优秀。"孩子经常听到父母这样由衷的表扬，就会向着父母希望的目标努力，从而培养了孩子的学习兴趣。

另外还要帮助孩子养成学以致用的良好习惯。

孔子曰："学而时习之，不亦乐乎?"让孩子在应用知识的过程中掌握了本领，提高技能，得到快乐，从而不断提高学习的乐趣。

7—12 岁的孩子，毕竟没有脱离孩子的天性，其思维模式还没有完全摆脱幼儿时期具体形象性思维的束缚，要用具体形象的活动引导孩子学习，比如做游戏、讲故事、图画、用具体的模具做教具等方式，来激发孩子的学习兴趣，让孩子从中找到快乐，提高学习兴趣。

培养孩子的自信和勤奋精神

表扬是激励孩子强化学习兴趣的措施，同样，表扬可以使孩子获得自信。

父母要用表扬的方式来培养孩子的自信，“孩子，你真行，你真棒”要成为家长教育孩子的口头禅，看到孩子的成长和进步要及时给予表扬，尤其是不爱学习或者学习不太好的孩子，更是要不失时机地给予表扬，使孩子对学习产生信心。爱迪生、爱因斯坦等小时候不被老师和同学们看好，被认为是差学生，家长没有放弃，而是耐心指导，不断表扬，爱迪生长大后成为大发明家，爱因斯坦长大后成为大物理学家。

但是，对于非常爱学习的孩子以及学习能力非常强的孩子则不要总是表扬，甚至还要给予适当的批评，以免养成孩子骄傲自满、自以为是的性格，听不得反面意见，缺乏团队意识。

只有兴趣和自信是不够的，还要培养孩子的勤奋精神。勤奋是一个人成功的重要品质。让孩子常背一些励志的名言名句，常读一些名人的传奇故事，同时用名人们锲而不舍的坚强意志鼓励孩子们要学会勤奋，告诉孩子没有人能够随随便便成功。爱迪生也说过：“成功 = 99% 的努力 + 1% 天才。”勤奋是成功人士的重要品质，也是爱心人士的重要品质。事实证明，一个勤奋的人，能够取得的成就必然要比其他人大，勤奋才能有更大的成功，更好地为人民服务，这样的人生才更有价值和意义。

培养孩子科学的学习习惯

进入学习阶段，孩子的学习便成为这个阶段的主要任务。

要想孩子学习好，除培养孩子拥有爱心，树立远大目标之外，还要让孩子能静下来，只有静下来，才能独立思考，才能心无旁骛，听得进课、看得进书、做得好作业。

7—12 岁，孩子虽然进入学校，但爱玩的天性还会持续一段时间，这会影响到孩子学习的效果和成绩，因此，要引导孩子养成良好的学习习惯。

为了抑制孩子爱玩的天性，同时又能让孩子人格和其他方面全面发展，制定出科学的时间安排，根据孩子情况和学校的学习特点，把孩子一天的活动合理安排，具体内容包括从起床到睡觉的所有内容，如学习的时间、玩的时间、做家务的时间等。

让孩子学逸结合，该学习的时间专心致志，聚精会神，该玩的时候，全身心放松，开心的玩。

此外，孩子自己能完成的内容都让其自己完成，在做的过程中，一是培养了责任心，该由自己承担的责任自己承担，能够有担当；二是体会家长的辛苦，培养感恩之心，长大后孝敬父母；三是增加学习动力，提高学习效率；四是养成孩子自立的性格。这些习惯对孩子将来学习及工作都非常有益。

不要以为孩子的任务只有学习。只要学习好，其他都可以由家长包办，这样其实是在害孩子。

孩子养成自立的习惯非但影响不到孩子的学习，反而会促进孩子的学习。

每年评选的全国十佳少年，他们在道德以及爱心方面是人们学习的榜样，在家庭生活方面也有不少人年纪轻轻就承担起照顾父母或者爷爷奶奶的重担，牺牲了许多学习时间，但他们在学习时能够专心致志，刻苦勤奋，效率会明显高于其他同学，同时其他方面的能力也会促进学习，因此他们的学习往往也是一流的。

相反，生活不能自理的孩子，即使学习好也会被社会抛弃。

前一段时间有一则报道耐人寻味。一位单亲妈妈为了让孩子长大后有出息，对其教育非常严格，要求孩子除了睡觉之外大部分时间都用在学习上，且每晚睡觉之前回忆一天的学习内容，周末回忆本周的内容。孩子没有辜负妈妈的希望，小学上了三年直接升入初中，初中上了一年升入高中，之后上大学，研究生，十六岁就考取了博士生。许多人都羡慕不已。但孩子入学后不能适应学校生活，甚至衣服都不能自己穿，最后学校做出决定，辞退这个孩子。可见一味追求孩子的学习成绩，让孩子高分低能甚至连生活都不能自理，这样的孩子对社会又能有多大的作用？将来能够更好地发展吗？

通过这个事例也可以看出，让孩子全面发展多么重要。

因此，对 7—12 岁的孩子，在培养高尚的道德情操及爱心的基础上，把学习当成主要任务，兼顾其他，比如体育锻炼、美学常识、劳动技能等，按照德智体美劳的标准让孩子全面发展。

培养孩子认真的品质

认真是一种对事情严谨的态度，是一个人的良好品质，是做人的高境界。只要认真了，就没有做不好的事情。

认真也是一个国家、一个民族强盛的基石。做事情严谨细致、一丝不苟、与时俱进、富有思想，这个国家和民族就会强盛。

德国是世界上的制造业强国，他们的产品质量一流，遍布世界，没有其他国家能赶得上，这主要得力于这个国家人民的认真精神，他们将认真铭刻在骨髓里。在德国，经常有工人因工作不完善不吃饭、不睡觉。有这样一个故事：青岛一个地段的下水管道坏了，工人们在检查管道时有一个阀门漏水，需要更换一个螺丝。这时，发现在旁边挂着的塑料袋里有一个备用螺丝，换上备用件后管道修复了。再一看，连管道都是德国人在 1909 年制造和铺设的，距今已有一百多年的历史。这是一种认真到极致的精神，他们甚至连一百年之后的事情都能想到，并且做了准备。

还有日本，他们对待工作对待事情的认真态度，也是首屈一指，无人能比。有一次亚运会在日本举行，前来观赛的人座无虚席。亚运会结束以后，记者们发现，偌大的体育场没有一张纸片，没有一片瓜子皮，洁净如初。记者们不禁由衷地赞叹，这个国家太可怕了，让人难以想象，认真发挥到如此程度，还有什么事情做不好呢？

毛泽东主席曾经说过：“世界上怕就怕认真二字，共产党就最讲认真。”

正是因为认真让共产党人勇敢战斗，奋勇前行，认真对待每一次战役，注重每一个细节，使中国共产党从小到大，带领全国人民打败了日本帝国主义，打败了蒋介石号称的八万军队，建立了新中国，使中国人民从此站了起来，当家作主。

在新中国成立后，中国共产党用认真的精神取得了经济建设的伟大成就，解决了十四亿人口大国的温饱问题，这是对人类的一大贡献。

现在，认真精神让中国就像一列奔驰的列车，在习近平总书记的带领下向着中华民族的伟大复兴的目标飞速前进，在各个领域取得了辉煌的成就：一带一路建设，实现了中国与多数国家的联通，极大地降低了成本，提高了效率，惠及多国人民；量子通信、人造卫星等方面的成就，也令世人瞩目；各种尖端设备的制造，都是由许许多多的人发扬大国工匠精神，由中国制造升级为中国智造，实现了前所未有的历史飞跃。

国家是这样，政党是这样，一个人更是这样，做好任何事情都离不开认真二字。有一句话叫作细节决定成败，能考虑到细节是一种认真的态度，能做好细节更是一种认真的精神。我国古人有非常大的智慧，总结出“修身、齐家、治国、平天下”，意思是说，只有以认真的精神做好自己，从小事做起，从小处做起，让自己成为一个道德高尚、有爱心的人，才能引领一个家庭、领导一个国家、和谐整个天下。这话不仅仅为天下，更为个人，小事做不好，怎么会做好大事？在培养人的道德及爱心方面，刘备说“勿以恶小而为之，勿以善小而不为”，也是告诫人们认真对待每件小事，道德以及爱心是由一件件小的善事积累而成。与其说是细节决定成败，不如说是认真决定成败，只有认真做好每一个细节，才能做好大的事情，取得人生的成功。

孩子都很聪明，学东西也很快。但有些孩子学习成绩不好的主要原因就在于不认真。比如在做作业或者考试过程中，看错题号，抄错内容等等。经常会有孩子在考试结束后说“那个题我是会的，本来不应该错，就是因为写错了”，或者是“没看清题目”，究其原因还是因为不认真。如果把认真培养成孩子的一种习惯，可以大大提高孩子的考试成绩。

我的孩子小时候做作业经常马虎，考试也经常出错，在班级里学习处于中游，这种状况一直持续到三年级。我了解了她的情况，她是因为粗心才做错题目，于是告诉孩子养成认真的习惯，包括上课听讲、下课做作业、平时看书等，都把认真贯穿其中，作业做错了，撕了重新做，直到完全正确为止，有时做到近十遍才能完全过关。通过这种方式，改变了孩子的不认真习惯，学习成绩提高很快，四年级之后就一直排在级部前列。

对孩子来说，养成认真的态度和习惯，就会认真听讲、认真看书、认真思考、认真完成作业。在学习思考的过程中，认真会帮助孩子更好地理解知识点，转化为指导生活中分析问题、解决问题的能力。同时在考试答题的过程中，认真也会避免出现不必要的错误，提高考试成绩。从这个角度讲认真也是一种能力，而且是一种很重要的能力。

认真还会使孩子终身受益。孩子在学习过程中养成的认真习惯，会贯穿于孩子将来的生活和工作中，使生活井井有条，工作严谨细致，更容易取得成绩。

培养孩子认真的习惯，应做到如下两个方面：

培养孩子的辨别能力

家长应该有目的有意识地指导孩子进行比较和辨别，以提高孩子的注意力。如：对于刚学汉语拼音的孩子来讲，b 和 d 经常容易混淆，家长可以让孩子临摹，把 b 和 d 写得大一点，因为字体放大了，在大脑中形成的映像也就清晰了许多。放大了细节，可加深印象；还有“3”和“8”，“己”“已”“巳”等字容易混淆，一旦混淆，便很难再区分。这是首因效应所致，一定不要训斥孩子，那样会使孩子产生自卑感。这时家长应当想办法利用象形、意义等知识和具体字联系起来，让孩子区分记忆，比如“8”和“3”相比，告诉孩子两个口都关上是 8，两个口都开着是 3。其他也是这样。

还可以通过让孩子观察物体细节的特点及变化，培养孩子仔细观察、仔细辨别及比较的能力。比如，让孩子看瓢虫有几个斑点，其他虫子有几条腿，花有几片花瓣，是不是每种花的花瓣都一样多等等，还可以通过图画让孩子区分相同点、不同点，等等。久而久之，让孩子形成认真观察、勤于思考的好习惯，进而培养孩子的辨别能力。

培养孩子集中精力的习惯

集中精力对孩子来说非常重要。进入学校前，每个孩子都是从玩中度过的，进入学校后，爱玩的习惯还没有改变，受不了纪律的束缚，也不能在一节课内精力高度集中。因此，父母引导孩子养成集中精力的习惯也非常重要。

家长可在规定时间内与孩子一起集中精力、聚精会神地学习，时间可以由短到长，但前提是不要超过一个小时，还要考虑孩子的学习效率以及孩子的耐受能力等。

家长还可以和孩子一起集中精力进行其他活动或游戏等，通过这些形式让孩子养成专心致志、集中精力的习惯，为养成认真的习惯奠定基础。

培养孩子认真的习惯，纠正粗心的习惯，是一个漫长、细致和艰难的工作。家长一定要有高度的责任心和耐心，不能急躁，更不能打骂。打骂会使孩子情绪更加紧张，有可能变得更加粗心。对于缺乏仔细观察和独立思考、动手快于动脑的孩子，父母要帮助孩子提高认识，知道认真的重要性，并在生活中耐心细致地指导、引导，孩子有进步应多加鼓励，养成认真的习惯。

培养孩子的学习方法

十七世纪法国杰出的数学家、哲学家和科学论的倡导者笛卡尔说道：“最有价值的知识是关于方法的知识。”

任何事情都有一定的方法，学习也不例外，也有其独特的方法和规律。掌握了方法和规律，学习就会事半功倍，不但轻松而且高效。

英国有位社会学家曾经调查了几十位诺贝尔奖得主，发现他们大多认为学习时最重要的就是掌握学习方法。

我在小学时期学习比较好，到初中以后由于同学们多了，人外有人，成绩虽然还可以，但是要在级部排十几名。我的父亲比较着急，于是带我去学习好的孩子家里取经。这个孩子和我同年级，学习排名第一，他的哥哥学习也很好，恢复高考后考上了大学，在我们乡镇是很轰动的一件事情。同学的哥哥对我讲，学习是有方法的，掌握了方法就会轻松自如。比如不同的知识体系就像一棵树，你要分门别类掌握好知识点，他还以数学为例给我进行了讲解，使我深受启发。从此我在学习中注意学习方法的应用，考上了县一中，而且平时学习都是全县第一，高考以全县第二名的成绩考上了大学。

因此，要想让孩子学习更好，除了培养孩子浓厚的学习兴趣、认真的学习态度、勤奋的学习习惯之外，还应当有一些更加高效的学习方法，这些方法可以让孩子学习起来更加轻松。

学习方法有很多，但比较简单实用的有以下几种：

①系统学习法

系统学习法就是把所学内容归纳成一个系统，力求从整体范围指导学习，这样在学习和复习的时候不是按章节顺序进行，而是先概括，再逐渐在大框架下逐步明晰细节、完善结构，弥补缺陷和不足的学习方法。

系统学习就是在整体与部分之间积极相互转换的过程，每一个转换都意味着一次提高。

由于孩子进入学校后，课程越来越多，越来越细，会使有些孩子对所学的内容应接不暇，往往是学完了，隔一段时间忘得也差不多了。

利用系统学习法有助于孩子在头脑中将知识系统起来、清晰起来，对于孩子长远的学习非常有帮助，家长可引导孩子学会这种学习方法。

系统学习法有四个层次，从低到高依次为：

树状结构法

树状结构是要把学习对象当成一棵大树，先从整体把握，然后按照一定的关系把对象进行分解，弄清楚各个部分的具体关系和来龙去脉。也就是将各个分散的知识点按照一定的逻辑和规则有机联系，组成一棵树的轮廓，像树干、树枝、分枝，这样脉络就清晰了，既有助于记忆，也有助于理解，还有助于知道多层次间是递进关系还是平行关系等。

首先，将一本书作为一棵树构建树状结构，树状结构从大轮廓理顺，可以按照书的章目录将每章作为树干的一个枝按适当顺序进行整理。

大轮廓，即第一层分支（章），将书本合上以后，能够在大脑中反映出每一章的具体内容。

待第一层分支（章）熟悉并理顺以后，可以理顺第二层次分支（节）。

小轮廓，将每一节的内容分别对应作为分支于相应的枝上，按照自己的理解划出脉络，归纳总结重点和难点，进行经常性的复习。

掌握的标准是能够离开书本能够条理清晰地口头复述。

其次，心中有了大轮廓，就可以对书本以最快的速度阅读。自己在心中找出脉络，归纳总结重点和难点，进行经常性的复习。

经常回忆轮廓，发现有模糊的内容尽快翻阅教材或相关资料，加深理解和印象。

掌握的标准是能够理解并用自己的语言表述。

树状结构可以熟练掌握课本的内容和知识点。

网状联系法

树状结构是以大轮廓为顺序，按照学习的章节次序联系在一起，使学生能够清楚一门课的内容安排以及其关系，还容易清楚相关概念以及其区别，是学生学习的基本方法。而网状结构则是知识之间的横向联系。

告诉孩子应该培养这样一种观念：学习的内容都是相互联系、相互作用的。考试就是将这些知识关系进行转化（变形）、叠加等，来考查学生对各种知识掌握的程度以及灵活运用程度。

所以第一步就是找出每一部分之间的直接联系，明确各部分之间的关系，以一个知识点为基点建立起初步的网状结构，经常进行复习，将各种知识点融合在一起，以便综合运用。

这个阶段掌握的标准是能够把大的网络通过适当的语言充分地表述出来，能够让人理解明白。

由点到面法

由于所学知识各部分存在着联系，而每一个部分都可以建立起树状结构，每一部分都可以是中心，让其他部分为其服务。这样经常把不同的知识点作为中心进行复习，会将不同的知识举一反三，融会贯通。

学科包容法

将其中一门学科融入其他学科。这样，学习一门学科可以提高对其他学科的认识，同时，通过对其他学科的学习和认识，也可以加深对本门学科的理解。

学科包容法其实是对不同学科之间的横向联系，在不同知识之间寻找共同点或相似点，促进系统融合或知识渗透。

②及时归纳法

归纳是指归拢并使有条理，多用于抽象事物，也指一种推理方式。这里的归纳主要是归拢并使之有条理的意思应用。

归纳方法既实用又简单，不论学生的年龄大小、层次高低，都很容易掌握；在时间的运用上，也十分方便，可以利用大块的时间进行归纳，也可以运用零星的时间进行归纳。

归纳法对于提高学习效率也是行之有效的方法。

当天学过的内容，每天睡觉前半个小时进行归纳，对当天学习的内容理出顺序，哪些是概念清晰已经掌握的，哪些是尚不清晰没有掌握的。能当天掌握的及时掌握，不能当天掌握的第二天再学习、查找资料等，实在理解不了，请教老师或同学。

一节或一章的学习结束以后，也要及时对所学内容进行归纳，和系统学习法结合起来使用更为有效。通过归纳、系统，理出脉络，找出概念不清楚的地方，加以学习，找出相近的知识点的异同点，以增加这些知识点的印象和理解。

利用假期时间对一学期学习内容或一门课的内容进行归纳。

养成一个良好的归纳习惯，及时消化所学知识，定将起到事半功倍的效果。

③教科书学习法

教科书学习法是最基本也是最重要的学习方法。教科书是多少名家经过深入研究、精琢细磨编写而成的教材，是老师授课、学生学习的重要依据，学好教科书是完成好学业的根本。

所谓教科书学习法，就是课前预习、课堂听讲、课后复习、巩固提高。

课前预习

课前预习是在老师上课前，学生将老师要讲的内容事先看一遍，要主动地看、认真地看，边看边理解，看完后再回想一下主要内容，哪些是重点，还有哪些问题不明白，做到心中有数。这样在上课的时候就能抓住重点，跟上老师的思路，集中精力听重点及预习时没有理解的问题。

课堂听讲

课堂听讲是学生最重要的环节，集中精力听讲是学习好的关键。

在课堂听讲时，一是抓住重点，看老师是怎么讲的，和自己课前预习的理解是否有偏差；二是对于自己课前预习没有理解的问题认真听讲，用一句时髦的话来说，也叫问题导向，把问题搞明白了，对于其他的部分则会轻松的学习，这样就会提高效率，还不太累。三是课堂上应当留出时间来思考，思考老师提出的问题、解决问题的方法，自己做对或做错题目的原因以及老师讲课的精华，并记录下来，课后找时间进行整理。

课后复习

课后复习是对当天学习的内容进行巩固吸收消化的过程。

通过复习，一是对不掌握的内容重新学习，达到理解掌握的程度。二是对照课堂笔记，将笔记重新进行整理，对于新的收获要记录下来。三是对学习的内容做好归纳总结，将零碎的知识点串起来，整体把握。

巩固提高

在做好复习的前提下，适当做题，巩固提高。

做题是为了检验学生对知识的掌握程度及应用的灵活性。适当地做题有助于对知识点加深理解和灵活应用，还可及时对不掌握的内容重新学习。但课本知识仍然是基础，是主线，做题不求太多，要做到精，学会举一反三，思考是关键，通过几个题将知识点全部应用其中，吸收消化。

④错题难题知识点归类法

对于平时做作业或是考试经常出错的题目，说明是自己对这些知识点掌握得不熟练甚至根本没有掌握。自己要把这些题目归类到一个特别的小本子上，经常拿出来做一做、看一看，对相应的知识点重新学习理解并做好心得，把新的认识、新的感悟、新的理解记录在本子上，加深印象。

对于难点、易混淆的知识点等，建立一个本子，按照一定的知识体系，用表格等形式记录下来，对这些知识点的理解也记录下来，把零碎的知识进行加工整理，就像把零乱的砖头排列整齐就会变成大厦一样，知识加工整理后才能形成系统，易于消化吸收以及利用创新。

学会科学记忆，使学习如虎添翼

随着孩子年龄增长，学业的加重，需记忆的知识也越来越多。单靠机械记忆，很难适应高效学习的需要。

为了提高孩子的学习效率，掌握记忆方法尤为重要。

记忆方法有以下几种：

①系统记忆法

系统记忆法就像前面所说的“构建知识体系树”，以教材目录、章节为根基和主干，找出知识点（枝），归纳知识点的三大方面（即是什么、为什么、怎么样）作为叶，进一步挖掘知识点的横向联系作为网状结构（花）和知识点与社会生活的纵向联系（果）。

学习复习时，按照由根到干、由干到枝、由枝到叶、由叶到花、由花到果的顺序，构建多角度、多层次、全方位的识记和理解的知识体系，能够有效提高记忆效率、学习知识的速度和学习的质量。

②规律记忆法

德国著名的心理学家艾宾浩斯通过大量研究，总结出一个规律，即遗忘在学习之后立即开始，而遗忘的进程并非均匀，最初遗忘速度很快，以后逐渐缓慢。保持和遗忘是时间的函数，如下图所示：

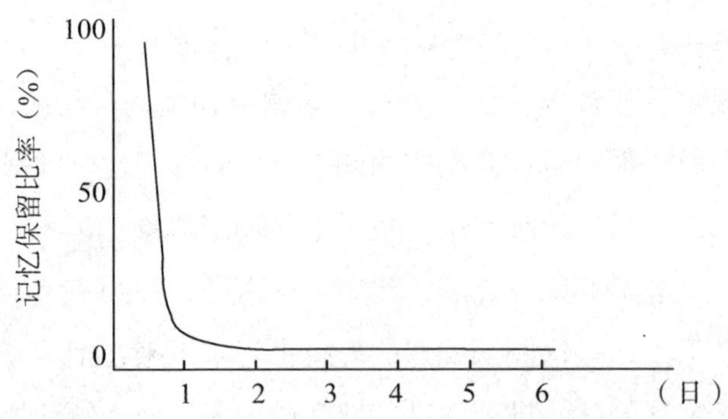

由此可见，我们刚刚学过的东西近 80% 的内容容易被遗忘，能够保持记

忆的内容只占 20%。这就告诉我们，学过了不等于学会了，学会了也不等于记住了。

要想学过的内容被记忆，只有不断刺激大脑，加深大脑对学习内容的印象。

因此，学后一天、学后一周、学后一个月的内容也要及时复习，增加大脑对知识的回忆、再现、提炼、保存和巩固。

③形象记忆法

形象记忆法就是对比较抽象的知识进行联想、与熟悉的具体的事物现象联系起来记忆，也可用图以及表格等形式加以形象化，这样就可使抽象的知识形象化，更容易增强记忆效果。

④对比记忆法

对比记忆法就是将所学知识按照不同的属性加以归纳比较，找出异同加以整理、提炼并进行记忆。

在学习中，对于杂乱无章的内容就可以采取对比记忆的方法。

由于类似的知识易于彼此联想，能够比较容易地唤起过去的经验，比较异同能进一步加深理解和记忆。

⑤科学记忆法

在大脑经过充分的休息之后，记忆效果往往比较好，因此，对一般人而言，重要的内容和难以记忆的内容放在早上起床后的一段时间里识记效果最好。

而有些人在比较安静的环境里识记效率更高一些，这是因为在安静的环境里思考不受影响，理解记忆的效果更好。

因此，选择合理的时间对知识进行科学记忆有助于提高学习的效率。

⑥卡片记忆法

该办法就是要把识记的内容按照一定的分类及规则制作成卡片，利用空余时间取出来复习记忆。

卡片记忆比较灵活，随时随地都可以复习，有没有学习条件都可以，还便于随身携带，是一种非常灵活的识记方法，并且在制作卡片的过程中，对知识点重新进行分类、整理、书写，其本身也是一种记忆。

⑦书写记忆法

书写记忆法就是把要识记的内容采取书写的方式强化记忆的一种方法。

俗话说："好记性赶不上烂笔头。"书写记忆的过程一方面是靠书写来刺激大脑皮层，印象较深；另一方面书写的过程大脑也迅速理解加工，对大脑产生更加深刻的刺激，同时还加深对知识的理解。

除掌握一些记忆方法以增强记忆外，还要注意休息，不能搞疲劳战术，头脑过于疲劳反而会事倍功半，降低记忆效果。另外还要积极锻炼身体，保证营养。好的身体是学习的保证，同时身体好学习效率及成绩才会提高。

总之，让孩子养成良好的习惯，该干什么的时间就干什么，学就投入地学，玩就痛快地玩。

除此之外，还要引导孩子懂得学习是一种能力，但学习的目的不仅仅是为了得到高的分数、升入好的大学、读研究生、读博士等，更重要的是提高分析处理问题的能力，创新创造的能力，将学到的知识应用社会，造福人类。

因此，学习知识，重点在于理解，关键在于应用，更高境界在于创新。

知识是相互联系、相互影响、相互促进的，家长要培养孩子举一反三、融会贯通的能力，更要引导孩子利用知识提升创造力。

5. 第五阶段　青少年期（12—18 岁）

主要发展任务是：让孩子形成角色的同一性，避免角色混乱。

此阶段的冲突表现为：角色的同一性和角色混乱。

该阶段主要人格特征：培养孩子的责任心和诚实品质。

12—18 岁是青少年阶段，此阶段儿童的身心迅速发展，是进入成年期的短期准备阶段。

在这一时期，孩子从婴儿期幼儿期的以游戏为主到接受理性教育为主，这种大的跨越使孩子感到无所适从，出现各种疑惑，产生各种冲突。他们会提出我是谁，我过去是怎样的，我在社会上能干什么等想法，加上对异性懵懂的情愫、对家庭的责任等等，这些都会使他们感到烦恼甚至痛苦。他们都要在这一阶段通过学习、分析找到答案，完成对自己的定位。

可以说该阶段是人生最困难与最困惑的阶段，也是一个很危险的阶段，通常叫作红灯期、青春期、叛逆期或危险期。

在这一阶段，青少年的内心冲突处理不好，会出现心理问题，甚至人格偏差。

埃里克森认为青少年期对人的一生意义重大，如果能够正确认识和评价自我，就能接受自己的过去，定位好自己的未来，形成明确的目标和理想，并为之努力，青少年的自我认同感就形成了，他们就能够对个人的价值、责任和信仰等问题独立做出决定，能够正确理解自己是怎样的人，接受并欣赏自己。

在青少年期将解决社会上的许多现实问题，比如在家庭中自己是父母的子女，将来必须担起孝敬父母、赡养父母、让父母健康长寿的责任；作为男人（女人）将来成家后是丈夫（妻子），要尽到家庭责任，做到家庭担当；生儿育女后是孩子的父亲（妻子），教育引导儿女，让儿女有爱心有孝心，努力学习本领，有责任担当，长大后服务社会大众等。此外，每个人还有一个社会责任，有爱心，乐于助人，积极工作，遵纪守法，为社会做出贡献等。一个人能够正确认识自己，就会有多方面的担当，会努力成长自己，完善自己。

相反，也有青少年不能形成良好的自我认同感，就会形成角色混乱，就不会全面地担当责任，或者根本没有担当。

因此，这个时期家长的主要任务仍然是给孩子做好榜样，用自己的行动来影响孩子，仍然要巩固和放大孩子的爱心，使孩子热爱一切，有动力为所有角色努力，为远大的理想去奋斗。

还要给予孩子适当的教育和引导，尤其是当孩子迷茫时，要给予鼓励和帮助，告诉孩子人生是权利和责任的统一体，是付出和幸福的统一体，享受权利就要担当责任，要面包就要劳动，要爱情就要付出爱，想被社会尊重就要付出更多的艰辛，同时辩证地对待问题，用爱心解决问题，付出爱，讲奉献，讲担当，所有的问题都不是问题。

此外，鼓励孩子好好学习，培养各种能力，仍然是本阶段的主要任务，只有掌握了为人民服务的本领，才能更好地服务社会，也才能在各种角色中有更好的做为。

6. 第六阶段　成年早期（约 18—26 岁）

此阶段的主要任务：建立家庭，获得亲密感，避免孤独感。

此阶段的主要冲突：亲密对孤独。

该阶段主要人格特征：培养爱的品质。

亲密感是人与人之间的亲密关系，包括亲情、友情、爱情。

亲密的社会意义，是个人能与他人同甘共苦，相互关怀。亲密感在危急情况下，往往会发展成为一种互相承担义务的感情，它是在共同完成任务的情况下建立起来的。

如果一个人不能与他人分享快乐和痛苦，不能与他人进行思想情感的交流，不能与他人互相关心与帮助，就会陷入孤独寂寞的苦恼情境之中。

埃里克森认为，这个阶段的青少年早已积极地准备去分担相应的责任、工作、生儿育女和文化娱乐等生活，以期最充分完满地进入社会。

他们需要一种共享的同一感，尤其是通过寻找配偶建立美满家庭而获得亲密感。

但由于寻找配偶也包含着偶然因素，所以也孕育着害怕独立生活的孤独感。

因此，寻找理想的配偶对建立美满幸福家庭非常关键。

寻找配偶的重点不是看对方家庭条件好不好，长得美与不美，关键要看对方是否有爱心。

有爱心的人就会与自己同甘共苦，共同担当；有爱心的人就会包容、尊重、理解自己；有爱心的人就会为了家庭的幸福、社会的责任、国家的未来去奋斗。

而自私缺乏爱心的人即使外在条件再好，也不会与你同心同德，因为她（他）时刻想到的是自己而不是对方。

作为父母，对孩子来说，陪伴已不是主要方面，但仍要起到参谋作用，给孩子提出合理的建议，供孩子参考，但对孩子不要干涉太多，否则孩子会出现反感情绪。不过父母仍要不失时机地教育孩子要有爱心，只有爱，才能担当起家庭的重任，才能处理好家庭关系，才能在社会上做好工作，为自己成长奠定基础。

7. **第七阶段　成年中期（25—65 岁）**

此阶段的主要任务：获得繁衍感，避免停滞感。

此阶段的冲突：繁殖和停滞。

该阶段的主要人格特征：培养关心的品质。

25—65 岁被称为人生中期，是成家立业、生儿育女的阶段，这个时期是最长的，也是相对平稳的时期。

在这个时期，夫妻二人建立了良好的亲密关系，随着在社会上取得的进步，就必然开始拓展兴趣，关注社会，同时也关注他人。

有了孩子后，主要心思开始聚焦关心下一代。埃里克森认为，一个人能够很幸运地形成积极的同一性，过上富有成就的幸福生活，他就会力图把产生这些东西的环境条件传递给下一代。这可以通过与儿童（不一定是自己的孩子）提高直接的交往，或者通过生产或创造能提高下一代的生活水平乃至精神需求的那些东西来实现。而这种行为的动因就是爱，因为爱让自己感到幸福，同时爱产生让世界美好的责任感，于是用爱的方式试图通过自己的努力让更多的人幸福。

埃里克森认为，成年男女必须考虑使新的一代获得关怀和满意的发展。所谓繁殖不仅是指个人的生殖力，而主要指对下一代的关切。有些人从未做父母，但也深切关怀着下一代的成长，从而丰富了在感情上成熟的人格。缺乏这种体验的人会产生一种假亲密的需要，实际上是一心专注自己而产生的停滞感。

只关注自己的人实际上是自私的体现，自私的人既不会感到家庭的幸福也不会得到社会尊重，因此也会使自己心态产生停滞感。

因此，有爱，关心他人，是一个人无论在家庭中还是在社会上获得幸福的最根本的品质。

所以，作为一个成年人，既要承担起家庭责任，也要承担起社会责任、国家责任；既要爱小家，也要爱大家，爱国家；只有这样，才能真正获得幸福。

8. 第八阶段　成年后期（又称为老年期，65 岁以后）

此阶段的主要任务：获得圆满感，避免失落感或厌恶感。

此阶段冲突：圆满和失望。

该阶段主要人格特征：培养智慧、贤明的品质。

这一时期的人开始衰老，从工作岗位上退下来，他们的体力开始走下坡路，收入减少，亲朋配偶开始离开。

回忆成为这一阶段的主要任务，回忆过去，想知道自己一生过得是否有意义、有价值。如果认为自己的一生是充实的，对引领社会美好有价值，则会有圆满感，欣然与世告别；如果认为今生只是为了自己，尤其是有许多对不起他人、社会和国家的事情，就会有失落感、内疚感、恐惧感，怀着绝望走向死亡。

埃里克森认为，一个人只有回顾一生时感到所经过的是丰足的、有创建、有奉献、有担当的人生，才是幸福的人生，才是圆满的人生，才不惧怕死亡。

那种回顾挫败人生的人，则会体验到失望。

作为成人，一定学好中国优秀传统文化、学好社会主义核心价值观、学好习近平新时代中国特色社会主义思想、学好心理学的相关知识，尤其是学好埃里克森人格成长理论中 3—6 岁关键期的描述，提升自己，成为一个合格的父母（老师），用行动感染孩子，用理论教育孩子，培养孩子的爱心，为孩子树立正确的世界观、人生观和价值观奠定坚实的基础，同时培养孩子的学习能力、应用知识解决问题的能力等，为孩子的健康成长打下坚实的基础。

3 做好自己，为孩子做出榜样

先行向导，身教重于言行

《论语》开篇第一句话就是："学而时习之，不亦说乎?"学习的目的不仅是让自己知道知识，了解知识，更在于应用知识。如果没有应用，知识就会被束之高阁，成为摆设，失去其价值。

从此意义上说，父母做好自己，是对学习的检验和肯定，同时也是对自己的提升。

从另一方面讲，父母做好自己，更是为了教育好孩子。父母的行动是对孩子最主要的影响方式，有人总结出 1 >10 定律，就是父母一个认真的行动，其效果大于说教孩子 10 遍。我国有一句话："其身正，不令而行；其身不正，虽令不行。"在部队也有一句话："喊破嗓子，不如做出样子。"也是在说明身教重于言教的道理。父母做好自己，为孩子做出榜样，是对孩子最主要的教育方式。

这就要求父母在孩子面前一定要言行一致，只有这样，才会真正影响教育到孩子。

如果父母说一套，做一套，当面一套，背后一套，或者言不由衷，孩子就会产生歧义，莫衷一是，不知道哪个是对的，哪个是错的。父母在孩子心目中的形象也容易受到破坏，孩子就会不尊重父母，甚至瞧不起父母，更不会爱父母。更关键的是孩子对世界会产生不信任感，孩子的一生怎么会幸福呢！

因此，父母要想使孩子成为什么样的人，自己一定先学会做什么样的人，学以致用，用行动来影响孩子，为孩子做出榜样。把传统文化、社会主义核心价值观、习近平新时代中国特色社会主义思想、心理学的相关知识都落实到行动上，并同孩子一起进行实践，引导教育孩子和自己一样。

要想孩子将来孝敬父母，自己首先要孝敬双方老人，关爱老人，经常看望、陪伴老人，买些老人喜欢吃的和用的，帮老人打扫一下卫生，做做饭等等。

要想孩子有爱心，父母自己要有爱心，首先是夫妻恩爱，互相尊重，互相关心，互敬互让，互相理解，互相包容，能随时看到对方的优点并赞美对方；对待孩子也是一样，平等相处，发现孩子的优点并及时表扬；同时，夫妻还应当爱人民，爱祖国，爱社会，爱集体，用实际行动来践行爱，努力工作，勇于拼搏，遵纪守法，经常做一些慈善的事情，为国分忧，为他人解难。

要想孩子将来事业有成，父母自己要认真工作，勤于学习，善于研究，不要把时间浪费在玩手机、看电视和玩游戏上，并且同孩子一起，营造一个干事创业的氛围和环境。

只有父母做好自己，为孩子做出榜样，用行动来引导孩子，同时加以教育引导，孩子才能成为另一个比自己更优秀的人。

4 温情陪伴，与孩子一起成长

共同成长是家庭教育的本质

为了更好地影响孩子、教育孩子，父母仅限于做好自己还是不够的。成长有一个共同效应——温馨陪伴，与孩子一起成长，会更有乐趣，也会收到更好的效果。

家长与孩子一起做游戏、学习、做手工等，更能增加孩子的兴趣和效果，同时通过这些方式把爱的内容融入其中，与孩子一起培养爱心，一起树立正确的世界观、人生观以及价值观，一起提升各种能力。这样不仅可以为孩子的出色成长创造条件，自己也能得到很好的发展。

一、 与孩子一起阅读正能量的书籍

优秀的正能量的书籍大都是有爱的作品。与孩子一同分享书中的喜怒哀乐，分享不同的见解，分享精致的语言等等，会是既有乐趣又能共同成长的一件事情，对于培养父母子女的爱心，陶冶父母子女高尚的道德情操也会起到很好的作用。

二、 与孩子一起锻炼

带孩子郊游，走进大自然，一起跑步、游泳、做操等，既锻炼了身体，增加了乐趣，也培养了父母子女之间的爱，亲子关系还会更加和谐亲切。同时教育孩子热爱大自然，珍惜大自然对我们的馈赠。

三、 与孩子一起游玩

带孩子一起参观博物馆、动物园、游乐园等，一起看电影，这样不仅让孩子开阔眼界，同时开发了孩子的智力，家长也能享受天伦之乐。同时寓爱于娱乐之中，孩子将更容易接受和成长。

四、 与孩子一起遵守规矩

俗话说“国有国法，家有家规”。

没有规矩，会导致孩子自以为是，自私自利，长大后，法治观念淡薄。

可以说没有规矩会危害孩子一生，甚至将来让孩子铸成大错。

我们也经常看到或听到，有多少家庭因为孩子长大后不遵守法纪锒铛入狱，家庭变得不幸。

培养孩子的规矩意识，养成孩子遵守规矩的行为习惯，对孩子一生的平安以及家庭的幸福非常重要。

父母通过与孩子一起平等建立规矩，遵守规矩，一起学习法纪，共同养成遵纪守法的良好习惯，这样孩子就会一生平安。

然而现在的年轻父母大都是独生子女，有不少人是在父母的宠爱中长大的，在家中没有受过父母的约束，对于规矩认识不那么深刻，也不懂得给孩子建立规矩的重要，只会纵容孩子、溺爱孩子，不能使孩子树立守规矩的意识，到头来害了孩子。

而且爱和自由是大多数年轻父母对孩子的教育理念，他们把爱和自由理解

为给孩子充分的自由，孩子可以随心所欲，没有任何规矩和约束，没有原则地满足孩子的要求，即便是涉及做人的根本，家长也不会给予批评和惩罚。

有的家长自己的孩子和别人家的孩子打了架也不找自己家孩子的毛病，一味袒护自己的孩子，把责任归咎于对方的家长或学校老师；平时教育孩子不要吃亏，如果受到欺侮要坚决还击；孩子受到老师的批评，有些家长也不问青红皂白去学校闹事，找老师找校长评理、讨说法，不让孩子受任何委屈……

其实给孩子爱和自由并没有错，只不过作为家长一定要正确理解爱与自由的真正含义。

爱孩子不是溺爱孩子，一味满足孩子的需要，那样只会让孩子养成自以为是、自私自利的性格。

爱孩子当为孩子长远计、一生计，培养孩子的爱心和能力，让孩子成为优秀的人。只有这样，孩子长大后才能在社会上独立承担责任，完成自己的使命，受到社会尊重，从而一生幸福。

自由也是相对的，只有在法纪以及道德范畴之内行事，独善其身，在规矩内发挥创造性和能动性，做好自己，才不会犯错误，才会一生平安。否则就有可能因触犯法纪而受到制裁，或因违反道德而受到社会舆论的谴责。

因此，要想给孩子爱和自由，给孩子树立规矩非常必要。

从小让孩子养成守规矩的品质，培养孩子的底线思维以及按规矩办事的习惯，孩子长大后就会遵纪守法，恪守道德，成为被社会接纳的人。

家长给孩子树立规矩时，不要居高临下，只要求孩子做，而不约束自己，这样的规矩是没有说服力的，时间长了孩子也会反感，不去遵守，更不能养成遵守规矩的良好习惯。

家长必须和孩子在平等基础上，共同协商制定规矩，不仅要约束孩子，还要约束自己。要求孩子做到的，家长首先要做到，要求孩子不做的，自己首先不能做。家长做孩子的表率，言传身教。只有这样，规矩对孩子才有说服力，才有效力。

家长应当从生活着手，和孩子一起科学合理制定一日生活安排，什么时间学习，什么时间游戏，什么时间打扫卫生等，都要严格遵守，无特殊情况不要改变。还要建立物品摆放制度，物品摆放有序，什么东西放置在什么地方，应严格遵守，用后归放原处等。通过这种方式，让孩子从小做起，从小处做起，培养规矩意识，长大后成为一个守法公民。

孩子的可塑性和适应性都比较强，家长给孩子树立的规矩，只要家长带头以身作则，孩子大多是可以做到的，正像美国心理学家华生说的：给我一打孩子，我会把他们培养成各种人，他们可以按照我的要求成为医生、律师、科学家、演说家、总统等。虽然这话有失偏颇，但也不无道理，家长及社会对孩子的后天影响非常大，作为家长必须要以身作则。

同时家长还要给孩子把建立规矩的道理讲清楚，并带领孩子一起遵守规矩，孩子会很乐意接受这种规矩游戏的。

制定规矩的目的就是为了落实，如果在执行过程中，违反了规矩，就应当有相应的惩罚措施。这也要求家长与孩子在平等的基础上来执行，而且请孩子监督，家长违反了规矩也和孩子一样受到惩罚。

惩罚措施要科学，尤其是对孩子而言，要根据孩子不同发展阶段、不同特点等通盘考虑，不要打骂，不要体罚，不能以伤害孩子为代价。还应当考虑效果，在惩罚的同时能够印象深刻，能够记住教训，不会在未来的生活和学习中再犯类似的错误。

规矩不要太多，但要实在可行。家长应当随着孩子年龄的增长，逐渐减少惩罚措施，培养孩子自觉遵守规矩的习惯。

待孩子长大以后，在培养起规矩意识的基础上培养孩子的法纪意识，并和孩子一起做，让孩子成为一个守法公民，平安一生。

五、 与孩子一起提升能力

孩子长大后走向社会，爱心是基础，为孩子人生确立正确的方向，保证孩子一生平安；能力是关键，具备能力，才能担当起家庭责任、社会责任，才能更好地为社会服务。

因此，家长与孩子一起提升能力也同等重要。

能力是多方面的，但我认为应当加强以下几种能力的培养：

1. 团队合作能力

人从根本上说是社会人。人的社会属性非常重要，离开了社会人将会成为无水之鱼，无根之木。

人际关系是一个人幸福与否的重要因素。良好的人际关系可以让人心情愉悦，心态平和，容易产生幸福感，同时，良好的人际关系还可以使人左右逢源，容易事业成功。不良的人际关系则使人产生孤独感、沮丧感，事业得不到他人的帮助，也不会有大的成功，更不会幸福。

因此与孩子一起培养团队合作能力，既有利于父母自己事业的发展，也让孩子走上社会后拥有良好的人际关系。

家长在和孩子一起游戏、学习以及开展各种活动的过程中，教给孩子如何合作，提高孩子的合作能力。

另一方面，家长尽可能地为孩子创造条件，让孩子多和小伙伴们一起玩耍，一起做事。孩子通过与小伙伴们一同游戏，一起参加其他社会活动，培养了主动性的同时也锻炼了组织能力、沟通能力、协调能力，提高了团队意识以及合作能力。

不能很好地发展组织能力、协调能力以及团队协作能力的孩子，会产生内疚感和退缩感，并在社会交往或其他场合很少表现出主动性。

德国的教育给了我们很好的启迪。在德国，学前教育鼓励孩子自由发展，不禁锢并充分发挥孩子的天性。幼儿园多以游戏等自由活动为主，较少进行读、写、算等基础知识的教学。尽管他们的孩子小时候没有学到太多的“技能”，但德国人创造力是世界一流的。据报道，在过去的诺贝尔奖获得者中，几乎有一半是德国人，这充分体现了让孩子自由发展对培养孩子创造能力是何等重要。同时，德国的集体主义意识与爱国主义意识也是非常强的，这与孩子幼儿期自由发展也有很大关系，因为孩子在自由结伴玩耍的过程中自发形成了团队合作意识，培养出合作能力。

2. 用爱心辩证看待事物的能力

任何事物都是矛盾的，一分为二的，有好的一面也有不好的一面，有积极的一面也有消极的一面，有阳光的一面也有黑暗的一面。

有爱心首先看到的就会是事物好的一面，积极的一面，阳光的一面，而忽略和不去计较事物不好的一面，消极的一面，黑暗的一面。

有一个明显的例子，就是当自家人和别人发生矛盾纠纷时，自己往往会站在自家人的立场上一致对外，这是因为自家人总是以真挚的感情作为媒介，从爱的角度出发，总是认为自己家人是对的、是正确的。

因此，要教育孩子用爱心来看待问题，要辩证地看待问题，要放大爱的格局，爱人类，爱社会，爱他人，平等地对待每个人，而不仅仅是“爱”自己的家人，那是自私。

只有教育孩子用爱心辩证地看待事物，孩子才会有阳光的心态，才会辩证地公平地正确处理人际关系。

父母要做好榜样，在家讨论问题时要相互之间看到问题的阳光的、积极的、正性的一面，而不去谈论或者少去谈论事物的阴暗的、消极的、负性的一面。

比如有这样一个故事，从前有一个秀才进京赶考，提前几天住进京城的一个旅店。秀才考试前一天晚上做了两个梦，其中一个梦是在墙头上种白菜，另一个梦是大雨天穿着蓑衣又戴了斗笠。秀才第二天醒来后和一个同考但懂点易书的人说了昨晚的梦，问什么意思。同考说：“看来你这次要白来一趟了。”秀才问其原因，同考解释说：“第一个梦你在墙上种白菜，你想呀，墙上能长白菜吗？难种啊！说明你今天的考试中不了呀。第二个梦，下雨天你戴一种雨具就够了，戴另一个是多此一举呀，说明你考也白考呀。”秀才听了打起包裹就要走，付账时遇见店掌柜，掌柜问：“今天就考试了，怎么就走呢?”秀才说：“我昨晚做了两个梦，有个同考说我考也白考，我还是回去吧，别浪费时间了。”店掌柜说：“我也会一点解梦，你若相信我，我给你解一下。”秀才又把昨晚的梦仔仔细细地说了一遍，店掌柜听完想了想说：“恭喜你这位秀才了。”秀才问何喜之有？店掌柜又说：“你今天考试必中。你想，墙头上种白菜，是说你高中啊，雨天穿蓑衣、戴斗笠是双保险啊呀。”秀才听了就打起了精神，参加了考试，结果还真是中了进士。

由此可见，对于同一件事情，不同的心态有不同的认识，不同的认识会有

不同的行动，不同的行动会带来不同的结果。

看待问题和事物也是一样，阳光的心态看到的就是积极的一面，采取的是积极的行动，带来的是好的结果；而消极的心态看到的是消极的一面，采取的是消极的行动，带来的是坏的结果。

父母拥有爱心，用积极的、阳光的心态看待问题，久而久之，孩子也会在父母的影响下学会辩证地看待问题。

有人说性格决定命运，追根溯源，性格由心态决定，最终，命运还由心态决定。

一种心态产生一种行动，形成一种习惯，养成一种性格，产生一种结果，决定一生命运。

因此教育孩子有爱心，用爱心辩证地看待人和事物，孩子就会有积极的心态，会带来积极的结果。

3. 独立思考的能力

3—6 岁的孩子已经有思维的能力，“为什么”成为孩子的口头禅。孩子对任何事物都充满了好奇，喜欢对任何事物进行探究，刨根问底。这是孩子大脑发育到一定程度的结果，是意识从“是什么”到“为什么”的一次质的飞跃，也是从记忆到思维的质的飞跃。

父母一定不要拒绝孩子问“为什么”，而是应以此为契机，当作给孩子启发思维、开启智力、传授知识的最佳机会。要耐心认真地回答孩子提出的疑问，做到严谨、准确、科学，对于自己把握不准的问题要陪伴孩子一起找到答案。现在电脑进入千家万户，手机网络也非常方便，父母要先找到正确答案再教给孩子，让孩子掌握更多的知识，同时鼓励孩子养成探究世界寻求真理的良好习惯，形成科学的思维习惯。

此外，父母应对孩子进行提问，引导孩子用逻辑思维来回答和处理问题。这样可以培养孩子的逻辑思维能力、判断是非能力以及语言表达能力等。

《向幸福出发》栏目中有一个三岁多的小女孩，语言表达能力以及逻辑思维能力非常强。原因是她的妈妈在孩子有要求时，都让孩子先说明原因，对于孩子表达正确的，就会很痛快地满足其要求并给予肯定，对于理由不充分或不正确的，就拒绝并告诉原因及正确答案。这样，家长还可以同时把爱心、节约、朴素、理解以及包容等优秀的品质传授给孩子。

家长还可用知识性的问题引导孩子思考，让孩子对周围事物产生好奇心，最好要用开放式问句方式提问，如你觉得怎么样？你有什么办法？让孩子可以有多种方案，并进行比较，从中选择最佳方案，以此培养孩子独立思考的能力。

尤其是现在信息爆炸的时代，对每个人的思考能力都提出了挑战，对孩子要求会更高。孩子的思考能力越强，接受新知识就越多，求知欲望也就越强，创造力也就越强，人生成长就会越好。

爱迪生的母亲对培养孩子的思考能力为家长们做出了榜样。爱迪生童年时代，家境贫寒，父亲是一个穷木匠，但母亲非常慈祥，而且对孩子怀有殷切的希望，并善于因势利导，采取启发、引导等方式，培养孩子独立思考的能力。

少年爱迪生仅读了三个月的书就辍学了，原因是老师认为他智力落后，不适合上学。

母亲不相信自己的孩子笨，就担当起教育孩子的责任。

小爱迪生对什么都感兴趣，总是不停地问这问那，父亲有时候被问烦了，失去了耐心，对爱迪生爱答不理。母亲则不厌其烦，尊重孩子的求知欲望，并认真回答孩子提出的各种疑问，不断地启发、引导孩子，还给孩子讲各种知识。

一天，爱迪生看到自家的母鸡蹲在鸡蛋上久久不起，就跑来问妈妈，母鸡在干什么，妈妈告诉爱迪生："它正孵化小鸡，孵小鸡就是母鸡把鸡蛋放在身子底下暖和，让鸡崽从蛋壳里钻出来。"

不久，爱迪生就在爸爸仓库里做了一个"鸡窝"，放上鸡蛋，自己趴在上面用肚皮"孵"起了小鸡。

一整天时间妈妈都没有找到爱迪生，可急坏了，找来了父亲，父亲去仓库里放东西时，才发现爱迪生趴在那里，问他干什么，他回答说："孵小鸡。"

爱迪生的妈妈并没有责怪孩子，而是深深地感受到自己的孩子有一股坚韧的探索精神，是一种难能可贵的天赋，就耐心地给孩子解释："人的体温只有

37℃，而鸡的体温是 42℃，人的体温达不到鸡的体温，是孵不出鸡来的。要是有办法将受精的鸡蛋维持在 42℃的温度，一定时间也可孵化出鸡来的”。

针对爱迪生爱思考的特点，母亲更加注意开发他的潜能，并传授给孩子更多的知识。给孩子讲大自然的奥秘，讲罗马帝国的兴衰，给孩子读小说，讲故事。知识的海洋润物无声地滋润着小爱迪生幼小的心田。看到爱迪生对实验感兴趣，母亲就给他买了《派克科学读本》，和他一起对着书本做实验，引导孩子的求知欲望。

正是因为有爱迪生母亲的精心培养，爱迪生本人不断探索、独立思考和不倦努力，才使他成为伟大的发明家和科学家。

我们做父母的如果也能像爱迪生母亲一样，能够正确引导孩子，支持鼓励孩子，培养孩子独立思考的能力和习惯，或许我们能培养出一大批诺贝尔奖获得者，为人类的美好做出更大贡献。

因此，聪明的父母面对孩子的提问，不要直接告诉孩子答案，而是让孩子在对事物的分析中学会分辨、归纳和选择，学会分析问题和解决问题，使独立的思维更具有逻辑性和科学性，不断提高独立思考的能力。

4. 承受挫折的能力

现在的孩子有不少遇到困难就无所适从，甚至逃避，更有甚者采取极端方式解决困难。

主要原因就在于父母对孩子缺乏挫折教育，没有养成孩子承受挫折的能力。

现在生活富裕了，家庭条件好了，孩子也少，作为父母总是尽可能地为孩子创造优越的条件，有困难也是家长自己承担，对于孩子的要求则尽可能满足。久而久之，养成了孩子的优越感，意识不到困难，一旦遇到困难就无所适从。

还有一个原因，就是赏识教育过度。家长对于孩子的优点和进步一味地表扬，对于缺点和不足则尽可能地包容迁就，时间久了养成孩子的虚荣心，听不得反面意见，当遇到困难时同样无所适从。

家长应当对孩子适当进行挫折教育。

当对孩子进行赏识教育时，不要忘记表扬孩子克服困难所付出的努力。任何事情都不是那么轻松的，都要付出一定的努力。这样就会增强孩子战胜困难的信心和决心，就不会把困难当成困难。

当孩子遇到困难时，家长不要总是包办，而是让孩子自己想办法解决。如果孩子实在不能解决，再对孩子进行指导。

对于家庭生活中的问题，家长可以和孩子一起面对，一起商量解决问题的方法等，让孩子知道困难是可以解决的。

为孩子创造困难。家长应当为孩子创造一些困难，锻炼孩子的意志，培养孩子克服困难的勇气，使孩子学会解决问题的办法。

日本人为了培养孩子战胜困难的品质，在孩子很小的时候，冬天都让孩子只穿裤头在室外跑步，夏天让孩子背负四五十斤重的物品长途行走，他们的孩子只要一上学就自己背书包，不像我们的家长一切都是包办，这样更能使孩子自立、自强，从而培养战胜困难的决心。

此外，作为家长，还要培养孩子的动手能力、解决问题的能力、领导能力等等，让孩子长大后成为一个有爱心、有智慧、有能力的优秀的人。

培养孩子是一项最为复杂的事情。家长若想孩子成功和幸福，就应当从孩子的长远考虑，先于孩子学习，成为合格的老师；做好自己，成为孩子的榜样；同孩子一起学习并共同成长。培养孩子的爱心是基础，让孩子拥有智慧和能力是关键，这样孩子长大后就会孝敬父母，父母就会健康快乐；就会关心他人，建立良好的人际关系；就会遵纪守法，一生平安；就会成功，担当责任。孩子成功，家庭幸福之树就会枝繁叶茂、果实累累。

第五篇

爱让你拥有良好的人际关系

良好的人际关系是幸福的重要因素

良好的人际关系是身心健康的基础

良好的人际关系是幸福快乐的前提

美国的心理学家做过统计，个人每天除 8 小时的睡眠之外，其余 16 个小时中有 70% 的时间是在进行人际交往。

古希腊哲学家亚里士多德也曾经说过："一个能够独立生活的人，不是野兽就是上帝。"

不难看出，人不能脱离社会而独立存在。

人不仅是自然人，更是社会人，人的社会属性大于自然属性，人的语言、行为、思想等都不能离开社会而独立存在。

正因如此，社会中人与人之间的关系——人际关系，对于每一个人都非常重要，可以说，是个体幸福的重要因素。

人际关系有两种，一种是良好的人际关系，另一种是不好的人际关系，无论哪一种，都对个体的生

活、工作、家庭以及身心健康等方面起着重要的作用。

良好的人际关系有助于身心健康

良好的人际关系会使人关系融洽，遇到困难时可以相互帮助，相互关心，内心焦虑时也可以相互倾诉，消除心理障碍，使心境轻松平和，有利于身心的健康。

相反，不良的人际关系则会干扰人的情绪，使人焦虑不安，低落、抑郁、沮丧等，影响正常工作、饮食和睡眠，从而影响人的身心健康。

良好的人际关系有助于信息交流

当今社会处于信息爆炸的时代，科学技术日新月异，而单一个体的信息量又十分有限，知识面也十分狭隘。只有具备良好的人际关系，有较多朋友交流传递，才能够获取较多的信息，对于丰富知识面、调整心态以及与时俱进都会益处多多。

相反，人际关系不良的人，只能是像孔老夫子所说的“独学而无友，则孤陋寡闻”，从而影响了自己知识的获取，进而影响健全人格的形成乃至事业的发展。

良好的人际关系有助于事业成功

美国心理学家对成功人士做过调查，在成功因素中，15%靠技能，85%靠人际关系。

这个比例不一定准确，但毫无疑问，人际关系对一个人的成功起着举足轻重的作用。

俗话说得好：“一个篱笆三个桩，一个好汉三个帮。”

孟子也说：“天时不如地利，地利不如人和。”人和就是拥有良好的人际关系，在自己遇到困难需要帮助时，会有人及时出手相助，困难也就不是困难。所谓人和出凝聚力，人和出战斗力，人和出生产力。

自古至今，人际关系对于个人的成长均起着举足轻重的作用。

诸葛亮经纬济世之才，然躬耕陇亩，得益于良好的人际关系，也即人们的口碑，才有了刘备“三顾茅庐”的典故。

同样，刘备也靠自己的仁义建立了广泛的人际关系，才有了与关云长和张飞的“桃园三结义”，才有了诸葛亮为他鞠躬尽瘁，从而成就了自己三分天下的伟业。

相反，武艺高强、力大无比的吕布却由于心胸狭隘，人际关系极差，无人帮助，36 岁即命丧白门楼，终其一生。

当今社会，生活节奏加快，社会竞争加剧，仅靠个人单打独斗，更是难以在社会上取得成功，正反两方面的例子在我们身边也是数不胜数。

那些在事业上取得成功的人，除了他们本身的优越条件和优秀的素质以外，良好的人际关系是他们不可或缺的重要条件。在他们身边有一些十分要好的朋友，在他困难的时候给他温暖和力量，在他创业时为他出谋划策，在他拼搏时为他鼓劲加油，在他成功时同享收获与欢乐，在他骄傲时及时提醒，在他失落时为他分担痛苦。

因此，良好的人际关系使自己走得更远，做得更强。可以说，良好的人际关系是一个人事业成功的关键。

不好的人际关系则使人形单影只，遇到困难时无人关心，即使有时取得一些成绩，也不会走远，更难以做强。

马克思说：“人的本质不是单个人所固有的抽象物，在其现实性上，它是一切社会关系的总和。”这是从人的社会属性来说的，人就其本质而言是社会人，离开了社会，人就像无源之水，无本之木。因此，拥有良好的人际关系对个体非常关键，人际关系良好，就会有助于身心的健康，有助于信息的交流，有助于事业的成功。

所谓人际关系，指的是人们在共同活动中彼此为寻求满足各种需要而建立起的相互间的心理关系。

人际关系的形成是由认识、情感、行为三方面心理因素共同作用的结果。

从人际关系的定义及人们的生活实践可以看出，人际关系有以下三个主要的特点：

个体性

人就其本质而言，是人的社会性，但人际关系的个体性与人际交往双方的社会角色又不同，在人际关系中，社会角色退居到次要地位，而对方是不是自己所喜欢或愿意亲近的人则成为主要的方面。

直接性

人际关系是人们在面对面交往过程中形成的，个体可切实感受到它的存在。双方在心理距离上的趋近，会使个体感到心情舒畅，若有矛盾和冲突，则会感到孤独和抑郁。

情感性

人际关系的基础是人们彼此间的情感联系，情感是人际关系的主要内容。人际关系的情感倾向有两种，一种是使人们彼此接近和相互吸引的情感，另一种是使人们相互排斥和疏远的情感。

每个人都希望结交更多的朋友，收获真挚的友谊，拥有良好的人际关系。心理学家经过研究，建议在人际交往中遵守四个原则对建立良好的人际关系具有指导意义：

相互性原则

人际关系的基础是彼此之间的相互尊重与支持，任何个体都不会无缘无故地接纳他人，只有把相互喜欢作为前提才有可能建立起良好的人际关系。我们喜欢那些也喜欢我们的人，对于不喜欢自己的人，一般不会去接近。人际交往中的接近与疏远，喜欢与不喜欢，都是相互的。

交换性原则

人际交往是一种社会交换过程。交换的基本原则是：个体期待人际交往对自己是有价值的，在交往过程中，得要大于失或者得等于失。人际关系的发展取决于人际关系双方根据自己的价值判断进行的选择。

自我价值保护原则

自我价值是个体对自身价值的意识与评价。自我价值保护是一种自我支持的心理倾向，其目的是防止自我价值受到贬低和否定。

由于自我价值是通过他人的评价而确立的，个体对他人的评价极其敏感。

对肯定自我价值的他人，个体对其认同和接纳，并反过来予以肯定与支持；而对否定自我价值的他人则疏远。因此，在人与人的交往中可能会激活个体的自我价值保护动机。

平等原则

交往双方的社会角色和地位、影响力以及对信息的掌握等方面，往往是不对等的，这会影响双方形成实质性的情感联系。

但是，如果平等待人，让对方感到安全、放松与尊严，人们也可能和那些与自己在社会地位等方面相差较大的人建立良好的人际关系。

人际关系的特点和原则给我们建立良好的人际关系奠定了基础，但是如何在生活中处理好人际关系，则需要我们在原则的指导下根据自身以及社会环境的实际情况具体把握。

2 如何才能拥有良好的人际关系

爱心是拥有良好人际关系的决定因素

经常听人们说，现在物质条件好了，人际关系却复杂了，人与人之间感情疏远了。的确，经济的发展让人们更加注重物质的追求，忽视了内心情感的需求，使人际关系更加现实，缺乏温情。

对物质的过分追求是影响人际关系的一个因素，但影响人际关系的因素有多种，归纳起来有以下几种：

熟悉与近邻

熟悉能增加吸引的程度，一般比较亲密的交往是在熟人之间建立的，陌生人之间在第一次双方建立良好印象后，经过相当一段时间的接触了解，增进感情，建立互信，进而建立良好的人际关系。

因此，如果在相同条件下，人们喜欢与自己临近的人交往，因为这样人们就可以经常见面，利于彼此的了解，使得相互喜欢。但交往频率与喜欢程度的关系呈倒 U 型曲线，过低与过于频繁的交往都不会提高人们彼此喜欢的程度，中等频率的交往，人们彼此喜欢的程度会更高。

相似与互补

人们往往喜欢那些和自己相似的人，因为这样更容易沟通了解，有更多共同语言。比如信念、价值观及人格特征相似，社会地位相似，年龄相似，兴趣爱好等方面相似，这些相似会使人通过交往相互喜欢，建立良好的人际关系。

实际的相似性很重要，但更重要的是双方感知到的相似性。

比如仪态仪表的相似。人们通常会以貌取人，中国也有一句俗话："人靠衣装马靠鞍。"容貌、体态、服饰、举止风度等个人外在因素在人际吸引中也会起到很大作用，尤其是在双方交往的初期，好的外貌容易给人留下良好的第一印象，这在心理学中叫作"首因效应"。外貌美能产生光环效应，也就使人们倾向于认为外貌美的人其他方面也是优秀的，虽然实际上未必如此。

除相似可以相互喜欢外，当双方在某些方面看起来互补时，彼此喜欢程度也会增加，此时，互补可视为相似性特殊形式。包括：需要的互补。彼此有不同的需要，个人可以从对方那里都得到满足，进而喜欢，建立起良好的人际关系。社会角色和职业的互补。这种互补也可以满足人的不同需求，建立良好的人际关系。性格的互补。如内外向等，对外向型的人，通过内向型人的倾听依赖等可以满足自己的表达欲望，而内向型的人通过倾听可以不再孤独寂寞等。

才干与能力

才干与能力一般会增加个人的吸引力，一个有才干与能力的人往往会博得人们的好感与尊敬，因此，才干与能力也会成为拥有良好人际关系的筹码。

但如果这种才干与能力对别人构成社会比较的压力，让他人感到自己无能或失败，那么这种才干与能力就不会对吸引力有帮助。

研究表明，有才干与能力的人如果偶尔犯一些"小错误"，反而会让人觉得他（她）更可爱、更真实，更容易接近，更具有魅力。

人格品质

人格品质是影响喜欢的前提和因素之一，也是个体吸引力最重要的来源之一，美国的学者安德森 1968 年研究了影响个体关系的人格品质列表如下：

最积极的品质	中间品质	最消极品质
真诚	固执	古怪
诚实	刻板	不友好
理解	大胆	敌意
忠诚	谨慎	饶舌
真实	易激动	自私
可信	文静	粗鲁
智慧	冲动	自负
可信赖	好斗	贪婪
有思想	腼腆	不真诚
体贴	易动情	不善良
热情	羞怯	不可信
善良	天真	恶毒
友好	不明朗	虚假
快乐	好动	令人讨厌
不自私	空想	不老实
幽默	追求物欲	冷酷
负责	反叛	邪恶
开朗	孤独	假装
信任	倚赖别人	说谎

注：从上到下，品质受欢迎的程度逐渐递减

我们可以看出，排在序列最前面，喜爱程度最高的六个人格品质是真诚、诚实、理解、忠诚、真实、可信，他们或多或少、直接或间接同真诚有关，排在序列最后受喜爱水平最低的几个品质如说谎、假装、邪恶、冷酷、不老实等也都与不真诚有关。

安德森认为，真诚受欢迎，不真诚则令人厌恶。

现实生活中也是这样，良好的人格品质会受到欢迎和尊重，是拥有良好人际关系的重要条件。

人际吸引

人际吸引对建立良好的人际关系起着重要的作用。

所谓人际吸引，简单地说就是合群，是个体与他人之间在情感上相互喜欢，相互需要，相互亲密的状态，是人际关系的一种肯定形式。没有人际吸引，就不可能拥有良好的人际关系。按照吸引的程度，人际吸引可分为亲合、喜欢和爱情，亲合是较低层次的人际吸引，喜欢是中等程度的人际吸引，爱情是最强烈的人际吸引形式。

尽管心理学家对于建立良好的人际关系给出指导性的原则和建议，但这对大多数人来说仍是困难的事情，尤其是当今社会，人们普遍认为人际关系更加复杂。其实建立良好的人际关系也没有那么难，把握好以下几点，仍可以与人们建立良好的人际关系。

爱心是拥有良好人际关系的基础

有爱就有尊重，就有包容，就有理解，就会发现他人的优点，就会由衷的赞美和欣赏他人。

有爱心的人总是以他人为中心，没有人担心与之交往会受到伤害，这就消除了与之交往的心理障碍。此外，人们乐意同有爱心的人交往，通过交往感受到正能量，进而拥有阳光的心态，有利于身心健康。

“爱人者人恒爱之”，有爱的人才会赢得他人的爱，得到他人的尊重和理解，就会拥有良好的人际关系。

相反，没有爱心的人总是以自我为中心，时刻考虑的总是自己的名利，不会去尊重、理解和包容他人，是不会拥有良好的人际关系的。

诚信是建立良好人际关系的出发点

诚信即诚实信用，对人以诚相待，遵守诺言，不欺骗。

一个人在交往时不轻易许诺，一旦许诺就要践行，说到做到，做不到的事情绝对不说。

只有一个人恪守信用，才会有人愿意与之交往，才有可能拥有良好的人际关系。

成语“一诺千金”就是说诚信的。

我国古代有个人叫季布，向来说话算话，有着非常好的信誉，只要他答应帮助别人的事，就一定能够做到，许多人都同他建立了良好的人际关系。当时流传着这样一句话，叫作“得黄金百斤，不如得季布一诺”。季布后来成为项羽的一员大将，作战非常勇敢。后项羽战败，刘邦悬赏通缉季布，季布的好友不为金钱所惑，冒着生命危险保护了季布。刘邦看实在找不到，便封季布做了郎中，不久后又改做江东太守。一个人对朋友讲诚信，自然会得到大家的尊重和友谊，建立良好的人际关系。

从安德森影响人际吸引的主要人格品质的研究中也可以看出，只有真诚的人格品质才会有良好的人际吸引，贪婪，冷酷、缺乏爱心的人即使表面对人尊重、理解和包容，也不是出于真心，而是出于自私自利的目的，时间久了是不会有人愿意与之交往的，更不会拥有良好的人际关系。

成长自己是建立良好的人际关系的不变定律

法国社会学家塔尔德最早对模仿进行研究，于 1890 年出版了《模仿律》一书，他认为模仿是“基本的社会现象”，“一切事物不是发明，就是模仿”。其中一条就是下降律，意思是说：“社会下层人士具有模仿上层人士的倾向。”

因此，要想具有良好的人际关系必须成长自己，就要不断地充实自己、提升自己，培养自己多方面的素质和能力，注重自身修养，做一个对他人、对社会有用的人，成为他人尊重的对象，模仿的榜样。

尊重他人是建立良好的人际关系的关键

尊重是人与人之间关系的最美距离，也是建立良好人际关系的关键。

任何人都希望得到尊重，尊重他人就打开了与他人建立良好人际关系的大门。

尊重他人也是与他人继续交往、建立良好关系的开始。没有对他人的尊重，就会关上与他人交往的大门。

尊重他人也是一种涵养，是对他人人格的敬重，是谦虚的表现。

尊重他人还是落实“黄金规则”的行动，黄金规则在尊重上的意思就是要想得到他人的尊重，首先要尊重他人。

我们经常在工作总结或其他材料中写入，尊重领导，团结同事，这绝对不是一句空话，要落实到实际行动中去；在学校里要尊重老师，团结同学，在工作中，要尊重领导，团结同事，只有这样，才能建立良好的人际关系。

内省自己是建立良好人际关系的根本

有的人之所以不能与他人建立良好的人际关系，一个重要的原因就是自私，以自我为中心，自以为是，自私自利，认为所有的问题都出在别人身上，自己与他人人际关系不好原因也在于他人，而不在于自己。这些人总觉得自己比别人强，别人都赶不上自己，从这个基点出发，目中无人，目空一切，找别人的毛病，找别人的缺点，这样的人怎么可能有良好的人际关系？

若想拥有良好的人际关系，内省是根本。

一切从自身找原因，看哪些方面存在问题，哪些地方不如别人，不断改进自己，完善自己，让自己变得更加优秀，充满正能量，能给他人带来安全感，带来温暖和力量，这样他人才愿意和你接近，才会有良好的人际关系。

另外，还要学会换位思考。

在遇到问题时，学会换位思考，试着多个角度看问题，或许就能理解他人，从而不再纠结，为有良好的人际关系创造条件。

同时看到他人的优点，学习他人的优点。只有看到他人的优点，才能发自内心地尊重他人，从而爱他人，自己也会得到他人的尊重和关爱，建立良好的人际关系。

黄金定律是拥有良好的人际关系的不二选择

心理学中有一个黄金定律，就是你希望别人如何对待自己，你先去如何对待别人。

之所以被称为黄金定律，就是说这条定律和黄金一样珍贵。不论你是领导，还是商人，若想拥有良好的人际关系，首先按照良好人际关系的规则对待别人，而不能破坏这些规则；若想得到他人的尊重，首先要尊重他人。

每个人人格平等，需要相互尊重。他（她）尊重你，而你不屑于对你的尊重，这样就等于拒绝了下次对你尊重了。

同样，你若想他人对你好，你首先要对他人好，只有他人感觉到你对他（她）好，他（她）会更加对你好。正如我国古代谚语一样：“你敬我一尺，我还你一丈。”

另外一层意思是黄金定律和黄金一样永恒不变，也就是说只有将心比心，以心换心，才能让别人感受到你的真诚，从而愿意和你建立良好的人际关系。

重视他人是建立良好人际关系的捷径

人人都需要被重视

当一个人觉得自己被重视时，会感觉有一种价值感，会对你的重视回报谢意，也就愿意和你交往。

因此你要永远让对方觉得他很重要。

这就需要以爱心为基础，以友善的态度，用适当的方式肯定对方的优点，并用真诚的语言来赞美对方。

不批评或少批评对方

几乎所有的人都不喜欢被批评，因此，与人交往最好是不批评或者少批评对方。

即使在批评的时候也要首先肯定对方的优点和成绩，然后指出不足、缺点和错误，并说出自己的本意，要让对方从心理上有一个承受期，不觉得突兀并难以接受，这样做也不会破坏良好的人际关系。

记住对方的名字

周恩来总理见到陌生人，下一次再见到时一定能叫出对方的名字。这样让对方觉得对他（她）的重视，从内心感到温暖。

其实并不是总理有什么特异功能，而是对人的尊重。因为总理每次见到他人都刻意记他人的名字和面相，哪怕是对待话务员也是一样。

谈他人感兴趣的话题

重视别人，要把焦点放在对方的兴趣上，谈别人感兴趣的事情及爱好，最好是双方共同感兴趣的事情，这样比较能谈得来，也会有更多的共同语言，有利于进一步培养感情。

不能总是夸夸其谈，让别人没有插话的余地。适当地谈自己，让对方对自己有所了解，但更多的应该是倾听对方，真诚地表现出对对方的赞美、欣赏，让对方觉得有被重视感。

这样，对方就会在与你的交往中得到满足，愿意与你继续交往，进而建立良好的人际关系。

平等对待是建立良好人际关系的核心

人与人交往的过程中，平等是建立良好人际关系的核心，任何的不平等都不会保持良好的人际关系。

因此，在与人交往的过程中，需要多方面都尽可能地做到平等。主要把握在人格和经济方面的平等。

一是人格平等。

在与人的交往中，自己要自尊、自信、自重、自爱、不卑不亢，不论对方的条件如何，背景怎样，都要把自己置于和交往对方平等的交往位置。

只有这样的交往才会更为长久，建立起来的人际关系才能经得起考验。

对交往中的对方要平等对待，一视同仁。

不论对方地位高低、财富多少、健康与否、相貌如何、职业怎样，都要一样的尊重，不能因贫困、文化低等原因而歧视对方，相反，要有爱心、有慈悲心，对这类人群应该更加鼓励、尊重和帮助，让他们能够感到社会的温暖，从而自强、自信、自立、进步。

二是经济平等。

与人交往在人格平等的前提下，适当的经济手段是可以的，比如送对方的小礼物等，以表尊重之情，但需要有个度。

单纯靠经济手段来联络感情是不可取的，那样不免落入俗套，变成酒肉朋友。

要用爱心、高尚的人格、渊博的知识、精明的才干来与人交往，做淡如水的君子之交，不做酒肉朋友，在交往的过程中共同成长，实现共赢。

在其他方面也要做到平等，让对方感到温暖，从而建立良好的人际关系。

热心助人是建立良好人际关系的优良品质

乐善好施，热心助人不仅快乐自己，还让被帮助的人感觉你是一个值得信赖的人，愿意和你交往，并在你需要帮助时得到帮助。

通过他的影响，和他在一起的朋友也会乐意和你交往，并同你建立良好的人际关系。

在帮助别人时让对方感受到你是发自内心的，是一个有爱心的人，是一个热心人，从而增加了对你的信赖和尊重，就有可能建立起良好的人际关系。

当他人遇到困难，要有同情心，要会换位思考，感同身受，及时予以帮助，让对方感到你的爱心。

自己经济上确实帮不上他人，也要从感情上给予慰藉、温暖和陪伴，增强他人战胜困难的决心和力量，让其看到希望，看到光明。

通过助人，与人建立良好的人际关系，并用爱心引导并影响他们，让他们也成为拥有爱心、乐善好施的人，让社会更加温暖美好，而且这种关系或许会成为你终身的财富。

幽默风趣是建立良好人际关系的润滑剂

人人都喜欢快乐，没有人能拒绝快乐。

幽默风趣能调节气氛，给人带来快乐。

人们愿意和幽默风趣的人在一起，想和幽默风趣的人建立良好的人际关系，在与之交往的过程中快乐自己、幸福自己。

一个行为刻板、缺乏幽默风趣的人，因其不能给人带来快乐，也就很少有人愿意和他打交道，也就不会有良好的人际关系。

因此，让自己学会幽默风趣，在和人交往时，让人觉得如沐春风，同时自己也拥有了良好的人际关系。

保持联络是建立良好人际关系的黏合剂

对于真正的朋友，就应当时刻放在心上。像鲁迅说的那样：“人生得一知己足矣，今生我当同怀视之。”

对朋友也是一样，经常保持联系，会增加感情。

要多关心，多交流，多沟通，对于朋友的一些特殊的日子，要记住，比如朋友的生日等，没有时间就发个短信或者微信祝福一下，对方也会觉得你记住他（她），重视他（她），是个有情有义的人，也会被你的行为感动。

在朋友有困难的时候，要主动出手相助，把朋友的事当成自己的事，就不愁没有良好的人际关系。

微笑是人际交往最大的魅力

微笑是人际交往最好的礼物。

微笑是沟通的敲门砖，也是交流的见面礼。

你的微笑不仅让自己的心情好，还会给他人带来亲切、亲近的感觉，让他人感觉到你的温暖、善意、阳光，甚至忘掉烦恼和不快。因此，微笑同样可以帮助你建立良好的人际关系。

在韩国有一种“笑疗法”非常流行。政府和医院为人们提供笑的课程。根据医学研究结果，笑可以促进呼吸系统和血液循环系统的功能，减轻关节疼痛，还可以强身和预防癌症。

可见，笑无论是对于自己还是对于他人都有莫大的益处，在人际关系方面尤其如此。

因此，在交往中一定要用好微笑这个法宝。

改变自己是建立良好人际关系的最后法宝

有的人感觉自己平时做得很好了，但感觉人际关系总是不好，好像周围的人都在疏远自己。

其实自己应当进行反思，找出存在的缺陷并改进。

如果是自己太自私了，那就不断陶冶自己的情操，加强世界观、价值观、人生观的修养，多看好的正能量的书籍，多参加慈善活动，热心助人，让自己有爱心，尊重他人，你就会拥有良好的人际关系。

如果是自己太强势了，给人难以接近的感觉，要学会接地气，学会谦虚做人，低调做人，做好自己，用行动来感染带动周围的人群。

如果是自己性格上有缺陷，要适当改变自己，并且在拥有爱心的同时，学会微笑，学会幽默风趣。

总之，在爱心的基础上，真诚对待他人，不断成长自己，与人平等相处，学会微笑，幽默风趣，热心助人等等，坚持下去，一定会拥有良好的人际关系。

第六篇

爱让你拥有成功的人生

什么是成功

成功就是靠自己的努力

独立承担家庭责任和社会责任

为社会做出贡献

每个人都希望自己的一生能够成功，璀璨耀眼，但怎样才能拥有成功的一生呢？

成功在不同的人眼里有不同的解读。

有的人认为当官地位高就是成功。

有的人认为家财万贯成为富豪就是成功。

有的人认为能承担家庭责任，教育好孩子才是成功……

成功是多种多样的。

有的人成为伟大的政治家，为人类的进步做出大的贡献。像马克思、恩格斯、列宁、毛泽东以及周恩来等。

习近平总书记更是以其伟大的政治家的胆略和气魄，为了中华民族的复兴，为了人民的幸福，为了人类的和平，为了世界的美好，呕心沥血，殚精竭虑。

有的人成为伟大的科学家，为人类的科技进步做出巨大贡献。像华罗庚、陈景润、牛顿、爱因斯坦等。

有的人成为伟大的医学家，为人类的健康事业做出巨大贡献。像林巧稚、屠呦呦、弗莱明等。

有的人成为伟大的艺术家，为人类的艺术事业做出巨大贡献。像冼星海、聂耳、徐悲鸿、贝多芬、达·芬奇等。

……

这些都是大的成功，他们用自己的成就成为一代人甚至几代人的精神丰碑。

也有一些人在自己的工作岗位上辛勤耕耘、默默奉献，虽然平凡，但依然伟大。

守岛英雄王继才夫妇，在荒无人烟的孤岛上坚守32年。再大的风浪也没有阻止过他们每天早上升国旗，再大的困难也没有动摇过他们为国守岛的决心。他们用行动诠释了对祖国的大爱，对人民的忠贞。

还有雷锋、白求恩、张思德、最美磨刀工吴锦泉老人、感动中国人物、全国道德模范等，他们同样是成功者，同样值得人们尊重和学习。

成功一词，《现代汉语词典》里是这样解释的："获得预期的效果。"我们的成长过程就是怀着一份份的期望，凭着自己的勤奋努力，战胜一次次的困难和挫折之后获得预期效果的过程。一次次小的成功累积在一起，就会铸就你成功的一生。

总之，一个人的一生只要尽到最大的努力，能在社会上找到自己的定位，把自己的本职工作做到最好，承担起家庭责任、社会责任，遵纪守法，无不良嗜好，人际关系良好，为社会做出贡献就是成功。

2 怎样才能成功

有爱就能成功

爱心是成功的动能量

人们都希望较大的成功，让自己的一生有更大的价值。

如何才能获得更大成功呢？

首先成功要有动因，也就是成功背后的原因。

成功的动因有多种：有的人自幼胸怀大爱，长大后济世救民；有的人为了集体想干出一番事业；有的人为了家庭想出人头地；有的人则为了自己。

拥有爱心无疑是成功的最主要原因。

凡是大的成功者都是有大爱的人，他们大多把人类的公平、正义和幸福，作为一生追求的夙愿。

马克思和恩格斯，把解放大多数受苦百姓、为大多数人谋幸福作为自己一生的奋斗目标。

孙中山则把推翻帝制、实现共和及社会公平当成自己终身的奋斗目标。

毛泽东主席把解放全中国、实现人民当家作主和共同富裕作为一生奋斗的目标。

习近平总书记自幼把报效祖国当作自己的理想，长大后更是爱家、爱集体、爱社会、爱人民，尤其是现在，习近平总书记把大爱的胸怀放大到全人类，提出人类命运共同体理念，倡导了“一带一路”，用中国的发展造福全人类。非但如此，他还为了人类的可持续发展，把大爱奉献给人类赖以生存的大自然，提出“绿水青山就是金山银山”的理念，倡导人与自然和谐共生，把生态文明建设纳入国家发展总体布局，像保护自己的生命一样保护大自然，使中国几年来在各方面取得了巨大的成就。

还有许多成功人士，他们以国家振兴为己任，把自己的理想和国家甚至人类的命运联系在一起，终生为之奋斗，谱写了一曲曲壮丽的篇章，成就了自己辉煌的人生，受到人们的尊敬和爱戴，成为人们学习的楷模！

因此，爱心是成功的基石，大爱助你成就大的成功，小爱助你成就小的成功，其原因在于：

爱让你拥有远大理想

爱是一种利他的情怀和行为，是对他人的真挚情感，而不是只考虑自己。爱的胸怀越大，你的目标和理想就会越大。爱人类，你会把自己的理想放在为全人类谋福利的范畴；爱祖国，你会把理想放在为整个国家利益而奋斗的高度。

理想是人生的灯塔。一个人在追求理想的过程中，既可感受到奋斗的快乐，又可体会到人生的意义。如果一个人没有理想，就如同行尸走肉，就如同大海里漂泊的一叶扁舟，没有动力，随波逐流，甚至滑向犯罪的深渊。

受人尊敬的伟人、艺术家、医学家、科学家等，他们都是用大爱的情怀，树立了远大的理想，为祖国、为人民、为人类奋斗终生，取得大的成功。

因此，要取得大的成就，就应当有大爱，只有大爱，才会有大的抱负和理想。

在心理学上有一个词叫成就动机。

成就动机是个体在追求自己认为重要的、有价值的工作，并使之达到完善状态的动机，即个体在各种情境下，追求成功和成就的动机。

美国学者麦克利兰，在成就动机的研究中，做出了开拓性的贡献。

麦克利兰认为，个体的发展有赖于一定水平的成就动机，高成就动机会使个人更加勇于进取，最终有可能取得较大的成就。此外，经济的快速发展、社会的进步、人口、资源、技术等要素不可或缺，还有全体社会成员有较高水平的成就动机也很重要。

这也是从心理学的角度说明爱心越大，成就动机也就越大，自己的成就也有可能越大。

范仲淹五岁的时候，有人问他长大想干什么，范仲淹回答当宰相。问的人一听给愣住了，过了好一会儿，接着又问，你为什么要当宰相？范仲淹回答，让老百姓过上好日子。那人又问，可宰相只有一个，要是你当不上怎么办？范仲淹说，那就当医生。那人又问为什么，范仲淹又回答，不能当宰相就解除病人的痛苦。后来，范仲淹果然通过自己的努力，当上了宰相。当宰相以后，范仲淹关心人民疾苦，一心为民谋利，主持兴建了泰州兴化海堤，绵延百余里，当地人名之曰“范公堤”，还为他立生祠；范仲淹得“风水宝地”，不建居室建学堂，开北宋兴学运动之先河；他以大爱的情怀写下了“先天下之忧而忧，后天下之乐而乐”的壮美文句，激励着一代又一代的人为人类的美好而奋斗。

正因为范仲淹胸怀天下的爱心，才使他很小就树立了远大的抱负和理想，才有了后来的成就。

在《习近平讲故事》一书中，习总书记回忆了他小时候的故事。在他五六岁时，有一次母亲背着他去书店买图书，母亲为她选了一本《岳飞的故事》。在回来的路上，母亲给他讲了岳飞的母亲为了让岳飞长大后报效国家，在岳飞背上刺了“精忠报国”四个大字，他问母亲“岳飞不疼吗?”母亲说：“疼啊，这样才能记住。”少年习近平说：“我记住了，长大后一定要精忠报国。”这就是总书记少年时所受到的爱国启蒙教育。正是因为这种爱国教育，才培育了习总书记博大的爱国情怀。他自幼刻苦学习，关心政治，在延安延川县梁家河插队时，尽管白天的劳作十分疲惫，但他晚上仍坚持在墨水瓶制作的煤油灯下学习，二十岁被推荐为大队党支部书记。为了让群众生活得更幸福，他自费南下四川学习沼气技术，让梁家河村人在全省率先实现利用沼气照明做饭，并在全省推广，让清洁能源惠及全省百姓。

习近平总书记说："要时刻牢记自己是人民的公仆，时刻将人民群众的衣食冷暖放在心上。"

"像爱自己的父母那样爱老百姓，为老百姓谋利益，带着老百姓奔好日子，绝不能高高在上。"

正是由于习近平总书记对祖国、对人民的大爱，才成就了他辉煌的人生。

像这样具有大爱的伟人还有很多，毛泽东主席、周恩来总理等老一辈无产阶级革命家，他们的大爱让他们自幼就树立了远大的理想和抱负，取得令人瞩目的成就，让世人为之敬仰！

由此看出，大部分成功的人士，都是因其大爱，在青少年时期，就树立了远大的理想和目标。

相反，缺乏爱心自私自利的人永远不会成功。

有些自私的人，没有责任担当，没有远大理想，胸无志向，浑浑噩噩，肯定不会成功。

有些自私的人，也有自己的理想，却是为了自己的名利在奋斗。这些人，也有可能看似"成功"，但自私的欲望会使他们偏离正道越来越远，最终走上违法犯罪的道路。即使自己没有被发现，孩子受其影响，也不会走上正途，迟早会被断送前程。

这就是中国自古至今优秀家风"忠厚传家远，诗书继世长"的道理。

只有爱心，才能使人树立远大的理想，才会使自己及子女真正成功。

对于广大青少年来说，拥有爱心是关键，爱心有多大理想就会有多远，不懈奋斗就有可能实现，即使不能完全实现，也会比没有理想的人更为成功。

青少年是祖国的未来，好像早晨八九点钟的太阳，风华正茂，应当树立大爱的情怀，培养自己爱祖国爱人民的崇高品格，树立远大的理想，为祖国的繁荣富强，为人民的幸福安康，做出自己应有的贡献，成就自己辉煌的人生，成为一个对祖国、对社会、对人民、对人类有益的人。

爱让你树立宏伟的目标

一个人人生理想与爱心大小有直接关系，同样，一个人人生目标的大小也与他的爱心息息相关。

理想是抽象的目标，比如一个人的理想是为人类做贡献，其内容是不具体的，至于落实到哪些方面，还需要目标来具体化。因此，目标是具体的理想，比如一个人长大后想成为一名会计师、律师、数学家等。所以说，一个人的人生理想越远大，他的人生目标也就越宏伟。

人生理想不需要选择，而人生目标则需要选择，并且对人生的影响非常关键。

选择人生目标是一件艰难的事情，许多人对此存在困惑，我将来要做什么？其实选择人生目标他人是无法帮助的，终究要靠自己。

一是在理想的指导下，选择自己最感兴趣的事情。兴趣是最好的老师，一个人对自己感兴趣的事情，往往会倾注大部分甚至全部精力，在为之奋斗的过程中，也会感到快乐，在这种情况下，就更容易取得成功。但发现自己的兴趣点不是一件容易的事，需要自己在学习和生活中多加留意，看自己在哪一方面既省力又做得好，比如在学习中，自己是理科比较好还是文科比较好，文科是语文比较好还是英语比较好，哪一科下的功夫更大。找出自己成绩又好投入精力又少的科目，这往往是你的兴趣所在。

二是有多种兴趣的情况下，让自己的心来决定。有的人有多种兴趣，比如一个对书画感兴趣的同时，对音乐和体育也感兴趣。由于一个人的精力有限，只能选择其一或者其中两项，此时可能难以抉择，舍弃哪一项都不忍心。此时就要跟着自己的心走，看看哪一项是自己的最爱，闭上眼睛想一想，最先出现的往往是你最爱的，选择它一般也不会错。

三是要忠诚你选择的目标，矢志不渝坚持到底。一旦选定了自己终生为之奋斗的目标，就是你心之所爱，要忠诚于它，把他当成自己终生的爱人，要有衣带渐宽终不悔的精神，不要喜新厌旧、三心二意，除非你选定的目标证明特别不适合你。一定要努力学好相关知识，为将来的成功积累经验和技能。许多成功人士之所以能几十年如一日充满激情地工作，正是因为他们在爱的激励下，忠诚于自己的目标，只有实现了自己的人生目标，才能实现自己爱心，进而实现自己的人生价值。爱因斯坦在解释他当初选择物理而不是选择数学时这样说道："要看你对哪个领域里的美有更高的判断力和更大的喜爱。"当然，除了看自己对什么感兴趣，自己的心爱什么，还要看自己在这方面有没有天赋。把目标和自己的天赋结合起来，就会更容易成功。尽管自己对某一方面感兴趣，但在这一方面不一定有天赋，这时对自己的目标要重新选择，让目标既是自己所爱，又是自己的天赋所在。

四是要处理好人生目标和其他方面的关系。对于自己选定的目标要专心致志地为之努力奋斗，对于目标之外的学问或者技能，虽不至于付出与目标同样的努力，但也不能完全放弃，因为知识是相通的，有时殊途同归，有时是他山之石可以攻玉。不同知识有的相互补充，有的相互印证，有的相互交叉。相互补充的知识，可以开阔你的思路、方法；相互印证的知识，可以更快地确定你的目标，并帮助你更快地达到目标；相互交叉的知识，可以激发你新的思路，发现新的知识领域。因此在确定了主攻目标之后，一定要做到兼顾其他，尤其是在自己所选择的目标实在走不下去的时候，其他的知识技能，也会帮你实现目标或实现新的目标。为了实现自己的目标而不管其他的做法，在知识爆炸的今天是不可取的。

五是周密计划，分步实施。理想和人生目标都是比较大的、相对宏观的东西，也是比较难以实现的，有的人甚至一生都没有实现自己的人生目标。这就需要在实施的过程中，将人生目标具体化，变成一个个小的目标，有计划、有步骤、有时间、分阶段地抓好落实，所谓路要一步一步走，饭要一口一口吃，经过长期不懈的努力，将小的目标一个一个实现，最后完成量变到质变，实现自己的人生目标和理想。比如有一个人自幼想成为一名医学家，这就是他的人生目标。这需要他努力学习，上大学深造，临床实践，研究创新，获得科研成果，将成果应用于社会。将这几个步骤分别完成好，就实现了他的人生目标，最终成为一名医学家，实现自己的理想。因此一个人的人生目标是在一个个小的目标完成之后达成的。需要科学规划，合理安排，周密部署。就算是实现一个小的目标也不是一帆风顺的，而是充满艰辛和困难。自己一定要以爱心做统领，用坚强的毅力克服一个又一个困难，达成人生目标，实现自己的理想。

爱让你拥有自信

立志是事业的大门，信心是成功的立足点。一个人要想获得成功，必须有充分的自信，只有自信，才能有勇气面对困难，战胜困难，取得成功；一个没有自信的人，只能畏首畏尾，瞻前顾后，停滞不前，不可能有成功的人生。

自信的力量来自爱心。爱是人类最崇高的情感，爱之所到之处，无不阳光明媚。你的爱心，会让你有充分的自信，因为你所从事的是一项神圣崇高的事业，你是一个高尚的人，一个纯粹的人，一个脱离了低级趣味的人。毛泽东主席以他的大爱铸就了他的自信和豪迈。“自信人生二百年，会当水击三千里。”“数风流人物，还看今朝。”这些鼓舞人心、脍炙人口的佳句，充分表现了毛泽东主席不同凡响的伟大抱负和充分自信。习近平总书记以他博大的爱国情怀，规划了以实现中华民族伟大复兴为内容的中国梦，提出了道路自信、理论自信、制度自信、文化自信。

作为个人也是一样，你所拥有的大爱使你拥有常人所没有的气度和胸襟，你的爱心就是你自信的最大资本，因此你完全拥有人格自信。

同时，你付出的爱，会感染更多的人，让你在从事爱心事业的征途上不会孤单，所谓“得道多助，失道寡助”，爱就是最大的道，在你前行的征途上，会有许多与你同样有爱的人帮助你，与你一起奉献，完成你的事业。

另外，你所关爱到的人，会用感恩的心态来帮助你，有的人会加入你的行列，用自己的力量同你一起完成你的爱心事业。

“人有三宝精气神”，自信就是浓缩的精气神。我们经常观看体育比赛，许多运动员取胜的法宝，就是在气势上压倒对方，使对方自乱阵脚，这种气势就是一种自信。

自信，就是自己相信自己、信任自己、自己有能力、有魄力完成任务，克服一切困难，实现自己的目标和理想。中国有一句古话：“彼人也，予人也。彼能是，而我乃不能是?”意思是说，他人是人，我也是人，他人能做到的，我为什么就做不到？无论在工作中还是在学习上，要相信自己，长自己的志气，用爱心做出一流的业绩，要不愧于这个伟大的时代，让自己的人生辉煌

壮丽。

也有这样一个真实的故事，一个年轻的女游泳健将要横渡琼州海峡，一切准备就绪。横渡当天赶上大雾，该女子也没有改变计划，向着对岸奋力游去。游了很长时间，感到没有力气，开始还能坚持，但后来实在无法坚持，就说放弃。组织者鼓励她再坚持一下，她说实在坚持不了了。由于雾大，难以看到岸的尽头。她上了船，转眼就到了岸上。原来从她放弃的地方到岸边只有50米，她后悔不迭，捶胸顿足，这就是没有自信的结果。如果有自信，想到胜利离自己只有50米，她就会坚持，就有动力，一定会成功。由此也看得出，自信是一个人成功的重要因素。

爱可以给人自信，此外还可以在生活、学习和工作中培养自己的自信。

一是多看自己的长处。

世上没有一无是处的人，要善于发现自己的优点和长处，首先你的爱心就是你最大的优势，是你拥有自信的根本所在，也是你成功的基石，离开了这一点，一个人的事业便成为无源之水、无本之木。即使遇到再大的困难，也要坚持，坚信爱是世界上最强大的力量！爱会战胜一切艰难险阻！

还要发现自己其他优势和特长，比如有的同学，在学习中有的科目比较好，那就说明智商应该是比较高的。其他的科目成绩比较差，只是在这些科目上下功夫不到，或者没有找到方法；还有的同学，学习不好，但体育好音乐好，或者绘画好，等等，这些都是自己自信的资本，在这些方面的优越感让自己产生了自信，相信自己在其他方面也不会差，多付出一些努力，找到方法也会取得较大的进步。

我身边曾有这样一个孩子，小学时候学习并不好，初中是家长找关系花钱进的重点中学，每科的成绩都很差。家长非常着急，给他找了补课老师，其中有一位数学老师非常负责任，耐心细致，循循善诱，使这个孩子的数学成绩提高很快，从三十多分提高到一百多分。由于孩子有了自信，其他各科的成绩也都跟着提了上来，这也说明自信的力量。

二是多向成功人士学习。

榜样的力量是无穷的。尤其是年轻人，要把成功人士当成自己的楷模，尤其是大人物，他们有大的爱心，事业有成，受人尊敬爱戴。从他们身上，可以学到爱心、境界、成功的方法和技巧，以及拼搏奋进的精神等，从而对自己产生示范借鉴和激励作用。

多看一些名人传记。名人传记记载了名人们奋斗的历程、人格特点、经验方法以及坚韧不拔的品质等，用伟人来激励自己树立更高的人生目标。

此外，要用生活中的成功人士来激励自己。比如当年中国女排五连冠的事例，宋世雄慷慨激昂的解说，激励了许多年轻人，激发了他们为国拼搏的豪情，有不少人在各自的岗位上做出了成就。

三是多看以往成功经验。

每个人在过往的人生旅程中，总会有一些闪光的、让自己自豪的事情，这些就是你的成功所在。这些事情的成功，说明你有许多比其他人强的地方。无论是解决了生活中他人不能解决的难题，还是学习成绩比别人好，还是工作能力比他人强，还是人际关系处理得比他人好等，这些都是你的强项，都是你自信的资本，你完全有理由自信，在这些方面，你是比别人有优势的，其他方面，通过你的努力，也会取得好的成绩。此外，你可以把这些强的方面加以系统归纳整理，形成自己的方法特点，在今后的生活、学习和工作中，发挥自己的优势，做出更大的成绩，取得事业上的成功。

四是敢于正视并改变自己的不足。

一个人想取得大的成功，还应当正视并改变自己的不足。

历史上的美国总统林肯，小时候家境贫穷，长得特别瘦弱，并曾患有严重的口吃，其他同学都笑话他，不愿和他在一起玩。林肯没有责怪他们，而是下决心改变自己的不足。他发奋练习演讲，通过演讲，不仅治好了自己的口吃，而且培养了卓越的演讲才能，成了一名演说家，为他成功竞选总统起到了举足轻重的作用。还有，由于林肯特别瘦小，下巴特别尖，在他竞选总统时，有个小女孩给他写信，告诉他留长胡子会更可爱一些，他采纳了小姑娘的建议，蓄起了胡须，形象得到了改观，也成为成功竞选总统的加分项。由此可见，林肯敢于正视并改变自己的不足，取长补短，不断完善自己，使他成为美国历史上第16任总统。他领导了美国南北战争，颁发了《解放黑人奴隶宣言》，维护了美国联邦的统一，为美国在 19 世纪成为世界头号工业强国开辟了道路，让美国的经济进入了发展的快车道。

一个人有缺点并不可怕，关键是要能够发现并正视自己的缺点，要有改变自己缺点的勇气和信心，像鲁迅讲的：“真正的勇士，敢于直面惨淡的人生。”还要有改变自己缺点的行动和毅力，如能这样，你的缺点，将会通过你的努力变成优点，让你成为生活的强者、事业的成功者。

如果一个人为自己的缺点感到自卑，没有信心去改变，那他将永远是生活的弱者，事业上也不会成功。

只有高度自信，有远大抱负和理想，意志坚强、百折不挠的人，才能取得事业的成功，走向人生辉煌的顶峰！

爱心带给你无穷的力量

爱的力量是无穷的。

有的人因为爱情成就自己的事业。

有这样一个故事，安徽省铜陵中学的陈梦鸽和周思，是同桌同学，由于彼此熟悉并互有好感，在大学毕业前，建立了恋爱关系。后来，周思考取了美国牛津大学材料系博士生，于是两个人天各一方。相思之苦，让陈梦鸽奋起努力，在第二年也以优异的成绩成功考取了美国牛津大学的博士生，现在他们已经是一对幸福的伉俪。这就是爱的力量。因为爱，让有情人不懈努力，奋起直追，在异国他乡终成眷属。

有的人因为爱父母成就了自己的事业。

我国唐代杰出的医学家孙思邈，在他幼年时期，父亲患了夜盲症，母亲得了大脖子病，孙思邈本人也因为家境贫寒身体非常瘦弱，常常有病。有一天父亲问他：“儿子，你长大后想干什么？”少年孙思邈想了想说：“我长大后想当一名医生，治好你和妈妈的病。”父亲感到欣慰。尽管家里捉襟见肘，但还是节衣缩食，把小孙思邈送进当地的私塾读书。孙思邈凭着对父母的一片爱心，勤奋苦读，每天背诵一千多字的文章。他知道，只有学好书本，打好基础，才能进一步学习医学，治好父母的病。他的父亲是一个木匠，为了完成孩子的心愿，为他创造条件，在孙思邈 12 岁那年，父亲到一个药农家里为其做药柜，特意把他带上。孙思邈看到满院子的中药，问个不停，药农也耐心回答，这让孙思邈长了不少知识。此后孙思邈更是经常到药农那里学习。药农见他如此喜欢医学，就推荐了一本《黄帝内经》给他。从此孙思邈接触一些药学知识，并治好了婶婶的寄生虫病。这更增加了他的信心，从此拜师学医。听说秦岭太白山有位叫陈元的名医，他便不顾路途遥远，拜访陈元，并和陈元一起找到了治疗大脖子病和夜盲症的方法，治好了父母的病，还为许多人医好了病痛。他勤奋学习，不断实践，最终撰成了《千金要方》和《千金翼方》两部医学名著，成为我国有名的大医学家。由此可见，是孙思邈对父母的爱心给了他无穷的力量，让他坚持努力，不断进取，成就了他个人的事业。

有的人为了保护百姓的生命，宁可牺牲自己的生命。

刘英俊舍身拦惊马的故事激励了一代又一代的人。1945 年，刘英俊出生在长春市一个普通工人家庭，自幼受父母的影响，关心同学，富有爱心，好学上进，1960 年 8 月，以优异的成绩考取了长春市第十八中学。1962 年，他正上高二，由于当时国内外形势十分紧张，刘英俊为了保卫祖国，毅然放弃了学业，主动报名参加了中国人民解放军。在部队的刘英俊，积极锻炼自己，踊跃参加各种活动，热心帮助他人，还利用业余时间到小学当校外辅导员。有一次，在部队执行训练任务时，刘英俊和战友们驾驶的马拉炮车的辕马被迎面驶来的汽车喇叭声所惊，疯狂飞奔。路上是上班的工人，还有上学的学生，人民群众的安危受到威胁。刘英俊没有多想，急忙用双手勒住惊马的缰绳，双脚拖地，以使马慢下来，但马仍在狂奔。突然前方出现六名小学生，马冲他们跑过去，在这千钧一发之际，刘英俊不顾个人生命安危，用双脚猛踢马腿，惊马趴倒在地，炮车翻了，六名小学生获救了，刘英俊却被砸在炮车下面，献出了他年仅 21 岁的生命。谁都知道生命宝贵，谁都珍惜生命，但是当人民群众的生命受到威胁时，他却奋不顾身地冲上去，用自己的生命换回人民群众的生命。如果没有对人民真挚的爱，是很难做到的。像这样舍己救人的事情有许多，单是为救落水儿童就有多少人牺牲自己的生命？还有大学生为救人跳入粪池献出生命的故事，飞行员为保护人民生命财产，在飞机发生飞行事故时，明知跳伞能够逃生，宁可牺牲自己，把飞机开至安全地带，把生的希望留给人民。这些和平年代的英雄们，都是以对国家对人民群众的大爱，在关键时刻，迸发出无穷的力量，献出自己宝贵的生命。

有的人为了百姓的幸福、社会的和谐、国家的安定，不辞辛苦，排除千难万险，成就自己成功的人生。

《西游记》人们并不陌生，唐僧西天取经，历经九九八十一难，终于取得真经，修成正果。

那仅仅是一个虚幻的故事，是神话里的孙悟空用通天本领成就了唐僧。

但现实中的唐僧本人西天取经，经历的千辛万苦，却鲜为人知。

现实中的唐僧，在寺庙中长大，自幼用功苦读，颇有爱心。为了弘扬佛法，普度众生，报效国家，长大后四处游学。为了取到真经，决定到佛教的发祥地印度拜访名师，寻求经典。在西去取经的路上，唐僧战胜重重困难：在茫茫沙漠中，风沙弥漫，缺水少食，徒弟们或者饿死或者害怕困难离他而去，他一个人仍不改初衷，艰难前行。白天看不到行人，只能顺着人兽留下的骨骸行走。官兵不让过关，就昼伏夜行。有一次唐僧在沙漠里走了五个白天、四个黑夜，白天有驱赶不走的孤独，夜晚更是阴森恐怖，因为人和兽的骨骸发出的磷光闪闪烁烁。此时的唐僧，已是弹尽粮绝，又找不到水源，干渴难耐，没有一丝气力，便昏昏沉沉躺在黄沙上。夜半的狂风吹醒了他，他艰难地爬起来继续前行，在这生死关头，是马儿救了他。因为与他为伴的马突然不听使唤，向其他方向走去，原来是马儿发现了水草，这让唐僧又可以解决缺水之虞。唐僧让马饱餐一顿，休整了一天，又走了两天，终于走出了沙漠，到达过去的伊吾，再到高昌。高昌王为唐僧不屈不挠的精神所感动，给他剃度了 4 个徒弟，给予他 30 匹马、25 个使役，又写了 24 份公文，让唐僧带给将要经过的各个行政区的行政长官。后唐僧又经过一道道难关，终于到达印度，求学取经。在历经 17 年后，终于带着 600 多部经书回到长安。后译书 75 部，1335 卷，并著有《大唐西域记》，成为中国历史上杰出的佛学家、翻译家。唐僧不怕艰难困苦、不怕牺牲的精神，也为后人树立了光辉的典范。

还有的人为了大多数人的利益，为了让世界更美好，让人民更幸福，奋斗到生命的最后一刻。像老一辈中国无产阶级革命家以及无数的革命先烈，用他们的大爱为我们树立了榜样。

正是因为爱给了他们无穷的力量，要么在关键时刻爆发出来，轰轰烈烈，光芒万丈，顷刻间走完自己辉煌的人生，要么像蜡烛一样不停息地燃烧自己，照亮他人，温暖他人，直到生命的最后一刻，铸就他们璀璨而成功的人生！

爱赋予你坚韧不拔的毅力

爱使人树立远大的理想和目标，爱让人拥有自信，爱给人无穷的力量，除此之外，爱还让人拥有许多其他的优秀品质，比如谦虚、诚实、热心等，还有一个十分重要的品质，就是坚韧不拔的毅力，这种品质是事业成功的一个重要因素。

正是这种坚韧不拔的毅力使人克服种种艰难险阻，朝着自己的目标不断前行，登上成功的顶峰。

中国古代有一句话："宝剑锋从磨砺出，梅花香自苦寒来。"

任何人的成功都离不开努力，离不开坚韧不拔的毅力和锲而不舍的精神，只有耐得住寂寞、忍得了清贫、抵御住诱惑、矢志不渝、坚持到底的人才能到达成功的彼岸。否则，即使你的外部条件再好，如果没有坚忍不拔的毅力，也不会成功。

因此，一个人拥有爱心，就会有远大的理想，树立宏伟的目标，充满无穷的力量，克服重重困难，通过自己的努力，最终到达成功的彼岸。

第七篇

爱让世界更美好

古往今来，国际交往的实践充分证明，国家有爱，人民幸福，世界美好。

中华民族追求幸福的历史就是一部发现爱、拥有爱、践行爱和弘扬爱的历史，就是一部通过大爱让中国幸福的历史。

中华民族几千年的国际交往实践，也在向世界表明，中国是一个拥有大爱的国家；同时也向世界证明，只有大爱，自己才会幸福，只有大爱，世界才会美好。

1 爱让中国更幸福

有爱就有光明　有爱就有幸福

有爱就有光明，有爱就有幸福。

中华民族几千年来，之所以有光明，之所以有幸福，无不因为有着爱的传递。

五千年来，中华民族一直在践行大爱，弘扬大爱。

中国的道家文化、儒家文化以及中国共产党对马克思主义文化的传播等，无不是对人类美好的追求，对人类光明的引领，对人类大爱的践行。

正因如此，中华民族绵延不息，中国人民幸福美满。

一、　中华民族对自身的爱让中国团结幸福

中华民族自古以来重视家庭内部爱的教化，所以中国的家庭被浓浓的爱所浸润。家庭之中尊敬老人、夫妻恩爱、父慈子孝，成员间关心爱护，同甘共苦，

涌现出许许多多的五好家庭，促进了社会的稳定，成为国家和谐安定的润滑剂。

中国的爱心文化不仅体现在家庭的教化之中，同样体现在社会的管理教育之中。

老子的“道法自然”的大爱情怀，孔子的“己所不欲，勿施于人”的爱人情愫，孟子的“爱人者，人恒爱之”的互爱情结，在中华大地几千年来的社会教育实践中，都让国人感受着爱的温暖，体会着因爱带来的幸福。

正是这种爱才有了中华五十六个民族互相尊重，互相关爱，团结一心，平等相处，像石榴籽一样紧紧抱在一起，成为一个和谐幸福的大家庭，才有了中华文明的生生不息，才有了中华儿女的不怕任何强敌外侮，视死如归，把国家、民族、人民的利益看得高于自己的生命。

二十世纪初，中国共产党把马克思主义引入到中国这片大爱沃土，让爱有了新的内涵，公平正义成为引领人们实践的基石，中华大爱更加生机勃勃，更加光芒四射，更加鼓舞人心。

新中国成立后，全国人民万众一心，奋发图强，短短二十年的时间，打好了农业基础，建立了工业化框架，使中国由一个一穷二白的国家走上了独立自主的道路。

改革开放四十年，中国人民的爱心奉献、勤劳智慧在给世界经济注入活力、做出贡献的同时，为本国经济也带来了实实在在的发展，实现了中国由站起来到富起来再到强起来的飞跃，让中国人民摆脱了贫困，实现了总体意义的小康，中国老一辈无产阶级革命家的大爱理想——“楼上楼下，电灯电话”早已实现，而且人人可视通信，家家轿车代步，中国高铁代表的中国速度正在引领中国人民乃至世界人民奔向更加美好的明天。

中国人民可以自豪地说，正是中国的大爱让中国前景一片光明，让中国人民感到温暖幸福。

二、 中华民族对人类的爱让世界更美好， 同样让中国幸福

中华民族在关爱自己的同时，还以宽广的大爱情怀，尊重和关爱着世界上

的其他国家，关爱着人类。

在鼎盛时期的汉朝、唐朝、明朝等，中国从未侵略过其他国家，而是对他国帮扶教化，让世界更美好。

唐朝有名的鉴真东渡就是一个生动的例子。

鉴真和尚不畏滔天巨浪，置个人生死于度外，在航海并不发达的唐朝，乘坐木船，历经千辛万苦，终于在第六次东渡成功到达日本。他在传播佛教的同时也传播了唐朝先进的科技、文化、社会、医疗等知识，促进了日本佛学、科技、文化、医学、建筑、雕塑等领域水平的提高，用大爱为中日友谊谱写了壮美的篇章。

明朝的郑和七下西洋，也是一首中国大爱的绚丽赞歌。

为了传播“四海一家”“天下为公”的中华文明，传播中国“以和为贵”的传统礼仪，加强与世界各国的友好交流，增进各国人民的友谊，促进贸易往来，郑和以及他的船队不畏艰险，冲破惊涛骇浪，到达世界上多个国家和地区，用行动和事实证明了中华民族的大爱情怀。

其中有一个很有说服力的例子，当郑和带领他的船队第一次下西洋到达爪哇岛上的麻喏巴歇国时，这个国家的东王西王正在打内战，东王战败，其属地被西王的军队占领。郑和船队的人员上岸到集市上做生意，被占领军误认为是来援助东王的，有一百七十人被西王麻喏巴歇王的军队误杀。郑和部下的军官纷纷请战，要给予报复。“爪哇事件”发生后，西王也十分惧怕，派使者谢罪，请求赔偿六万两黄金。然而郑和为完成和平使命，禀明皇帝后，和平处理了这一事件，并免除了西王的赔偿请求。西王知道这件事后，十分感动，两国从此和睦相处，至今这个故事在爪哇岛广为流传。

中国不仅在国力强大时坚持公平正义，热爱和平，传播大爱，就是在困难时期也是如此。

新中国成立后百废待兴，国力薄弱，但国家仍然拿出大量的财力物力援助周边以及非洲等落后国家的建设。

1952 年 12 月周恩来总理提出的著名的“和平共处五项原则”就是公平正义、大爱精神的体现。当时周恩来总理在会见印度代表团时第一次提出了

“互相尊重主权和领土完整，互不侵犯，互不干涉内政，平等互利，和平共处”五项原则。这五项原则，后来成为中国在建立与各国间正常关系以及进行交流合作时遵循的基本原则。

在国际交往中，中国首先尊重他国的主权，不论国家大小、贫富、强弱，做到一视同仁；其次，坚持公平正义，反对一切以大欺小、恃强凌弱、侵占他国利益的行为；再次，为世界提供中国精神，传播中国智慧，制定中国方案，受到大多数国家及世界上热爱和平的人民的欢迎。

现在，和平共处五项原则也被世界上的大多数国家所接受，为世界的和平与发展做出了突出的贡献。英国社会学家汤恩比博士说：“拯救 21 世纪人类社会的只有中国的儒家思想和大乘佛法，所以 21 世纪是中国的世纪。”

中华民族不仅在强盛时期、困难时期拥有大爱、践行大爱、弘扬大爱，就是在逆境中受屈辱时也是拥有大爱、践行大爱、弘扬大爱，用爱包容一切，引领人类。

清军入主中原 300 余年，不仅没有用武力占领中国，反而被中华民族用大爱所同化，最后变成中华民族的一分子。

20 世纪初日本侵略中国，有 3000 多万中国军人和百姓牺牲在这场侵略战争中。但日本战败后有 4000 多名日本遗孤被中国政府和人民在极端困难的情况下用大爱抚养长大，还供他们上学、工作、成家，又尊重他们的意愿，让他们重返日本，没有任何怨言。至今，这些被遣返和留守中国的日本遗孤成为中日民间友好的重要力量。

这就是中华民族的大爱，这就是中华民族大爱的力量，这就是中华文明之所以五千年经久不衰，绵延传播，而且展现出越来越强大的生命力的根本所在。

正像长期研究中国的联合国教科文组织主席特维叟 · 莱特说的一句话：“不要试图同化中国人，因为你首先会被同化。”

这句话道破了中华民族生生不息的真相，那就是中华文明的同化能力，也就是中华文明的感染力，其本质就是中华民族在内心深处的大爱精神。

改革开放 40 年来，中国人民敞开自己大爱的胸怀拥抱这个世界，用辛勤的汗水和付出为世界经济发展做出了巨大贡献。

尤其是今天，以习近平同志为核心的中国共产党人更是以大爱的姿态带领中国人民开放、包容、奉献，中国的“一带一路”让世界联合起来，已有一百多个国家和地区签署了该协议，成为互通有无、互惠互利、互相关爱、共同发展的人类命运共同体的中坚力量。

中国不仅在经济方面为世界做出巨大贡献，在消除贫穷和疾病、防治大气污染、联合国维和、坚持公平正义、消除战争等方面，都起着举足轻重的作用。

中国积极参加《巴黎协定》等防止气候变暖的一系列公约和协定，并积极实践，为减少大气排放，以壮士断腕的决心和勇气，促进经济的转型升级，宁可牺牲本国经济的发展；中国积极参与国际救援，多次向灾难发生的国家派出救援组织，伊朗地震、印度海啸、巴基斯坦地震等，都活跃着中国救援队的身影；为维护世界和平，中国向联合国任务区多次派驻军事观察员参与维和行动，在柬埔寨、海地、刚果、苏丹、黎巴嫩等国，中国的“蓝色贝雷帽”成为和平的象征和希望；为了世界人民的健康，中国政府多次向传染病严重的国家派出医疗队，他们冒着生命危险帮助那里的人民解除痛苦……

中国抗击新冠肺炎疫情的战争更是彰显了中国共产党、中国政府以及中国人民的大爱。

2020 年伊始，一场噩梦突然降临，新冠肺炎疫情在中国人民的传统节日春节之前，毫无由头地从武汉发起，传播速度之快、危害之大，百年未遇，危险像浓重的雾霾笼罩在人们心头。

疫情就是命令。中国共产党及中国政府没有急于追查病毒的来源，而是毫不迟疑地把人民的生命安全与身体健康放在第一位，尽管春节是拉动消费经济与旅游经济的最佳节点，仍在发现疫情之后近一个月的春节前一天（2020 年 1 月 23 日），对 1000 多万人口的武汉采取了史无前例的重大措施——封城。旋即，湖北全省及全中国严防严控、联防联控，十四亿中国人居家隔离，打响了一场抗击新冠肺炎的人民战争。

疫情就是责任。发现疫情，中国共产党和中国政府一声令下，全国响应。中国人民解放军立即行动起来，军队医院四千多名医护人员，没有考虑家庭困难和个人安危，疾驰武汉，成为武汉抗击新冠肺炎的主力军；84 岁高龄的钟南山院士和73岁的李兰娟院士主动请缨，第一时间奔赴武汉抗疫一线指挥抗疫；全国各省医院的一万多名医生护士行动起来，一个省的力量帮助湖北一个市，有的女医护人员孩子小需要照顾，他们把孩子托付给丈夫，有的怀孕期间不宜活动仍积极参加，有的退休在家听说武汉需要便找到医院领导强烈要求去武汉尽一分力量；全国人民行动起来：一声令下，各级政府严密组织，从中央到各省市，再到社区、街道和村委会，共产党员积极带头，率先垂范，维护治安，平抑物价，保障有序，为人民群众提供帮助；人民群众踊跃报名参与驰援湖北的志愿者队伍，送饭送菜、维护秩序、清理垃圾、提供交通服务等，不能参加志愿者的人们，或主动献血，或捐款捐物，山东一农民捐了几万斤蔬菜，火神山工地的一位民工将他春节后收入的7万多元钱全部捐出……截至3月8日，全国各级慈善组织接受社会捐赠的资金高达292.9亿元，捐赠的物资约5.22亿件……正是以习近平同志为核心的中国共产党统揽全局、坚强领导，人民解放军的医护人员听党指挥、不计生死，全国14亿人民的责任担当、大爱无疆，万众一心，众志成城，才给疫区人民带来了抗疫的暖心和信心，才使得在短短两个月的时间里，武汉及湖北的疫情基本得到了遏制，中国的疫情基本上得到了控制。这是中国共产党领导中国人民抗击病魔的伟大胜利。

中国疫情还未结束，其他国家的疫情相继暴发。中国人民不仅承担着自己抗击疫情的重任，还及时与世界公开疫情信息，分享抗疫经验，并且在人力、财力紧张的情况下克服困难，支援世界人民的抗疫斗争。

早在2020年1月初，中国就开始向全世界通报每一项抗疫信息，1月中旬，在获得病毒的基因序列后，第一时间分享给世界卫生组织和各国政府。中国采取强力抗疫措施后，立刻公布中国的疫情数据和治疗经验。中国的专家积极在世界权威杂志上发表论文，为世界研究新冠病毒提供了非常多的专业信息，为全世界抗疫防御提供了充足的情报。

3月25日世卫组织助理总干事赴中国考察，专家组组长埃尔默德考察中国后感慨地说："如果我感染了新冠肺炎，想在中国治疗。中国投入非常巨大，这并非所有国家都能做到的，一家中国医院有5台ECMO，欧洲都没有这个水平。"这就是对中国抗击疫情的最高赞誉。

中国向世卫组织捐款2000万美元；向疫情严重的韩国、日本、伊朗等国家捐助了防疫物资；向伊朗、伊拉克和意大利等国家派出医疗专家，并向巴基斯坦、老挝和菲律宾等邻国送去了防护服和设备；3月21日，中国援助塞尔维亚的6人专家医疗队抵达塞尔维亚贝尔格莱德尼古拉特斯拉国际机场，随机带来的还有中国政府紧急筹集的十几吨的呼吸机、口罩、试剂盒等防疫物资。

除此之外，中国还采取了一个省帮助一个国家的具体援助措施：

中国上海向伊朗派出了专家组，伊朗在中国医疗专家组的指导下，开始大规模建设方舱医院，疫情蔓延速度有所减缓，病人得到更好的治疗；中国江苏省派出医疗专家组驰援巴基斯坦；中国四川省派出四川大学华西医院、四川省疾控中心等地的专家团队，携带31吨相关医护救援物资，紧急支援意大利……

截至2020年3月30日，中国已对89个国家以及世卫组织、非洲联盟等国际组织提供救助款项、医疗物资等，并向伊朗、伊拉克、意大利、塞尔维亚、柬埔寨、英国等国派出专家组，与世界各国并肩战斗，共抗疫情。

这就是中国，这就是中国共产党，这就是中国人民。一人有难，多人支援，一方有难，八方支援；这就是爱，这就是中华民族深藏内心深处的对国家、对人类、对世界的真挚情感。

几千年来，中华民族对自身的爱，使中国人民奋勇拼搏，勠力前行，使中华民族越来越强大；对世界的爱使中国人民甘愿奉献，使世界越来越美好。

中国的大爱行动得到了世界上大多数国家的赞同和支持，同时中国也赢得了世界上大多数热爱和平的国家和人民的尊重。

世界上大多数国家都开展了同中国的贸易和友好往来，有不少国家同中国建立了长期稳定互利的战略伙伴关系或全天候战略伙伴关系。因为这些国家知道中国是一个有大爱的国家，是一个热爱和平的国家，中国人民是有大爱的人民，这种大爱融化在中华民族五千多年文明的血脉里，中国再强大也不会称霸，中国主张的以公平正义为基础的大爱是为了世界的美好，中国的发展也为世界人民带来福祉。因此他们不会担心与中国交往会受到损失，反倒会惠及自己的国家和人民。非但如此，这些国家在与中国交往中，感受到中国人民的大爱，在中国困难的时候也用爱心帮助中国，在中国地震、洪灾、非典型肺炎以及新冠肺炎等灾害面前，毫不犹豫地向中国伸出援手，与中国人民一起战胜困难。

一些包括美国等发达国家的公民主动申请加入中国国籍，为中国的建设作出贡献；还有一些包括美国在内国家的姑娘，远嫁中国小伙，与他们共同度过一生。究其原因，一是中国经过几十年的改革开放，经济有了长足的发展，更关键的是中国人民有爱，国家安全，在这里会真正找到安全、亲情、温暖和幸福。

所有这些，都是中国人民大爱的结果，是中国人民无私奉献的结果。

正是这种大爱让人类更幸福，正是这种大爱让世界更美好。

因为没有人不喜欢被爱，更没有人能够拒绝爱。

同时，中国人民在为世界做出贡献的同时自己也得到了快乐，自己也得到了发展，实现了由站起来到富起来到强起来的飞跃，整体实现了小康，基本消除了贫困，工业、农业、国防、科学技术等，有了长足的进步，许多走在世界前列。

这不也正是中国人民奉献爱心的因果回报吗?

不也正是中国的大爱让中国前景一片光明吗?

不也正是中国的大爱让中国更加幸福吗?

今天，习近平总书记提出的“人类命运共同体”的理念，就是对人类的责任担当，就是对人类的大爱、对世界的大爱。人类社会尤其在自然灾害面前、在饥饿和病魔面前，休戚相关，唇齿相依，没有人没有国家能够独善其身。人类只有用大爱守望相助，同舟共济，而不是隔岸观火，甚至落井下石，才能在人类面临挑战时群策群力共克时艰，人类才能幸福温暖，世界才能和谐美好。

2 残酷历史探求幸福奥秘

自私国无宁日 大爱国家美好

中国的先民们，对幸福的奥秘——爱的探索，并非与生俱来，而是在经历了相当长时间的痛苦炼狱中涅槃升华起来的。

从三皇五帝到如今，中国的先民们在这片土地上有过无数血雨腥风、杀伐抢掠的残酷战争，致使生灵涂炭、饥寒交迫、居无定所、颠沛流离，国家也飘摇动荡，政权更迭频仍。

其表象原因要么是统治者为了自己集团更大的利益，比如扩展地盘、争夺资源、个人意志等，要么是某些人为了自己名利推翻旧的统治，导致战争不断，人民灾难重重，国家没有宁日。

其根本的原因还是自私，无论是集团还是个人。

当然，也不乏开明的具有为民情怀的君王，像中国历史上的尧、舜、周文王、周武王等，但整体环境的自私自利使政权不能长久。

为了百姓的幸福，多少仁人志士殚精竭虑，探索真理。

为了国家的美好，又有多少英雄舍生忘死，奋勇前行。

西周末期，周王室逐渐走向衰弱，号召力大不如前。为了恢复以往的荣耀，周幽王的自私使其独断专行，背离德治原则，征伐不断，涂炭生灵，导致国力枯竭，民不聊生，外加各诸侯国的奋力反抗，以至于周王朝无力回天，快速走向灭亡。

老子正是经历了周宣王的德政中兴，以及周幽王的穷兵黩武造成国力衰竭、百姓生活水深火热的现实，思考如何使人民免受战争之苦，过上幸福生活，于是就有了以爱为主要内容的《道德经》，告诉人们各安其位，做好自己，就不会有战争，也不会有痛苦。

儒家文化同样是春秋战国时期的孔子亲历了六国混战、军士死伤无数、百姓陷于战乱水火，基于对百姓的爱而创建的，其核心也是教育人们要爱人。

此后，道家文化和儒家文化成为教化民众的主要精神食粮，滋养着中华民族的大爱情怀，使亿万中华儿女充满爱心，面对一次次的国家危难、民族危机，中华同胞凝聚起无穷的力量，甚至宁可牺牲自己的生命，也要维护国家的尊严、人民的安宁，让中华民族五千年来血脉不断、文明永续、团结一心、温暖幸福。这就是大爱的力量。

1840 年之后，中国进入了 100 多年的黑暗时代，外国联军入侵，军阀混战，日本侵占中国等，狼烟四起，人民任人宰割蹂躏，遍地哀号，生活水深火热，苦不堪言。

中国共产党在民族危亡的关键时期，担当起救亡图存的民族大任，号召人民起来斗争。经过近三十年浴血奋战，无数人牺牲了宝贵的生命，打跑了日本侵略者，打败了国民党的八百万军队，终于成立了新中国，实现了人民当家作主。

共产党人这种为国家为民族不怕牺牲的精神就是对人民对国家的大爱。

正是这种对人民对国家的大爱，才推翻了压在中国人民头上的三座大山，消灭了剥削制度，实现了公平正义。

也正是因为中国共产党的大爱，才使得中国人民在经济建设中突飞猛进，取得了翻天覆地的成就，让中国人民更加幸福。

中国的历史，就是一部追求光明，追求幸福的历史。

经过无数代人的努力，尤其是中国共产党近百年的奋斗史，中国共产党带领中国人民终于找到了光明和幸福的根源，那就是爱，是以公平正义为基础的以人民为立场的爱，是以不断实践为关键的大爱。

这种爱，让中国结束了百年耻辱，让中国人民从痛苦中走出来；这种爱，给中国带来光明，给中国人民带来幸福。

可以说，中华民族从痛苦中探索幸福奥秘的历史是由许许多多的有志之士以及无数先烈用鲜血和生命发现大爱的历史，中华民族的幸福之路就是一条大爱之路，是以公平正义为基础的、以人民为立场的、以实践为关键的大爱之路。

这条路向世人充分证明：

国家内部，有爱就有光明，人民就会幸福。

国家之间，有爱就有尊重，有爱就能够求同存异，互相帮助，互相关爱，互通有无，互利共赢，有爱人类就会和平共处，世界就会光明美好。

这条路也向世界证明：

有爱人间就是天堂，自私人间就是地狱。

3 爱让世界更美好

自私使国家走向灭亡　有爱世界会更加美好

中国的历史以及国际的教训告诉人们：

自私就会过分强调本国利益，就会讹诈欺骗，恃强凌弱，掠夺侵略，制造战争，世界将永无宁日，人类将陷入劫难。同时，战争使侵略者消耗了自己，还会结下仇恨，遭到反抗，走向衰弱或者灭亡。

工业革命让英国强大起来。私欲的驱使让英国无限扩张，世界各地都有其殖民地，成为名噪一时的日不落帝国。时至今日，经过殖民地人民的反抗，又有几个地方还有英国的影子？

第一次、第二次世界大战，都是个别国家为了自己的利益侵略扩张，掠夺他国资源，侵占别国领土引发的战争。结果世界上无数生命被杀戳，无数孩子成为孤儿，无数房屋被焚毁，无数黎民流离失所……

然而，战争的发起国仍然以惨败告终。

二战时日本的广岛、长崎落下的两颗原子弹夺去了多少日本人民的生命，使日本经济倒退了多少年，至今日本人民及世界人民仍心有余悸；德国的希特勒葬身火海，德国本身也变为一片废墟，德国人民辛勤创造的美好生活一夜之间回到原点。

要知道，哪里有压迫，哪里有剥削，哪里有侵略，哪里就有反抗，这种反抗，削弱了侵略国自身，其结果是剥削者、压迫者、侵略者走向衰败直至灭亡，这是历史的铁律。

这一切难道不是缺乏爱心、自私自利的后果吗？

邪恶最终会被惩罚，正义终究要得到褒奖。

人类只有拥有爱、践行爱、弘扬爱，世界才会和平，国家之间才会相互帮助，互利共赢，人民才会幸福。

现在，世界上仍有国家在坚持极端自私自利的价值观。

为了自己国家的利益，为了少数资本家的利益，不惜与全世界为敌，不惜与全世界热爱和平的人民为敌，动辄制造矛盾，挑起事端，诱发战争，自己国家则从中渔利。

为了自己国家利益，逆历史潮流，自己制定规则，实行单边主义，贸易保护，让自己利益最大化，让自己永远站在利益链的最高端。

为了自己国家利益，将货币变成资本，不断侵吞他国财富和资源。

为了自己国家利益，披着“人权卫士”的外衣，不断干涉他国内政。

……

所有这些，都是个别国家极端自私自利的结果，把自己的利益建立在对他国的敲诈、剥夺甚至侵略上，维护的是自己本国甚至少数资本家的利益。

资本主义是自私自利集中的体现。资本主义所依赖的经济制度是西方经济学（微观经济学），西方经济学的三个前提假设条件是经济人假设（又称理性人假设或利益最大化假设）、信息完全假设和市场出清假设。尤其是第一个假设是将经济的主体——人看作理性人，即经济人，以追求利益最大化为目的的人，而忽视了人的最优秀的属性——情感属性，导致经济主体在市场中追求利益最大化，恶性竞争。资本主义使人类在自私的道路上越走越远，使人的欲望更加贪婪，像动物界一样弱肉强食，强者愈强，弱者愈弱，贫富差距越来越大，财富集中在少数人手里，没有公平正义，没有人权，发展的结果就是欺诈、掠夺和战争，将世界变成人间地狱。

霸权主义、强权政治是自私自利最典型的表现，是对人权的践踏，是对公平正义的践踏。人权的最基本要义首先是生存权，其次才是发展权，这些首先是以公平正义作为前提和基础，以人民为立场，追求的是整体的利益，只有整体环境好，所有人的利益都得到保障，世界才会更好，身在其中的个体也才能更安全，更幸福，而不是以统治阶级为立场，更不是以少数资本家为立场。大自然赋予每个人生命，对每个人的生存权利和发展机会是平等的，绝无厚此薄彼之嫌，每个人都应当受到尊重，每个弱势个体抑或群体更有权利受到关爱。因此每个正常的能够自食其力的人或群体都有责任和义务，帮助和关爱弱势群体，让世界充满爱，发达国家也应当是以公平正义为基础，帮扶和关爱弱小国家，从资金、政策、技术、文化等方面助推其发展，而非掠夺、侵略、欺诈和霸凌等。

若想人类幸福，世界和平美好，必须放弃资本主义制度，以公平正义为基础，摒弃小我，拥有大爱，胸怀人类和人类赖以生存的大自然，并为之不懈努力。强化实体经济，生产创造更多更好的财富服务人类，造福人类，而不是把拥有金钱的多少作为衡量一个人或者一个国家是否成功的标志。因为金钱只是交换的媒介，其本身不会带来价值，过分拥有金钱是不公平的。实干兴邦，幸福是奋斗出来的，为了全人类的大爱而奋斗，世界才会光明美好，人类才会真正幸福。

历史也一再警示人们，“得道多助，失道寡助”，这个道同样是爱，是以公平正义为基础的对世界人民的爱，而不是仅限于对自己的国家、对自己的人民甚至对少数资本家。

得道就是有爱。人类幸福、世界美好，只能是爱。有爱国家之间就会友善，有爱就会被尊重，有爱就会有朋友，有爱就会得到帮助，有爱就会发展壮大，有爱就会走得更远。

失道就是没有爱，就是自私。自私就是为恶，就不会有朋友，就没有帮助，就会孤独，就不会走远。自私过度，欺诈、掠夺、侵略，过度消耗，还会遭到反抗，就会衰弱，直至灭亡。

爱因斯坦在给女儿的信中也曾经说道："有一种无穷无尽的能量源，迄今为止科学家都没有对它找到一个合理的解释，这是一种生命力，包含并统领所有其他的一切，这种生命力叫'爱'。""如果我们想要自己的物种得以存活，如果我们发现生命的意义，如果我们要拯救这个世界和每一个居住在这个世界上的生灵，爱是唯一的答案。"历史也一再告诫我们，地震、海啸、洪水、疾病等都可以成为人类的灭顶之灾，尤其是2020年仍在全球蔓延的新冠肺炎，更是如此。人类只有爱，才能抛弃自私、贪婪和仇恨，只有爱才有平等和公平正义，只有爱才能守望相助、团结一心、共克时艰，只有爱才能让世界更加美好，人类自己才能真正幸福。

今天，以习近平同志为核心的中国共产党人带领中国人民敞开胸怀，拥抱整个世界，为世界提供了中国智慧、中国担当、中国奉献、中国舞台，让中国造福世界，同时为人类美好绘就了一幅美丽宏伟的画卷。这不正是大爱所在吗？这不正是人类幸福、世界和平美好的英明之举吗？

让全世界人民联合起来，摒弃自私自利的思想，坚守公平正义底线，坚持人民立场，用爱心引领行动，互相尊重，互助互利，互惠共赢，公正公平，一个远离恐惧、普遍安全的世界，一个远离贫困、共同繁荣的世界，一个远离封闭、开放包容的世界，一个山清水秀、清洁美丽的世界就会到来。

参考书目

郭念锋主编：心理咨询师（基础知识），民族出版社 2015 年版.